北京市首批重点建设马克思主义学院经费（北京科技大学）资助出版

朱旭旭 著

日本共产党
百年社会主义探索

A STUDY ON THE CENTENNIAL EXPLORATION OF
SOCIALISM BY
THE JAPANESE COMMUNIST PARTY

社会科学文献出版社
SOCIAL SCIENCES ACADEMIC PRESS (CHINA)

序一
认清历史方位，居安思危，坚定信心 迎接21世纪世界社会主义新春天

李慎明

（中国社会科学院原副院长、世界社会主义研究中心主任）

习近平同志在党的二十大报告中明确指出，当前，世界之变、时代之变、历史之变正以前所未有的方式展开。人心所向、大势所趋决定了人类前途终归光明。人类社会面临前所未有的挑战。何去何从取决于各国人民的抉择。① 这一重大战略判断，一是强调人类社会面临前所未有的挑战，我们必须居安思危；二是强调人心所向、大势所趋决定了人类前途终归光明，我们必须坚定信心；三是强调何去何从取决于各国人民的抉择。这印证了毛泽东同志在《论持久战》中关于"自觉的能动性是人类的特点"② 这一朴素但又深刻的真理。21世纪世界社会主义新春天，靠各国人民在敢于斗争、敢于胜利的奋斗中赢得，绝不是在敲锣打鼓中坐等送来。以下谈五点个人粗浅的认识。

---

① 习近平：《高举中国特色社会主义伟大旗帜 为全面建设社会主义现代化国家而团结奋斗——在中国共产党第二十次全国代表大会上的报告》，人民出版社，2022，第60页。
② 《建党以来重要文献选编（1921—1949）》（第15册），中央文献出版社，2011，第415页。

1. 习近平新时代中国特色社会主义思想是帝国主义由垄断、寄生向垂死阶段过渡这一时期的马克思主义

2017 年 9 月 29 日，习近平总书记强调指出："时代在变化，社会在发展，但马克思主义基本原理依然是科学真理。尽管我们所处的时代同马克思所处的时代相比发生了巨大而深刻的变化，但从世界社会主义 500 年的大视野来看，我们依然处在马克思主义所指明的历史时代。"① 这一重大判断对于实现中国式现代化、推动构建人类命运共同体具有十分重大的战略意义和强烈的现实意义。

按照列宁划分时代的标准，我们可以把马克思恩格斯所说的资本主义这一"大的历史时代"细分为三个较小的历史时代：一是商业资本主义时代，二是工业资本主义时代，三是工业资本和银行资本加速集中并日益垄断融合为帝国主义时代。在商业和工业资本主义时代，其最深厚的经济基础就是竞争。1916 年，列宁在其著名的《帝国主义是资本主义的最高阶段》中明确地指出："帝国主义最深厚的经济基础就是垄断。"②"资本主义已经发展到这样的程度"，"大部分利润都被那些干金融勾当的'天才'拿去了"。③ 当今时代，正是全球生产的大部分利润被那些干金融勾当的"天才"拿去了的金融帝国主义时代。当今世界不仅处在马克思主义所指明的历史时代，同时处于列宁所说的帝国主义时代，特别是处于帝国主义由垄断、寄生即腐朽向垂死阶段过渡这个历史阶段。在一个较长的历史时期，资本主义与社会主义的斗争会比较残酷，但谁也不可能完全消灭谁。所以，在这样一个历史阶段，我们既要敢于斗争，敢于胜利，也要争取同世界上各个、各类国家和平共处、合作共赢。1937 年 7 月，毛泽东同志指出："马克思不能在自由资本主义时代就预先具体地认识帝国主义时代的某些特异的规律，因为帝国主义这个资本主义最后阶段还未到来，还无这种实践，只有列宁和斯大林才能担

---

① 《习近平谈治国理政》（第 2 卷），外文出版社，2017，第 66 页。
② 《列宁选集》（第 2 卷），人民出版社，1995，第 660 页。
③ 《列宁选集》（第 2 卷），人民出版社，1995，第 594 页。

当此项任务。"① 伟大的时代，必然会诞生伟大的思想。如果说列宁主义、毛泽东思想很好地承担了它们各自的任务，揭示了帝国主义从垄断向寄生即腐朽阶段过渡的某些特殊规律的话，那么可以说，习近平新时代中国特色社会主义思想揭示了帝国主义从寄生即腐朽阶段向垂死阶段过渡的某些特殊规律。习近平新时代中国特色社会主义思想就是帝国主义从寄生即腐朽阶段向垂死阶段过渡这一时期的马克思主义。只有这样定位，才能真正理解习近平新时代中国特色社会主义思想的时代意义、世界意义和历史意义。

2. 全球范围内贫富两极分化、社会撕裂及局部战争连绵不绝等多重危机爆发，表明全球第五次资本主义总危机已经到来

2023 年 8 月发布的《2023 全球财富报告》显示，全球最富有的 1% 的家庭仍占有全球 44.5% 的总财富。② 我个人认为，资本主义诞生以来，在全球已经发生四次总危机。第一次是以第一次世界大战和十月革命的胜利为标志；第二次是以第二次世界大战以及全球出现了一系列社会主义国家为标志；第三次是以 20 世纪 50 年代末资本主义全球殖民体系瓦解为标志；第四次是以 1971 年以美元与黄金挂钩为中心的布雷顿森林国际货币体系终结、美国同意实现中美关系正常化为标志；第五次是以 2008 年爆发且影响至今的国际金融危机为标志。这次总危机极有可能比前四次总危机来得更为猛烈、延续的时间更长、给世界各国人民带来的灾难更为深重。2022 年美国GDP 仅为 25 万亿美元，截至 2023 年 9 月 18 日，美国国债总额首次突破 33万亿美元③，美国公民每人平均负担直逼 10 万美元，折合人民币约 70 万元。这组数据，正是资本主义总危机本质的简要精准的显现。美国经贸、军事、科技、意识形态、规则规制等所有霸权都是建立在美元霸权基础上的。美国的美元霸权一旦坍塌，其他霸权就必然如多米诺骨牌连续倒下。降临在

---

① 《毛泽东选集》（第 1 卷），人民出版社，1991，第 287 页。
② 《世界更平等了？瑞银报告：全球百万富翁较 2021 年减少 350 万人》，《环球时报》2023 年 8 月 18 日。
③ 《美国国债总额攀升 财政危机或迫在眉睫》，参考消息网，https：//www.cankaoxiaoxi.com/ #/detailsPage/gj/6da47b3a608c4753b2542b3e3f38a956/1/2023 - 09 - 21% 2008：14？children Alias=gj。

我们这个世界和地球上的暴风雨，在今后几十年将会更加猛烈。

3. 在其国内危机深入发展、不可摆脱之时，帝国主义国家的"领头羊"则采用种种软硬手段乃至法西斯和军国主义手段，向其他国家转嫁危机

习近平总书记强调："要坚持底线思维和极限思维，准备经受风高浪急甚至惊涛骇浪的重大考验。"① 其中"极限思维"是首次出现。社会主义彻底胜利亦即帝国主义彻底消亡的具体时间还不好确定，但以下这一点却是毋庸置疑的，这就是在帝国主义由垄断、寄生即腐朽的资本主义向垂死的资本主义过渡包括垂死这个更短的历史阶段，国际金融垄断资本主义的贪婪、疯狂、无耻、残忍、阴险、诡诈等特点向世人暴露、展示得愈充分、愈彻底，就愈能较快地教育全世界的共产党、左翼政党和各国人民。苦难和反面教育是人们觉醒必经的路径之一。

4. 压迫剥削愈重，各国人民反抗斗争便愈烈

2020年8月习近平总书记指出："国际经济、科技、文化、安全、政治等格局都在发生深刻调整，世界进入动荡变革期。"② 历史总是在曲折和波澜中向前发展的。哪里有压迫、有剥削，哪里就有反抗。蓄之既深既久，反抗必烈必速。1965年1月，毛泽东在同斯诺谈话时说："世界上的人，不受压迫谁起来革命？"③ 当前，西方的罢工、游行示威等日益增多，这说明人民已开始觉醒。随着斗争的深入发展，一批批马克思主义政党将焕发新生。西方工人阶级会从自在阶级逐步向自为阶级转化，通过大量的经济斗争、政治斗争甚至军事斗争寻找出路。未来三五十年在西方营垒中，必将有一批有良知的知识分子转入世界左翼甚至社会主义行列。也正是从这个意义上讲，资本主义总危机的到来是世界左翼运动和世界社会主义复兴最为深厚的经济政治基础，亦是习近平总书记作出的"放眼世界，我们面对的是百年未有之大变局"这一重要判断最为深厚的经济政治基础。

① 《加快推进国家安全体系和能力现代化 以新安全格局保障新发展格局》，《人民日报》2023年5月31日。
② 《十九大以来重要文献选编》（中），中央文献出版社，2021，第663页。
③ 《毛泽东文集》（第8卷），人民出版社，1999，第411页。

5. 当今世界已开始进入大动荡、大觉醒、大发展、大变革、大调整的新时期，世界社会主义灿烂的春天在前

1930 年 1 月，毛泽东在其著名的《星星之火，可以燎原》一文中指出："在对于时局的估量和伴随而来的我们的行动问题上，我们党内有一部分同志还缺少正确的认识。他们虽然相信革命高潮不可避免地要到来，却不相信革命高潮有迅速到来的可能"。"他们似乎认为在距离革命高潮尚远的时期做这种建立政权的艰苦工作为徒劳"。[①] "我所说的中国革命高潮快要到来，决不是如有些人所谓'有到来之可能'那样完全没有行动意义的、可望而不可即的一种空的东西。它是站在海岸遥望海中已经看得见桅杆尖头了的一只航船，它是立于高山之巅远看东方已见光芒四射喷薄欲出的一轮朝日，它是躁动于母腹中的快要成熟了的一个婴儿。"[②] 毛泽东当年针对第二次国内革命战争的这一论述，对于我们认识当前世界左翼和世界社会主义运动，亦有着强烈的现实意义。1955 年 4 月，毛泽东指出："我们称美帝国主义为纸老虎，它还叫嚣，不相信。可以这样说，战争如果打起来，在战争初期和表现形式上，它可能是铁老虎，可是到后来便会成为纸老虎。因为美帝国主义不得人心，人民反对它，它只能是在铁老虎的形式中包含纸老虎的实质。"[③] 1963 年 3 月，毛泽东在会见古巴客人时讲："联系群众永远不会失败。帝国主义和各国反动派脱离群众，他们总有一天要失败的。"[④] 依靠本国人民，依靠世界各国人民，这是我们最大的底气和力量的源泉。这才是彻底的历史唯物主义。

当今世界已开始进入大动荡、大觉醒、大发展、大变革、大调整的新时期。我们坚信：在以习近平同志为核心的党中央坚强正确领导下，中国特色社会主义必然巍然屹立；世界各国人民在经历种种痛苦之后，必将更加紧密地联合起来；2050 年前后，极可能迎来世界社会主义理论、运动和制度又一个光明灿烂的春天。

[①] 《毛泽东选集》（第 1 卷），人民出版社，1991，第 97 页。
[②] 《毛泽东选集》（第 1 卷），人民出版社，1991，第 106 页。
[③] 《毛泽东外交文选》，中央文献出版社、世界知识出版社，1994，第 206 页。
[④] 《建国以来毛泽东军事文稿》（下），军事科学出版社、中央文献出版社，2010，第 169 页。

序二
社会主义从曲折走向复兴

林建华

（中国社会科学院马克思主义研究院副院长）

政党是政党制度和政党政治的基本要素。近现代意义上的政党，始于17世纪英国的辉格党和托利党。当今世界、当今时代，除了极少数国家和地区不存在政党或不允许政党活动，政党已成为绝大多数国家和地区社会政治生活的中心力量。在马克思主义的视域中，政党是代表一定阶级、阶层或集团根本利益的一部分最积极分子，为了通过执掌国家权力或参与执掌国家权力以实现其政治理想，而结合成的具有政治纲领、组织章程、组织系统和一定群众基础的政治团体。政党既是一定阶级的一部分，又是一定阶级从事政治斗争、经济斗争、思想斗争以及其他斗争的组织者和指挥者。不论依照什么标准划分和衡量，共产党都是极其重要的一类政党。1847年6月2日，世界上第一个共产党——共产主义者同盟诞生；1848年2月，马克思恩格斯为共产主义者同盟撰写的纲领性文献《共产党宣言》发表。这两个大事件，共同标志着国际共产主义运动的兴起和马克思主义的创立。1919年3月初，共产国际（第三国际）成立。共产国际成立前后，世界上出现了第一批共产党。共产国际是由各国共产党组成的世界共产党组织，各国共产党都是共产国际的支部。1922年7月15日成立的日本共产党（以下简称"日共"）就是最早成立的共产党之一，其存在时间迄今已逾百年，且长期保持着发达资本主义国家最大、最有影响力的共产党组织的重要地位。朱旭旭同志撰写的《日本共产党百年社会主义探索》，就是全景式、系统性、立体化呈现日本共产党百年独具特色的理论和实践探索的新作。

1. 以史为经，浓笔重墨，展示了一幅日本共产党对未来的社会主义进行探索的波澜画卷

1887 年，恩格斯曾指出："我们的目的是要建立社会主义制度，这种制度将给所有的人提供健康而有益的工作，给所有的人提供充裕的物质生活和闲暇时间，给所有的人提供真正的充分的自由。"① 这是包括日本共产党人和日本无产阶级在内的所有共产党人和无产阶级的理想追求和奋斗目标。据此，日共为实现社会主义所走过的百年探索历程大体上可分为三个阶段，即二战前在共产国际指导下进行斗争的时期、二战后的冷战时期和冷战后调整时期。日共百年社会主义探索历程，也是对发达资本主义国家革命理论、纲领路线等重大问题进行思考的历程。正如 1970 年日共十一大报告所阐明的："发达资本主义国家的革命，在地球上还没有真正获得成功，因此，这的确是一个新的、人类进行伟大探索和实践的领域。这里，摆在我们面前的将有新的复杂性，也有新的可能。我党根据人民解放和工人阶级解放的科学，尊重大多数人民的民主意愿，同时，将竭尽全力，敢于和善于探索用尽可能少的牺牲来进行社会变革和社会主义建设的道路。这是为人民、为真理应尽的重要义务。"② 观往知来，日共在下一个百年探索历程中依然任重而道远。就此而论，朱旭旭同志的著作为我们提供了观察、研究发达资本主义国家共产党发展态势的窗口。

2. 以论为纲，条分缕析，勾勒了日本共产党思想纲领嬗变的动因和特质

党的纲领是政党为实现自己的奋斗目标而确立的行动方略。党的纲领是

---

① 《马克思恩格斯全集》（第 28 卷），人民出版社，2018，第 652 页。
② 肖枫主编《社会主义向何处去——冷战后世界社会主义运动大扫描》（下），当代世界出版社，1999，第 721 页。

党的政治主张的集中反映，是党的奋斗目标和方针政策的集中概括，是昭示社会的政治宣言，是一个政党举什么旗、走什么路的根本标志，规定着党的奋斗目标，指明党的前进方向。不同政党的纲领截然不同。马克思指出，制定一个原则性纲领，"就是在全世界面前树立起可供人们用来衡量党的运动水平的里程碑"①。恩格斯也指出："一个新的纲领毕竟总是一面公开树立起来的旗帜，而外界就根据它来判断这个党。"② 党的纲领不仅指导着一个政党的全部行动，而且向外界展示着这个政党的形象。这就是说，党的纲领是党的性质及其运动水平的标志，党靠它来动员和组织党员，外界通过它来了解党，从而获取对党的认识、确定对党的态度。朱旭旭同志从指导思想、奋斗目标、革命道路、革命方法、阶级基础等方面，对日共的思想纲领进行了剖析，展现了日共百年思想理论的变迁，诠释了其在不同时期斗争成效显著与否的动因。

3. 研判理趣，注重旨归，剖析了日本共产党推动马克思主义本土化所结出的果实，同时放眼世界，比较鉴别，分析了社会主义和资本主义两个主义、两种制度历史演进的规律

在推进马克思主义本土化的进程中，"社会主义成长期理论"是日共取得的重要理论成果，其他理论成果都是与此相关或由此衍生的。

关于科学社会主义的学说，日共认为，这一学说作为人类社会哲学、经济学和社会发展理论成果等一切有价值的东西之"集大成者"，是不断吸收人类文明成果而发展起来的科学世界观。关于科学社会主义的运动，日共认为，这一运动决不是把头脑中描绘的理想蓝图强加于社会，而是在科学社会主义指引下，阐明社会的现实矛盾，并沿着合乎社会发展规律的道路，经过必要的阶段，不断推动社会变革。这一运动只有成为符合各国国情的自主运动，才能取得进展。关于社会主义的成长和发展，日共认为，从世界历史的长河来看，当代社会主义国家还处在初生时期，还存在许多历史局限性，因

---

① 《马克思恩格斯文集》（第3卷），人民出版社，2009，第426页。
② 《马克思恩格斯文集》（第3卷），人民出版社，2009，第415页。

此不能只用社会主义国家目前所达到的水平或只用社会主义国家存在的问题，衡量人类的社会主义和共产主义的未来。

发达资本主义国家如何过渡到社会主义，迄今还没有成功的案例，还有许多问题需要探索。难能可贵的是，朱旭旭同志在著作中对日共百年社会主义探索进行了理论思考和总结。日共对社会主义进行探索的意义在于，它始终自觉走在反对资本主义、反对右翼政府、反对战争、维护国民根本利益的前列，领导了日本的社会主义运动，为国际共产主义运动作出了理论与实践贡献，特别是为其他发达资本主义国家的无产阶级运动提供了可资鉴戒的经验教训。在日本政党政治的光谱上，日共是特色鲜明的左翼政党、共产主义政党，它站在工人阶级立场开展反对右翼势力的斗争，坚持"国民是主人公"的原则，坚持探索资本主义框架内议会和平革命道路，坚持独立自主立场，坚持原则坚定性和策略灵活性的统一，在一定程度上推动了科学社会主义在日本的实践和发展，增强了马克思主义在日本的影响力。多年来，日共坚持把修改党纲作为凝聚党内外思想共识的重要举措，坚持独立自主总结党的历史经验教训，坚持把正确处理党内思想斗争作为保证党的团结统一的重要条件，坚持把指导思想上犯"左"倾错误视为党的革命事业遭受严重损失的主要原因等。窥斑知貌，解剖日共百年发展史，为 21 世纪深化研究世界社会主义运动提供了重要窗口。这部著作的现实意义正是在这里。

目　录

前　言

　　日本共产党是资本主义国家的传统共产党组织，自 1922 年 7 月 15 日成立以来已经走过百年发展历程。日本共产党历经百年"红旗不倒"，得益于其长期坚持马克思主义信仰，持之以恒领导工人阶级开展形式多样的反对右翼势力斗争，追求实现共产主义奋斗目标。同时，日本共产党能够根据世情、国情、党情的变化不断推进马克思主义本土化、时代化，在日本社会主义运动和国际共产主义运动中表现得非常活跃。目前，日本共产党是发达资本主义国家最大的、最有活力的共产党组织，其百年社会主义探索能够为我们透视发达资本主义国家共产党领导的共产主义运动曲折发展历程提供一个窗口。

　　百年来，日本共产党立足于资本主义国家的具体环境，将马克思主义基本原理与日本革命斗争相结合，运用马克思主义立场、观点和方法分析日本社会矛盾，探索发达资本主义框架内的社会主义道路，一定程度上为丰富和发展马克思主义作出贡献，成为国际共产主义运动中不可或缺的组成部分。本课题在梳理和归纳当前国内外学界从某一个点、某一阶段研究日本共产党的理论成果基础上，立足于百年视野纵向考察日本共产党曲折发展历程，重点剖析其百年社会主义探索中的思想演变及其重要影响，从而为学界全面分析和评价日本共产党在日本社会主义运动和国际共产主义运动中的地位和作用提供参考。

　　目前，日本共产党虽然保持着发达资本主义国家最大的、最有影响力的共产党组织的地位，但近十年来呈现持续衰退的趋势。回溯日本共产党百年社会主义探索历程，审视当前日本共产党面临的机遇和挑战，研判日本共产党社会主义探索的前途和命运，成为我们全面认识和评价日本共产党百年社会主义探索的重要组成部分。未来，日本共产党社会主义探索任重道远，在与右翼势力斗争过程中能否继续高举马克思主义旗帜、进一步推进社会主义探索，进而实现逆势跃进目标，依然是一个值得跟踪研究的课题。

绪　论

一　选题背景和研究意义

　　自 1848 年《共产党宣言》发表以来，世界各国无产阶级政党在马克思主义指导下发起的社会主义运动经历了高潮与低潮交替出现、波浪式前进的发展历程。特别是俄国十月革命爆发后，社会主义实现了从理论到实践的伟大飞跃，世界上先后成立了一批共产党、工人党组织，它们高举马克思主义旗帜在本国开展反对资产阶级和封建势力的斗争。在苏联的影响和支持下，世界各国人民掀起争取民族独立和人民解放的历史潮流，加速了帝国主义体系瓦解，社会主义实现由一国到多国的发展，世界各国共产党、工人党共同推动了世界社会主义运动走向高潮。日本共产党（以下简称"日共"）正是在第三国际直接帮助和指导下于 1922 年 7 月 15 日成立。日共一经成立便高举马克思主义旗帜，以维护国民根本利益为目标，在国内持续开展反对天皇统治和右翼政权的斗争，在国际上积极联合其他国家共产党、左翼政党开展反对帝国主义、反对资本主义的斗争，在国内外表现出不屈不挠的革命斗争精神并取得了显著的斗争成果。自成立至今，日共已经走过一百多年发展历程。百年来，无论是发动和领导国内社会运动，还是参与国际共产主义运动，日共一定程度上都表现出马克思主义政党坚定的革命意志和革新勇气，成为发达资本主义国家典型的共产党组织，在推进日本社会主义运动和国际共产主义运动中发挥着不可或缺的作用。百年来，日共社会主义探索经历曲折变化，可以说是国际共产主义运动在高潮和低潮之间交替推进的具体反映。从国际共产主义运动发展史来看，正是许多像日共这样坚定的共产党组织持续不断地奋斗，共同谱写了国际共产主义运动的华丽篇章。

梳理日共百年社会主义探索史，能够为我们透视资本主义国家社会主义运动和共产党自身起伏变化提供一个窗口。本课题立足于国际共产主义运动史的视角考察日共百年社会主义探索历程、思想理论演变及其原因和成效、经验教训等，以历史分期为轴考察日共推进马克思主义本土化、时代化过程中的理论创新和政策演变，力图客观全面展现日共百年社会主义探索对自身和日本社会主义运动的影响，审视百年来日共在国际共产主义运动中的地位和作用。在此基础上，结合日共当前面临的机遇和挑战对其未来发展作出展望。

（一）选题背景

十月革命后，世界上迅速成立了一大批共产党、工人党组织，发达资本主义国家的共产党、工人党组织发展尤为迅速。十月革命爆发至今已经过去一百多年，有的共产党、工人党组织已经解散，有的已经转变为社会民主主义政党，但至今依然有一批使用"共产党"这个名字、在马克思主义指导下坚持探索社会主义道路并领导工人阶级开展社会主义运动的共产党、工人党组织，它们也是推动世界社会主义运动不断向前发展的重要力量。近年来，世界上有多个共产党迎来了建党100周年，如发达资本主义国家中的美国共产党、英国共产党、日本共产党、西班牙共产党等纷纷迎来建党百年。其中，日共综合实力最强，在众参两院、地方议会占有一定议席并表现出一定影响力，可谓发达资本主义国家最大的、最有影响力的共产党组织。在发达资本主义国家，共产党坚持开展反体制斗争和领导社会主义运动，必然遭到右翼势力极力镇压。因此，日共能够历经百年存续和发展、长期活跃于议会内外，实属不易。基于此，选取日共为考察对象，结合国际共产主义运动史和日本社会主义发展史审视日共百年社会主义探索历程、理论演变的原因及其影响等，可以为我们认识和评价日共作为马克思主义政党在日本政治体制中和国际共产主义运动中的地位和作用提供理论参考。

在百年发展历程中，日共作为发达资本主义国家共产党，其生存和发展举步维艰。面对国内外反共、反社会主义势力的压制，日共长期坚持马克思主义指导地位，在与右翼势力作斗争的过程中积极探索社会主义道路，有效推进了马克思主义指导日本社会运动的进程，推动日本社会主义运动不断向前发展，也为国际共产主义运动作出一定的理论与实践贡献。日共一经成立便提出推翻天皇制度的口号，将推翻资本主义政权、实现社会主义作为奋斗目标，这必然会遭到右翼政权的镇压。日共成立后不久，右翼政权便宣布其为非法政党并多次进行大规模镇压。但是，日共依然坚持开展反对天皇政府、维护人民群众根本利益的暴力革命斗争，即使党的全国性统一活动被迫中止，全国各地的党组织依然分散开展社会运动，这在一定程度上表现出一个马克思主义政党的革命勇气，也显示出马克思主义作为思想武器的重要价值。

二战后，美国对日本进行民主化改革，这为日共等日本左翼政党的发展带来有利机遇。以日共、社会党等为代表的左翼力量迅速发展，在日本政坛掀起了一场"左翼旋风"，出现了以社会党为代表的革新政党和以自民党为代表的保守政党相对立的"五五年体制"，日本政坛甚至出现过社会党、日本民主党等左翼政党短期执政的局面。日共虽然从未有过单独执政或联合执政的经历，但它坚持把马克思主义与日本具体国情相结合，在不同历史时期形成了具有显著时代特征的思想理论，指导全党利用资本主义民主政治体制开展反对资本主义的斗争，推动日本社会主义运动不断向前发展，在理论和实践层面都取得一定成效。二战后资本主义迅速发展，日本国内劳资矛盾、环境矛盾等各种社会矛盾日益突出，国民开展反对资本主义斗争的热情不断高涨，为马克思主义在日本进一步传播和应用营造了有利环境。日共作为高举马克思主义旗帜的政党，从反对日美安保体制、反对天皇制、反对战争、反对贪污腐败等方面开展反对右翼政权的斗争，赢得了国民的认可和支持，一定程度上推动日本社会主义运动的发展。

苏东剧变后，美苏两极对峙的世界格局解体，世界政治形势朝着多极化方向发展。日本对美从属地位进一步加强，日本社会政治右倾化、国民保守化特征更加突出，国内也掀起了"社会主义崩溃论""共产党灭亡论"等反共舆论热潮，国民对日共的支持率显著下降。日本社会主义运动也陷入低潮，日共生存和发展面临严峻挑战，党内出现脱党、反党事件，日共综合实力大为削弱。面对这些挑战，日共坚持从具体国情出发，革新党的思想理论、制定更加灵活务实的政策主张，切实从维护国民根本利益的立场开展反对右翼政权的斗争，在国民心中塑造一个革新政党形象，以赢得国民的支持乃至吸纳国民入党，有效实现了逆势跃进的目标。这与世界其他发达资本主义国家共产党一蹶不振形成鲜明对比，对推动国际共产主义运动不断向前发展具有重要意义。

21世纪以来，日共作为发达资本主义国家党员人数最多的共产党组织，在领导日本社会主义运动甚至在国际共产主义运动中都表现得非常活跃，也形成了一些具有资本主义国家显著特色的社会主义理论。在21世纪世界社会主义运动走出低潮、谋求复兴的新阶段，特别是2008年金融危机爆发以来，资本主义矛盾加剧，日本政治右倾化及贫富差距拉大等其他社会矛盾叠加，为日共自身发展带来了有利的社会环境。但是，从衡量一个政党综合实力强弱的党员数量、财务收入、国会议席、选票数量等指标来看，日共综合实力呈现持续衰退趋势。特别是，日共党员人数已经从21世纪初期的40多万人减少到目前的26万人左右。尽管日共采取一系列积极措施，但由于外部环境及自身存在的一些问题，长期以来日共未能有效扭转自身衰退趋势。预计这种衰退还将持续。基于百年发展历史来考察近年来日共衰退的深层次原因，透视21世纪以来日共在日本政治体制中的地位和作用，具有重要的理论与实践意义。

百年来，日共与右翼政权的斗争以及社会主义探索的经验教训，能够为世界其他国家共产党加强自身建设提供有益参考。在当今世界"东升西降""社升资降"的发展趋势下，以日共为研究对象，重点考察百年来日共在资本主义国家探索社会主义道路过程中的理论创新、实践探索与经验教训，全面审视日共百年社会主义探索在日本社会主义运动中的重要意义，进而系统剖析日共作为具有百年发展历史的传统共产党组织在国际共产主义运动中的地位和作用，能够为我们正确认识和把握当今世界发达资本主义国家社会主义运动发展状况提供理论参考，也能够为我们全面认识中日两国共产党关系发展演变及推动两党关系正常化提供对策建议。

（二）选题意义

百年来，面对国内外反共势力的长期残酷镇压，日共依然坚持以马克思主义为指导思想，为推翻资本主义统治、实现社会主义目标而奋斗。在这个过程中，日共坚持把马克思主义与日本具体国情、时代特征相结合，提出了解决资本主义矛盾、推翻右翼政权的原则和方法并付诸实践，有效推进了马克思主义在日本的实践和发展。特别是，在苏东剧变后世界社会主义运动陷入低潮的背景下，日共通过修改党章、党纲及调整党的政策方针等，不断提升自身对资本主义民主政治体制的适应能力。在资本主义国家共产党一蹶不振的情况下，日共实现了逆势跃进，在国际共产主义运动中独树一帜。本书选取发达资本主义国家典型的共产党组织日本共产党为考察对象，结合十月革命以来国际共产主义运动史系统梳理日共百年发展史及其社会主义探索全过程，力图展现出以日共为主导的日本社会主义运动发展全过程及其对国际共产主义运动的贡献，为透视十月革命以来资本主义国家共产党的起伏变化和国际共产主义运动的发展态势提供理论资料。

第一，日共百年社会主义理论探索，为丰富和发展马克思主义作出一定贡献。百年来，日共坚持把马克思主义与日本具体国情、时代特征相结合，运用马克思主义指导本国的具体革命实践，根据党的中心任务不断调整党的思想理论和政策主张，创造性提出了发达资本主义国家走向社会主义的道路和思想理论，有效推进了马克思主义在日本的应用和发展，也赢得了相对稳固的群众基础和阶级基础。在与右翼政党斗争过程中，日共坚持运用马克思主义的立场、观点和方法分析解决日本社会发展过程中遇到的困难与问题，推进马克思主义与本国具体国情、时代特征相结合，在不同时期提出了与资本主义作斗争的原则和方法，指导全党开展革命实践并取得一定成效，积累了无产阶级政党在发达资本主义国家斗争的经验，形成了一系列思想理论，为马克思主义作出一些原创性贡献，一定程度上丰富和发展了马克思主义。

第二，研究日共百年社会主义探索的经验教训，能够进一步展现马克思主义作为理论武器的时代价值。在日本政治体制中，日共曾经是非法政党，即使二战后获得合法地位以来日共也长期处于被边缘化的境地，但是，它却是日本现政坛中历史最悠久的政党，是制衡右翼势力不可或缺的力量。在不同历史时期，日共在马克思主义指导下实现了坚持原则的坚定性和策略的灵活性相统一，通过不断调整自己的政策主张提高了利用资本主义民主政治体制开展反对资本主义斗争的能力，并取得显著成效。从国际和国内两个视角考察百年来日共在不同历史时期探索社会主义的发展历程、成效、经验教训等，有助于进一步提升马克思主义这一理论武器在资本主义国家社会运动中的思想指导价值，调动和激发发达资本主义国家工人阶级开展反体制斗争的积极性和主动性，为推进 21 世纪世界社会主义运动不断向前发展增添动力。

第三，研究日共思想理论、政策主张的百年演变，是发展中日两党关系的现实要求。自日共成立以来，中日两党关系经历了曲折发展。2023 年 2 月，日共中央委员长志位和夫出席中国驻日大使孔铉佑离任回国的送别会并发言，表达了对改善中日关系的看法。此后，日共在国会提出议案并督促岸田内阁推动中日关系回到正常化轨道，在国内公开阐明中日关系回归正常化的必要性和迫切性。当前，中共是世界上最大的、发展形势最好的共产党，也是具有长期成功实践经验的、在社会主义国家执政的共产党；日共是发达资本主义国家最有影响力的、最大的非执政共产党组织，也是日本政坛中牵制和制衡右翼势力的重要左翼力量。加强两党之间的交流与合作，是两党关系长远发展的重要内容，也是改善中日关系和推动 21 世纪世界社会主义走向复兴的现实需要。研究日共百年社会主义探索，特别是日共进行党际交往的思想理论、原则方法和党际交往的发展动向，从两党交往的百年史中挖掘阻碍中日两党关系友好发展的深层次因素，归纳提炼中日两党关系发展演变的规律，也是化解两党矛盾与隔阂、推动两党关系友好发展的现实要求。

第四，研究百年来日共对国内外斗争的政策主张，对理解和认识日本的政治、经济、社会等具有重要帮助。面积仅 37.8 万平方公里的日本作为亚洲的发达资本主义国家，长期为世界第二大经济体，直到 2010 年被中国反超。长期以来，日本作为面积狭小、经济实力强劲的发达资本主义国家，在国际舞台上发挥着重要作用。这是一个非常值得探究的问题。处理好中日两国关系，对于两国人民和世界和平发展具有重要意义。然而，日本国民很难以一颗平常心看待中国发展壮大，"中国威胁论"在日本比在世界其他国家更为盛行。近年来，日本国民对中国的误解和偏见也有加重的趋势，甚至在日本涉华舆论中出现了寒蝉效应①。日本对华好感度整体低迷，从日本政府的舆论调查结果来看呈现连年下降趋势。研究百年来日共在马克思主义指导下的社会主义探索，需要把日共放在日本具体的政治、经济、社会环境中，阐释其政策主张的演变、效果和影响，以及挖掘日共对中国态度发生变化的深层次原因等。以日共的视角透视社会主义运动的政治目标和利益诉求，能够帮助我们了解日本的政治、经济、社会发展动态，把握日本未来社会发展方向，洞察日本发展形势和对外政策的变化，这对正确处理两国关系具有重要意义。

第五，加强对日共百年社会主义探索的研究，有助于进一步深化和拓宽国际共产主义运动的研究领域，助力科学社会主义与国际共产主义运动学科发展。在国际上，日共不仅是革命战争年代反对帝国主义战争的积极力量，也是和平年代推动国际问题和平解决的积极力量。特别是苏东剧变后日共积极参加国际事务并借助国际舞台发表自己的政策主张，强调国际联合、运用和平方法解决国际争端，为维护亚洲和世界和平、促进共同发展等提供了有益方案。日共还积极拓展与世界其他国家、政党之间的交流，加强合作，一定程度上表现出马克思主义政党应该具备的国际主义精神。在国内，日共坚持在马克思主义指导下开展反对资本主义、反对右翼势力的斗争，反对日本发动战争，在牵制和制衡右翼政权、维护国民根本利益方面发挥重要作用，积极践行马克思主义政党的应有职能。日共是发达资本主义国家共产党的一

---

① 寒蝉效应是指公共舆论中的团体、组织或个人因为惧怕发言产生不好的政治、社会、经济影响而选择不发表言论的现象，就如同蝉在寒冷天气中噤声一般。日本的涉华寒蝉效应最早发生在学术界，然后影响到媒体界，再波及政界。过去声势浩大的日中友好议员联盟等政治团体的声音日渐微弱，政治家一旦发出中日友好的声音，抑或对中日关系说两句公道话，就可能被贴上"亲华""媚华"的标签。

个缩影，日共百年探索是国际共产主义运动不可或缺的组成部分，理应成为我国科学社会主义与国际共产主义运动学科的研究内容之一。

二 研究现状

目前，关于日共与日本社会主义运动，国外研究力量多集中在日本，以日共领导人、理论家为主。在中国，从 20 世纪 50~60 年代以翻译、介绍日共文献为主，到改革开放以来逐步转向系统性研究和介绍日共的思想理论，到苏东剧变后全面研究和系统评析日共社会主义理论与实践，研究成果日渐丰富。中日两党关系正常化以后，两党领导层、理论界的交流不断增多，中国一度掀起一股研究日共理论成果的热潮，这对促进两党关系友好发展、国民全面理解与认识日共和日本社会主义运动具有很大帮助。特别是随着互联网普及和信息化水平的提高，中国研究人员获取日共的相关资料更加便捷，能够及时把日共发展最新动态和最新思想理论介绍到国内，也能够打破时空限制挖掘日共相关的原始资料和历史资料，为学界开展纵向研究提供一定理论支撑。

（一）国外研究现状

国外关于日共百年社会主义探索的研究主要集中在日本。研究者多为倾向于社会主义的理论家、政治活动家、学者等，也有一些反对和敌视社会主义、共产主义的政治活动家、学者，他们主要是针对日共的理论纲领、方针政策、实践活动等展开深入探讨，并形成一系列理论著作。

1. 日本左翼力量对日共及其社会主义探索的研究

（1）日共领导人著书立说，解读马克思主义经典著作，总结日本社会主义实践经验，形成大量的论文和理论著作。不同历史时期，日共的理论家从不同视角阐释了日共的社会主义理论，总结了日本社会主义运动的经验教训。比如说，野坂参三的《野坂参三选集》（三卷）、宫本显治的《宫本显治著作集》（1~10 卷），日共理论界权威不破哲三目前已经出版 150 多本专著，如《〈资本论〉中的未来社会论》《话说日本共产党史（上·下）》等，现任日共中央委员长志位和夫著有《激荡的世界与科学社会主义》《纲领教室》，日共中央还出版了《日本共产党三十年》《日本共产党四十年》《日本共产党六十年》《日本共产党八十年》《日本共产党一百年》等。

（2）日本一些左翼刊物对日共及其社会主义探索的研究。日共主办的《赤旗报》《前卫》《学习月刊》《妇女广场》《议会与自治体》《经济》等，日本社会主义协会主办的《科学社会主义》（月刊）、日本全劳联主办的《全劳联月刊》等，也刊载日本国内中立或左翼学者研究日本社会主义运动经验和发展动态的文章。

（3）日本一些左翼学者对日共及其社会主义探索的研究。以日本社会主义理论学会会员为主的左翼学者对日共、日本社会主义运动也有一定的研究。如原日本一桥大学教授加藤哲郎著有《关于日本共产党纲领草案》《从阶级政党到民族政党：日本共产党在共产党的世界性衰落中生存》等；日本社会评论家、社会活动家、社会主义者村冈到著有《社会主义本质新探究》《不破哲三和日本共产党》《社会主义为什么重要》《与不破哲三的对话》《21 世纪社会主义面临的挑战》等；庆应义塾大学大西广教授著有《长期法则与马克思主义》《关于工人阶级参加、团结社会运动的条件》等。2022 年是日共成立 100 周年，日本国内学者写了大量纪念文章。如一桥大学教授中北浩尔撰写了《日本共产党实现革命梦想的 100 年》、《朝日新闻》原编委谷田邦一撰写了《日本共产党成立 100 周年：适应时代灵活变化的 100 年》①；《科学社会主义》月刊 2022 年 10 月出版了庆祝日本共产党成立 100 周年的特辑，刊载了伊藤诚、行方久生、森田成也等 8 位学者的文章。这些日本政治家、理论家和学者的著作和论文，为我们开展日共百年社会主义探索方面的研究提供了丰富的基础性资料。并且，他们提炼出来的发达资本主义国家的社会主义发展道路、党的建设、政策主张等思想观点，为日共

① 谷田邦一：「日本共産党結党 100 年：時代に合わせ柔軟に変わった1世紀」，ラジオ NIKKEI，https://www.nippon.com/ja/in-depth/d00826/。

迎接挑战、实现逆势跃进提供了理论支撑，也为发达资本主义国家共产党提供重要借鉴。另外，日本一些图书馆、数字图书馆、左翼网站，如国立国会图书馆、CINII、亚洲历史资料中心等还收藏了少量日共的原始文献，为我们开展日共百年社会主义探索研究提供了宝贵资料。

（4）日本右翼势力研究日共及其社会主义探索。日本是发达资本主义国家，右翼政党长期掌握着国家政权。长期以来，由于日共与其观点、立场存在根本差异，右翼政党与日共关系紧张。所以，日本一些政治家、学者也从反马克思主义立场来分析和解读日共及其社会主义运动。苏东剧变后"社会主义崩溃论""共产党灭亡论"等成为日本社会舆论的主基调，日共也被右翼媒体称为"革命政党""什么都反对的党""万年野党"，这大大削弱了日共领导下的社会主义运动的影响，瓦解了日共的群众基础。另外，一些右翼学者反对日共、反对社会主义，如立花隆的《日本共产党研究（1~3册）》批判日共党内"独裁统治"现象。大下英治所著的《日本共产党秘录》和《日本共产党的深层》则渲染和夸大日共党内的一些矛盾和问题。这是我们研究日文文献时需要高度重视和警惕的资料。在右翼势力强大的宣传体系控制下，日本反共社会舆论成为主基调，国民对日共不理解、不支持的现象越来越严重。国民不愿意靠近日共，更不愿意加入日共，已经威胁到日共的持续发展。这也是日共当前面临的重要挑战。

2. 日本以外其他国家研究日共及其社会主义探索情况

日本以外的其他国家关于日共的研究成果相对比较少，主要集中在党势衰退、党纲修改等方面，如前田·柯的《论日本共产党的兴衰》①，彼得·伯顿的《中日共产党：三十年的不和与和解（1966-1998）》②、《日本共产党与苏联的和睦关系》③，乔治·贝克曼和大久保·根治的《日本共产党：

① Ko Maeda, "Explaining the Surges and Declines of the Japanese Communist Party", *Asian Survey*, Volume 57, Issue 4, 2017.

② Peter Berton, "The Chinese and Japanese Communist Parties: Three Decades of Discord and Reconciliation, 1966-1998", *Communist and Post-Communist Studies*, Volume 37, Issue 3, 2004.

③ Peter Berton, "The Japanese Communists' Rapprochement with the Soviet Union", *Asian Survey*, Volume 20, Issue 12, 1980.

1922—1945 年》① 等。总体而言，对日共社会主义探索方面的研究成果偏少，这与我国对日共社会主义理论与实践的系统深入研究形成鲜明对比。

（二）国内研究现状

当前，我国关于日共研究的学术资源主要集中在以下几个方面。

首先，持续刊载研究日共社会主义理论与实践成果的学术期刊。《马克思主义研究》《当代世界与社会主义》《世界社会主义研究》《当代世界社会主义问题》《科学社会主义》《当代世界》《国外理论动态》等学术期刊专门设置了关于世界左翼政党的栏目，时常刊载涉及日共最新理论与实践动态的学术文章。

其次，相关学术论坛涉及日共的发展动态和理论创新的内容。如中国社会科学院马克思主义研究院主办的"世界社会主义论坛"、日本研究所主办的"日本马克思主义研究论坛"等。

再次，跟踪研究日共的专家学者。曹天禄持续关注和研究日共的理论创新、议会斗争实践、党的建设等，发表了大量关于日共社会主义理论与实践的研究成果，为国内认识和研究日共提供重要帮助。中共中央党校（国家行政学院）门晓红、中央党史和文献研究院朱艳圣、中国社会科学院谭晓军和郑萍、西安电子科技大学史少博、江南大学刘艳玲等也跟踪研究日共理论创新和发展动态，并形成一系列研究成果。这些学者大多有在日本留学或访学的经历，具有语言优势，可以直接从日文文献、理论著作中研究日共，甚至与日共的领导人、政治家、理论家建立长期联系，从而把日共的最新理论动态和实践经验介绍到国内。

最后，关于日共理论著作的翻译。百年来，日共理论家深刻总结日共社会主义探索的经验并将之凝练为党的思想理论，指导日共探索社会主义道路。对此，我国也有学者翻译了日共的历史性、理论性、纲领性的理论著作，如《日本共产党的四十年》（1962 年、人民出版社）、《野坂参三选集》

---

① George M. Beckmann, Okubo Genji, *The Japanese Communist Party* 1922 – 1945, California：Stanford University Press，1969.

（三卷）（1963 年、人民出版社）、《日本共产党的六十年》（上下册）
（1986 年、人民出版社）、《战后日本社会主义理论资料汇编》（1985 年，中
共中央党校科研办公室）、《现代日本与走向社会主义的道路》（1984 年、
人民出版社）、《马克思还活着》（2017 年、中共中央党校出版社）、《无悔
之路：与不破哲三共同生活》（2018 年、中信出版社）等。这些为我们研究
日共百年社会主义探索提供了资料和素材。

以中国知网为研究载体，以"日本共产党"为研究主题，每年有 10 篇
左右的相关学术文章发表，其中有相当一部分是关于日共社会主义理论与实
践方面的研究成果。2013 年以来，每年有 20 篇左右的学术文章，远远多于
国内对世界其他国家共产党的研究成果，这在一定程度上说明在中国科学社
会主义与国际共产主义运动学科研究中，学者对日共的关注程度远高于对当
今世界其他各国共产党的关注程度。截至 2023 年 10 月 28 日，中国学术界
关于日共的研究成果共有 505 篇相关学术论文，其中有 67 篇硕博论文从日
共社会主义理论与实践、中日两党关系等方面对日共展开研究。以"日本
共产党"（或者日共）、"社会主义"为篇名关键词的文章仅有 33 篇，且主
要是针对日共某一方面的社会主义理论与实践展开研究。目前，国内关于日
共百年社会主义探索的研究主要集中在以下几个方面。

1. 关于日共对马克思主义的研究

百年来，日共坚持把马克思主义理论与日本具体国情相结合，分析和解
决自身发展过程中遇到的国内外挑战和问题，对实践经验进行归纳总结，由
此形成的一些理论成果构成了日共在不同历史时期的指导思想。特别是 20
世纪 60 年代以来，日共强调坚持独立自主地探索社会主义发展道路，立足
于发达资本主义国家具体国情提出一些思想理论与政策主张，为我们研究日
共百年社会主义探索提供了理论素材。

（1）关于日共坚持马克思主义指导地位的研究。在马克思主义指导下，
日共根据不同历史时期国内外形势的变化和党的中心任务的变化，在党的性
质、指导思想、奋斗目标、革命道路、斗争方式等方面展开新探索，有效应
对日本社会主义运动中遇到的困难和问题，并取得一定的成效。有学者论述

了 21 世纪日共对马克思主义时代价值的认识:"马克思仍然活着,而且活得很健康"①。这充分说明了日共坚持以马克思主义为指导,也彰显了马克思主义在日本的时代价值。

(2)关于日共把马克思主义和日本具体国情相结合的研究。百年来,日共在反对资本主义的斗争实践中坚持运用马克思主义立场观点方法分析和解决社会矛盾,并形成一些指导其开展反体制斗争的思想理论。比如说,日共的"市场经济社会主义"② 模式论、"日本式社会主义"论③、"社会主义·共产主义社会"论④、"重新审视马克思主义革命论"⑤,以及"革命论、世界情势论、未来社会论"⑥ 等,构成了独具日本特色的社会主义理论体系。日共推进马克思主义日本化过程中的创新理论,对世界其他发达资本主义国家共产党具有一定借鉴意义。

(3)对日共理论家社会主义思想方面的研究。曹天禄论述了日共理论界权威不破哲三对马克思主义经典作家思想的解读,如对列宁与马克思恩格斯思想比较研究⑦、"列宁对马克思恩格斯国家观的误读"⑧ 等。刘艳玲、贾中海则论述了宫本显治在"党的建设、党的纲领和奋斗目标、统一战线和民主联合政府"⑨ 等方面对日共和日本社会主义所作出的贡献。有学者通

---

① 松宫俊树、禚明亮:《"马克思仍然活着,而且活得很健康"——日本共产党前主席不破哲三访谈录》,《马克思主义研究》2010 年第 7 期。

② 曹天禄:《日本共产党"市场经济社会主义"模式论》,《当代世界与社会主义》2003 年第 1 期。

③ 曹天禄:《日本共产党的"日本式社会主义"研究》,博士学位论文,华中师范大学,2003,第 50 页。

④ 曹天禄:《日本共产党新党纲透视》,《国外理论动态》2004 年第 4 期。

⑤ 刘艳玲:《"科学视角"的马克思主义理论解析——不破哲三的马克思主义思想研究》,博士学位论文,吉林大学,2016,第 43 页。

⑥ 史少博:《日本共产党对马克思主义研究"理论上的突破点"》,《学术界》2018 年第 2 期。

⑦ 曹天禄:《不破哲三对列宁与马恩思想的比较研究》,《天津师范大学学报》(社会科学版)2009 年第 6 期。

⑧ 曹天禄、殷向阳:《不破哲三:列宁对马克思恩格斯国家观的误读》,《社会主义研究》2006 年第 5 期。

⑨ 刘艳玲、贾中海:《宫本显治对日本共产党及日本探索社会主义道路的贡献》,《当代世界与社会主义》2016 年第 3 期。

过考察野坂参三与毛泽东、蒋介石的书信往来剖析了其社会主义思想。① 张陟遥也考察了马克思主义在日本传播初期日共创始人片山潜的社会主义思想及其对日共创立的影响。② 值得注意的是，受各种因素的影响和限制，即使是日共理论界权威、领导人等，对马克思主义理论的时代解读也并非完全正确。比如，不破哲三对列宁国家观、列宁社会主义"两个阶段论"，日共对"苏联模式"等均存在错误或不当认识。在研究日共对马克思主义加以继承和创新的理论成果的过程中，我们需结合日本的具体国情辩证看待，批判地吸收和借鉴日共理论家阐释社会主义的理论成果。

（4）关于日共对中国特色社会主义认识方面的研究。如何认识和评价中国特色社会主义，成为当今中国共产党与国外共产党理论交流的重要内容。代金平、钟连发论述了日共基于自身经历、立场和主张的变化，"对中国改革开放与中国特色社会主义的评价在总体积极中发生新的转变"③。谭晓军论述了日共对"中国社会主义建设成就的肯定及对现在、将来中国面临的问题的思考"④。还有学者论述了中日两国共产党关系的历史演变、党章的差异性等。值得注意的是，近年来日共对中国特色社会主义存在严重的误解，甚至直接公开批判中国共产党和中国特色社会主义。两党需要加强理论交流，消除误会和分歧，达成思想共识，重新回到友好交往的轨道上来，共同探究社会主义发展道路。这也是世界左翼力量联合推动国际共产主义运动不断向前发展的现实要求。

（5）关于日共对苏共和"苏联模式"态度的研究。日共曾经长期在共产国际和苏共直接指导下探索社会主义道路，自20世纪50年代中期追求独立自主以来，与苏共在斗争中求合作，并对苏联的大国主义、大党主义行为

---

① 加藤哲郎、林晓光：《野坂参三与毛泽东、蒋介石的往来书信》，《中共党史研究》2005年第1期。
② 张陟遥：《论日共创始人片山潜》，《东华大学学报》（社会科学版）2005年第4期。
③ 代金平、钟连发：《日本共产党对中国特色社会主义的看法及评析》，《当代世界社会主义问题》2017年第4期。
④ 谭晓军：《日本共产党如何看待中国的社会主义建设》，《世界社会主义研究》2017年第7期。

展开严厉批判。然而，中国关于日共与苏共关系、对"苏联模式"态度的研究比较薄弱。目前，仅有 1 篇公开发表的研究成果。在苏东剧变发生后，1992 年我国学者刘荣研究指出，"日共通过各种形式批判了苏共领导和苏联共产党，苏联解体、东欧剧变的冲击并未动摇日本共产党对科学社会主义的信心"①。另外，一些专著中涉及相关研究。吴忆萱等翻译的《日本资本主义政治史》中有一节"考察了日本共产党与共产国际的关系"②。1987 年丁芬等人所编写的《战后国际共产主义运动简明教程》中有一节专门讲述"20 世纪 50 年代中期至 60 年代中期，日共与苏共的党际关系变化及原因，以及两党关于北方四岛之争"③。1999 年肖枫主编的《社会主义向何处去——冷战后世界社会主义运动大扫描》中涉及"日共对冷战后国际共运问题的反思，重点介绍了日共对苏东剧变的态度、对科学社会主义的看法"④。总之，目前我国关于日共与苏共关系的研究成果比较零散、不系统，亟待进一步深入系统研究。

2. 关于日共国内外政策主张与斗争实践的研究

长期以来，在国内外反共、反社会主义双重压力下，日共通过调整自己的政策主张与右翼势力展开坚决斗争，巩固和发展在野党统一战线、团结更多国民，期望通过赢得议会多数席位的和平革命方式超越资本主义、建立社会主义政权，进而过渡到未来社会。并且，日共提倡的在野党统一战线也初见成效。不过，在野党之间存在较深的历史恩怨且数量较多，导致在野党未来形成合力的难度逐渐增大。

（1）关于日共的国内政策主张及议会斗争策略研究。二战前，日共坚持暴力革命路线，长期被右翼政权视为非法政党。二战以后，日共获得合法地位以后开始探索和平的议会道路。曹天禄考察了二战后日共议会斗争的发

---

① 刘荣：《日本共产党经受着苏联、东欧剧变的考验》，《外国问题研究》1992 年第 2 期。
② 〔爱尔兰〕乔恩·哈利戴：《日本资本主义政治史》，吴忆萱等译，商务印书馆，1980，第 132 页。
③ 丁芬等编《战后国际共产主义运动简明教程》，解放军出版社，1987，第 342 页。
④ 肖枫主编《社会主义向何处去——冷战后世界社会主义运动大扫描》（下），当代世界出版社，1999，第 738 页。

展历程及其成功经验。胡登雄、秦鑫从苏东剧变后日共对社会主义道路的探索出发展开研究。史少博则从改善民生的角度论述了日共要求"援助经济困难者、反对安倍政权公害被害政策后退和社会福祉法改恶"① 等，号召国民为推翻安倍政权而联合斗争。张博分析了二战后日共提出的"和平革命论"② 对其兴衰的影响。门晓红考察了日共随着国内外形势变化对纲领做出的重大修改及其指导作用。日共的国内政策主张和斗争策略随着议会斗争任务的变化而不断调整，体现了日共运用马克思主义分析和解决日本具体问题。

（2）关于日共面临的现实困境的研究。曹天禄等学者从"《党章》《党纲》修改等政党适应性效果不明显"③ "众议院选举的退步"④ "财政困境"⑤ "理论创新困难"⑥ "左翼政党分歧严重"⑦ "整体右倾化加剧"⑧ 等方面考察了日共国内斗争面临的现实挑战。这些研究成果从不同角度呈现了日共逐渐沦落为一个边缘化政党的复杂原因。

（3）关于日共历次代表大会决议的研究。有学者指出日共二十八大明确提出"实现在野党联合政权、党势跃进'双重目标'的具体策略，加强党的建设的新举措，这为其迎接建党100周年的方向性、纲领性文献"⑨。这为我们判断日共未来发展动向提供重要依据。有学者指出日共二十七大"分析日本国内政治形势和世界格局的新动向、总结选举和党建成就、确定

① 史少博：《论日本共产党的建立与近期举措》，《社科纵横》2017年第5期。
② 张博：《战后初期日本共产党的兴衰与"和平革命论"》，《华北水利水电大学学报》（社会科学版）2014年第2期。
③ 曹天禄：《日本共产党新党纲透视》，《国外理论动态》2004年第4期。
④ 曹天禄：《日本共产党国政选举的现状及展望——基于全球金融危机以来日本参众两院选举样本的研究》，《马克思主义研究》2020年第1期。
⑤ 曹天禄：《财政之困：日本共产党的发展之痛》，《当代世界与社会主义》2019年第4期。
⑥ 谭晓军：《百年历程：日本共产党的发展困境及启示》，《马克思主义与现实》2021年第4期。
⑦ 朱修强：《日本共产党"在野党联合政权"构想评析》，《当代世界社会主义问题》2021年第3期。
⑧ 尹文清：《日本共产党组织建设的适应性变革》，《东亚评论》2019年第2期。
⑨ 曹天禄、朱旭旭：《日本共产党第28次全国代表大会述评》，《当代世界社会主义问题》2020年第1期。

未来选举目标"①。有学者从日共二十六大透视日共"对国内外政治经济形势的分析、现阶段政治行动路线的转变"② 以及"马克思主义日本化的特点"③。另外，也有学者从日共二十五大、二十四大、二十三大、二十二大、二十一大、二十大等的决议出发论述日共国内外政策的发展动向及日共总结的议会斗争的经验教训。日共在历次代表大会中的政策主张和发展目标，是未来一个时期指导自身的行动纲领，对其开展国内外斗争具有重要意义。掌握日共历次代表大会的核心内容，纵向比较日共历次代表大会的异同，能够有效把握日共发展变化及一定时期内日共各项工作着力点。同时，立足于当下回望日共历次代表大会的政策主张及其成效，考察其政策发展演变及内在原因，也是审视日共百年社会主义探索的重要内容。

（4）关于日共外交政策主张的研究。冯正钦基于历史资料考察了日共对日本侵华战争的态度④；张文彬、周自豪论述了日共"对外倡导全方位外交和对日本侵略战争责任的彻底反省"⑤ 及这一外交政策主张对推动中日关系友好发展的作用；丁广举在考察中日两国共产党关系发展脉络的基础上着重分析1998年两党恢复交往的前因后果⑥；钟放论述了日共作为在野党重视对外交往的原因及对日共自身的影响⑦；马丽从"独立自主"的国际政策⑧等角度论述了日共外交政策主张及其对中日两国共产党关系的影响；熊

① 曹天禄、罗如新：《日本共产党第27次全国代表大会述评》，《当代世界社会主义问题》2017年第3期。
② 王建礼：《从日共二十六大看其内外政策》，《江西师范大学学报》（哲学社会科学版）2015年第4期。
③ 何文辉：《从日本共产党二十六大看马克思主义日本化若干特点》，《内蒙古农业大学学报》（社会科学版）2016年第1期。
④ 冯正钦：《日本共产党反对侵华战争的战略与策略》，《历史教学问题》1996年第1期。
⑤ 张文彬、周自豪：《解读日本共产党对中日关系发展的作用》，《聊城大学学报》（社会科学版）2010年第5期。
⑥ 丁广举：《日本共产党的新发展及其与中国共产党关系的恢复》，《世界经济与政治》1998年第10期。
⑦ 钟放：《论日本共产党的在野党外交》，《日本学论坛》2007年第1期。
⑧ 马丽：《试论日本共产党"独立自主"的国际政策》，《苏州科技学院学报》（社会科学版）2006年第3期。

丰考察了中日两党关系的发展演变历程及其原因。此外，还有一些硕士学位论文从中日两党关系的演变及其原因、前景展望等方面展开研究。日共外交政策主张根据国内外斗争任务的变化而不断调整，也会直接影响中日两国共产党关系。关注日共外交政策主张变化，对研究两国共产党关系具有重要意义。

3. 关于日共党的建设的研究

百年来，日共自身发展几经曲折起伏，依然是日本特色最鲜明的左翼政党，也是日本现政坛中历史最悠久的政党。这正显示出马克思主义政党的生命力和独特魅力。目前，中国学界从百年发展史的角度考察日共自身发展经验教训的研究成果比较少，现有研究主要考察某一时期日共的综合实力、党的建设举措等。

（1）关于日共发展状况的研究。在资本主义国家，党员人数、议席数、财政收入等构成了衡量一个政党综合实力的重要因素。国内学者对日共综合实力的考察，主要集中在苏东剧变以后特别是中日两党关系正常化以后这一时期。日辰在 1997 年考察了日共众参两院议席的变化及其原因。[①] 朱艳圣论述了"冷战后日共的曲折发展历程及其原因"[②]，以及"理论路线调整的内容、选举业绩的波动及其原因等"[③]，并指出未来日共是日本政坛不可或缺的左翼力量。门晓红研究了苏东剧变后日共面对国内外挑战推出的"完善组织建设、加强革新意识、争取国民支持"[④] 等新举措及其国内外影响。张伯玉从"自身组织能力严重退化、日本社会结构深刻变化、苏东剧变后世界社会主义运动影响"等方面论述了 21 世纪以来日共的大变革。[⑤] 从国内研究现状来看，学者对苏东剧变后日共的新变化、新动态关注比较多，这为我们全面认识和评价日共提供了理论参考。

---

① 日辰：《对日本共产党近来发展势头的思考》，《外国问题研究》1997 年第 1 期。
② 朱艳圣：《冷战以后的日本共产党》，《当代世界社会主义问题》2000 年第 3 期。
③ 朱艳圣：《90 年代以来日本共产党的新变化》，《当代世界与社会主义》2002 年第 2 期。
④ 门晓红：《90 年代的日本共产党》，《理论前沿》2000 年第 18 期。
⑤ 张伯玉：《进入 21 世纪的日本共产党》，《当代世界社会主义问题》2003 年第 1 期。

（2）关于日共加强党的建设举措的研究。王文龙"从组织建设视角考察日共成为当今资本主义国家最大共产党组织的原因"①。尹文清通过归纳总结日共"党建的政治生态和新课题、全球化背景下党建的主要措施等"②，得出加强党的建设的重要经验和启示，特别是通过总结日共廉政建设的措施与经验为中国建设廉洁政党提供参考。③ 还有些学术成果从日共基层组织建设现状和问题④、组织建设的适应性变革、经验教训等⑤方面考察其基层支部建设经验。赵小燕、吴月指出日共为适应国内外环境变化而在思想上、组织上主动做出调整，实现"柔和的适应连续性与强硬的适应连续性相统一，以展现日共柔和务实的政党形象"⑥。在日本，日共是唯一不接受政党助成金的政党，每年放弃大约 20 亿日元的政党助成金。日共的财政公开透明便于公民监督，在日本国民心中塑造了廉洁政党形象。长期以来，日共高度重视党的思想、组织、作风、制度等方面的建设，形成了系统的党建工作方法。正是日共制定的一系列行之有效的加强党的建设的举措，保证了日共发展成为百年政党。如今，日共不仅在国内塑造起廉洁政党形象，在世界范围内也以廉洁政党著称。百年来，日共加强党的建设的一系列举措及成功经验，对世界各国共产党加强党的建设、扩大党的影响、增强党的综合实力具有一定启示。

（3）关于日共百年发展历程的研究。2022 年 7 月 15 日，是日共建党 100 周年纪念日。国内学者从不同视角考察了日共的百年发展史。谭晓军在考察日共百年发展历程的基础上重点阐释了日共在政治环境、理论创新、群众基础、国际共运等方面遭遇的困境与原因。⑦ 刘鑫从党内教育的视角考察

---

① 王文龙：《冷战后日本共产党组织建设的经验与启示》，《山西师大学报》（社会科学版）2015 年第 S1 期。
② 尹文清：《全球化背景下日本共产党党建研究》，《中国特色社会主义研究》2010 年第 4 期。
③ 尹文清：《日本共产党廉政建设初探》，《中国特色社会主义研究》2008 年第 3 期。
④ 中央对外联络部研究室：《日本政党基层组织建设的现状与问题》，《党建》2009 年第 2 期。
⑤ 尹文清：《日本共产党组织建设的适应性变革》，《东亚评论》2019 年第 2 期。
⑥ 赵小燕、吴月：《日本共产党：未知的命运》，《国外理论动态》2011 年第 6 期。
⑦ 谭晓军：《百年历程：日本共产党的发展困境及启示》，《马克思主义与现实》2021 年第 4 期。

了日共百年来党内教育的主要举措并总结经验教训，为全面认识马克思主义政党党内教育工作的特点以及中国共产党在新时代加强党内教育提供有益借鉴。[①] 笔者也基于日共百年来党员人数变化考察了日共百年兴衰史并剖析深层次原因，透视新时期日共吸纳党员的方法举措。[②]

综上所述，截至目前，中国对日共百年社会主义探索的研究成果较为丰富，明显多于世界其他国家对日共的研究、明显多于对世界其他国家共产党的研究。但现有成果主要集中于对某一时期日共某一方面的研究，缺乏立足于日共百年发展史的纵向考察。特别是我国对苏东剧变之前日共相关一手资料掌握得比较少，导致对这一时期日共的研究还比较薄弱，这一时期日共社会主义探索还具有进一步挖掘的学术价值和研究空间。这也表明本书以纵向视野研究日共百年社会主义探索具有一定的现实意义和理论价值。特别是立足于百年历史的考察，能够为我们正确认识和评价日共、展望日共未来发展趋势提供重要帮助，也能够为中日两国共产党关系恢复友好发展提供对策建议。

三 研究思路与研究方法

（一）研究思路

本书在研究过程中严格遵循科学社会主义与国际共产主义运动专业的学科研究规律，充分尊重马克思主义理论研究规律，运用马克思主义立场、观点、方法分析日共百年社会主义探索，通过收集整理、分析归纳日本国内相关研究文献，全面系统剖析日共社会主义探索历程、原因和成效。同时，将日共百年发展史置于日本政治发展史、国际共产主义运动发展史中进行考

---

① 刘鑫：《日本共产党百年党内教育的主要举措及其经验研究》，《当代世界社会主义问题》2022 年第 1 期。
② 朱旭旭：《日本共产党党员人数百年历史流变及原因探析》，《浙江理工大学学报》（社会科学版）2022 年第 4 期。

察，力图全面系统反映日共百年社会主义探索的成果，为我们透视发达资本主义国家共产党的理论创新和实践探索提供参考。

（二）研究方法

研究方法是一种手段和工具，是把握事物本质的重要保障。科学的研究方法也是发现新动态、分析新现象、阐释新观点、总结新经验的重要前提。人文社会科学领域的研究同样离不开科学研究方法的支撑。本书主要采用以下几种研究方法。

（1）唯物辩证法。这是马克思主义者必须坚持的研究方法，是剖析事物发展规律的必要方法。在这一方法指导下，自觉坚持历史与现实、国内与国外、微观与宏观相结合，把日共百年社会主义探索放在具体历史环境中去考察，梳理日共思想理论、政策主张的发展演变及其实践探索、经验教训，从日本政治体制和政党制度中考察日共理论革新和实践探索的实效性，展望日共未来发展趋向及日本社会主义运动的发展前景。

（2）文献考证法。研究过程中，重点查阅日共政治家和理论家的理论著作、学术文章、讲话稿，以及历次代表大会的决议、党报党刊的理论文章、相关学者的研究成果等一手资料并进行翻译整合。在查找日本近现代史、日本政党与政治发展史、日共百年发展史等文献资料的基础上，重点梳理日共的重要会议记录、研究报告、学术论文和专著等，整理出本书所需要的相关资料，为展开深入研究提供资料支撑。

（3）个案研究法。本书选取发达资本主义国家最大的、最有影响力的共产党组织——日共作为研究对象，对其进行全面系统的个案研究，剖析日共领导社会主义运动过程中的理论创新、实践探索及经验教训，为透视发达资本主义国家社会主义运动提供研究媒介和阐释标本。针对具有代表性的日共展开个案研究，并将其放在十月革命以来国际共产主义运动史和发达资本主义国家社会主义运动史中加以考察，透视百年来国际共产主义运动曲折发展历程，特别是审视百年来发达资本主义国家共产党领导的社会主义运动曲折发展历程及其对国际共产主义运动的贡献。

（4）系统归纳法。整个世界是普遍联系的整体，事物之间也是普遍联系的，事物内部各要素之间相互影响、相互制约。因此，研究日共不能把它与日本的政治、历史等因素分裂开来，也不能忽视国际共产主义运动的影响，还要思考日共自身的政党适应性。这就要求把日共放在国际共产主义运动史和日本政治发展史中加以考察，全面系统梳理日共理论创新、斗争策略转变等，有效总结日共的经验教训，进而归纳出日共百年社会主义探索中值得借鉴的地方，系统思考日共对日本社会主义运动、国际共产主义运动的贡献。在此基础上，展望日共及日本社会主义运动未来发展态势。

四　创新与不足

（一）创新之处

本书立足于国际共产主义运动视角考察百年来日本的社会主义运动与日共对社会主义的探索，系统展现日共百年社会主义探索历程、理论创新和经验教训等，基于横向和纵向的比较评价日共的得失，展望日共发展前景。在归纳总结国内学者现有研究成果的基础上，尽可能使用日文一手资料论证相关观点、补充国内相关研究的薄弱部分，着力增强研究成果的原创性、系统性、科学性。与既有研究成果相比，本研究视角和立足点更宽、更高，有助于学界全面认识发达资本主义国家共产党领导社会主义运动的全貌、认识发达资本主义国家无产阶级运动的艰巨性和长期性，以及全面认识马克思主义在指导发达资本主义国家工人运动中的思想武器作用。

百年来，日共中央制定了许多文件、决议，多次修改党纲、党章，召开了29次党的代表大会等，在艰难的斗争实践中不断推动社会主义理论创新发展。日共理论家也出版和发表了大量理论著作、学术论文，为日共不断向前发展提供了重要理论支撑。鉴于中国还没有研究日共百年社会主义探索的专著，本书在既有研究基础上结合一手文献资料归纳总结并提炼出一些新的原创性观点，一定程度上能够弥补国内相关研究的不足。具体来说，本书主要试图在以下方面实现突破。

（1）资料创新：本书采用大量一手资料梳理日共百年社会主义探索历程、思想演变与经验教训。二战以前，国内外有关日共的资料比较零散，需要收集、甄别、归纳、总结；二战后初期关于日共的研究资料也比较少，除了日共的理论著作之外，散见于日本一些左翼网站等，亟须进一步辨别、归纳、论证和补充。苏东剧变后，随着互联网技术的普及，关于日共的研究资料逐渐丰富。在既有研究资料基础上，本书主要立足于日文文献展开对日共百年社会主义探索的研究，重点通过日本的电子图书馆、日共官方网站、《赤旗报》电子版，以及定期联系日共《赤旗报》驻北京记者、日共党员等，尽可能全面系统收集相关资料，特别是补充完善国内关于二战前和二战后初期日共社会主义探索的研究，力图把日共百年社会主义探索的理论创新成果、实践经验及发展动向完整展现给国内相关学者。

（2）视角创新：通过研究日共百年发展史，考察其百年社会主义探索的成效和背后的深层次原因。特别是将日共的百年社会主义探索置于日本社会主义运动和国际共产主义运动中加以考察，系统审视日共百年社会主义探索的经验教训，探讨其对世界其他发达资本主义国家共产党探索社会主义道路的借鉴意义。这一研究视角，与当前国内外学者集中研究日共某一时期的实践探索、某一方面的理论相比显得更独特。同时，从理论与实践、历史与现实相结合的视角全面展现日共百年社会主义探索历程，可以有效加深国内对日共百年发展历史、百年理论创新、政策演变及其原因、显著成就、百年经验教训等的了解和认识，也能够为国外马克思主义研究学科发展提供理论支撑。

（3）观点创新：通过纵向考察日共百年社会主义探索，将其置于日本社会主义运动和国际共产主义运动中加以审视，明确提出日共百年社会主义探索是国际共产主义运动中不可或缺的组成部分的观点；通过梳理百年来日共社会主义探索的曲折变化、日共思想理论与政策主张的变化及其成效，提出日共未来发展挑战大于机遇，发展前景不容乐观；通过考察百年来日共推动马克思主义本土化的理论成果、思想纲领演变、"两制关系"认识的演变等，归纳总结出日共百年社会主义探索的基本特征和经验教训，立足于资本主义国家共产党的视角全面展示了马克思主义在发达资本主义国家作为思想武器的理论价值。

（二）不足之处

国内外关于日共的研究成果相对比较丰富，整体而言，苏东剧变后的研究成果比较系统全面，在此之前，特别是二战前的研究成果相对薄弱，原始资料的收集整理难度大，不利于纵向考察日共百年社会主义探索过程。另外，在研究过程中，笔者未能到日本实地考察，仅从旁观者和感性认知的角度展开研究，缺乏现实感，成为本研究的一大缺憾。书中关于日共的理论、观点和主张的一些原创性解读难免会有纰漏和不足，还有待进一步论证。

第一章
日本共产党百年社会主义探索历程

自 1922 年 7 月 15 日成立以来，日共至今已经走过百年发展历程。作为亚洲发达资本主义国家的马克思主义政党，也是当前发达资本主义国家最大的、最有影响力的共产党组织，日共百年来始终走在反对资本主义、反对帝国主义、反对天皇制斗争的最前列，积极为保卫和平、实现民主、保障国民生活和权利而持续奋斗，要求推翻资本主义政权，追求实现共产主义目标。虽然历经沧桑，但日共始终高举马克思主义旗帜，从未放弃对共产主义目标的执着追求，在与国内右翼势力斗争过程中不断探索日本式社会主义道路。新时期，面对国内外多重挑战，日共通过理论革新不断探索发达资本主义国家框架内的社会主义道路，推动日本社会主义运动不断向前发展。总之，日共社会主义探索的百年奋斗历程并非一帆风顺，而是在曲折中前进，这也反映了无产阶级革命事业的曲折性和长期性。

一 早期反对右翼势力的斗争

二战前，日本已经是世界上最大的帝国主义国家之一。工人、农民及其他阶层的人民群众遭受着日本天皇政府、地主和垄断资本家的残酷剥削，广大人民完全处于极端贫困和丧失权利的状态，国内矛盾日益激化。同时，天皇以其绝对专制统治大肆发动侵略战争，激化了国内社会矛盾和阶级矛盾，也给世界人民带来严重灾难。日共作为坚持以马克思主义为指导思想的无产阶级政党，自成立时就自觉站在广大人民群众立场并高举和平民主旗帜，坚决反对天皇政府、地主和资本家对人民的剥削和压迫，坚决反对日本对外发动侵略战争，并组织和领导各种暴力革命和群众运动。天皇政府对日共展开多次全国大规模镇压，削弱日本社会主义运动的领导力量，导致日共发展举步维艰。

（一）成立初期的暴力抗争

在亚洲，日本是最早传播社会主义学说的国家，也是较早开展社会主义运动的国家。19世纪末20世纪初，日本已经成为亚洲资本主义最为发达的国家，这为马克思主义学说在日本传播营造了有利社会环境，社会主义思潮在日本表现得特别活跃。在国内，日本资本主义发展较快，工人阶级队伍不断壮大。同时，国内劳资矛盾、社会矛盾日益突出。在国际上，以列宁为首的布尔什维克党把马克思主义和俄国革命实践相结合赢得了十月革命的胜利，建立了世界上第一个社会主义政权，十月革命为世界各国无产阶级与广大劳动人民群众指明了革命道路，推动世界各国工人运动不断发展和一大批马克思主义政党成立。在国内外因素综合作用下，日共应运而生。

1. 成立的社会背景

日共的成立并非偶然，而是国内资本主义矛盾加剧和国际共产主义运动兴起等国内外因素综合作用的结果，是马克思主义与日本工人运动相结合的产物。

第一，明治维新后，日本社会矛盾突出。"专制主义天皇制是垄断资本和大地主对人民进行剥削和压迫的最强大的支柱。视天皇为至高无上的天皇制国家机构拥有无限的、绝对的权力，代表垄断资本家和大地主利益的野蛮的军事警察统治，就是在天皇的名义下进行的"[①]。1868年，以天皇制确立为标志，日本开始实施明治维新运动。此后，天皇专制统治势力不断镇压追求民主的国民运动。1889年，天皇政府颁布的《大日本帝国宪法》（简称

---

① 日本共产党中央委员会编《日本共产党的六十年》（上），段元培等译，人民出版社，1986，第1页。

"明治宪法")规定,"大日本帝国天皇是万世一系的天皇统治""天皇神圣不可侵犯""天皇成为国家之元首,总揽统治权"①。明治宪法甚至还明确规定,国民在信教、言论、著作、出版、集会等方面的自由权利要在各种镇压性、限制性的法律允许范围内进行。"甚至连建立工会、进行示威游行和宣传活动以及反对统治阶级剥削和压迫的社会运动,也被当做犯罪而遭到残酷镇压"②。这方面代表性的文件有1885年颁布的《违警罪速决条例》、1900年颁布的《治安警察法》、1900年颁布的《行政执行法》、1907年颁布的《刑法》、1908年颁布的《警察处罚法》等。

这一时期,日本整个社会都处于天皇绝对统治体制之下,广大国民的人权受到严重压制。当时,日本男性按要求必须服兵役,工人在恶劣条件下单日劳动时长超过12个小时、薪水低且不受法律保护,女性没有参政权等一切政治权利,甚至结婚自由的权利都没有。明治维新以来,天皇政府不断发动对亚洲其他国家的侵略战争和实行殖民统治。比如说,1876年发动侵略朝鲜的战争、1894年发动甲午中日战争、1904年发动日俄战争、1914年参加第一次世界大战等。这加重了日本国民服兵役和课税负担,国内社会矛盾日益激化。广大国民迫切需要先进的领导阶级和指导思想,领导他们结束天皇专制统治,帮助他们摆脱生活困境和社会发展困境。这一时期,随着日本社会矛盾加剧,工人阶级的反抗运动不断高涨,社会主义思潮和运动迅速兴起,但很快便遭到天皇政府无情镇压和严厉禁止,其破坏罢工、查禁进步书刊、解散社会主义团体、逮捕甚至杀害社会主义者及社会主义运动的领导者等,压制日本社会主义运动的发展。

第二,明治维新后,社会主义思想在日本广泛传播。社会主义思想不是日本固有的产物,而是明治维新后由欧洲传入日本并随着日本社会矛盾不断激化而兴盛起来的。当时,社会主义思想传入日本的渠道主要有以下三个。(1)通过官方学者传入日本。官方学者、社会启蒙思想家如加藤弘之、西

---

① 饶鑫贤等主编《北京大学法学百科全书》,北京大学出版社,2000,第111页。
② 日本共产党中央委员会编《日本共产党的六十年》(上),段元培等译,人民出版社,1986,第2页。

周、福地源一郎等，在向西方学习过程中接触到欧洲社会主义思想和工人运动，深恐社会主义、共产主义思想传到日本，于是立足于维护天皇专制统治，从防患于未然的角度在日本首先提及社会主义、共产主义思想。（2）通过西方传教士和基督教徒传入日本。明治维新后，日本加强向西方国家学习。在此情况下，一些西方传教士如美国传教士拉尼德到日本传教、讲学，在传播基督教义的同时，也把社会主义思想传入日本。（3）通过资产阶级自由民权运动者传入日本。资产阶级自由民权运动者多是欧美留学生，属于资产阶级知识分子，如中江兆民、德富苏峰等，他们深受资产阶级自由、民主、共和等思想影响，对明治维新后的天皇专制统治感到失望，提出"主权在民""自由、平等、博爱"等口号，领导自由民权运动。同时，开展思想宣传工作，翻译了许多西方思想家的著作。在这个过程中，他们介绍欧洲的社会主义思想和马克思主义。尽管这些传播者并不是社会主义的信仰者，传播社会主义思想旨在维护资产阶级统治，而不是为了开展工人运动，但其客观上为日本工人运动发展进行了思想启蒙，促进社会主义思想在日本传播。

这一时期，随着无产阶级队伍不断壮大，无产阶级与资产阶级之间的矛盾日益突出，日本农民和城市贫民反对天皇政府剥削和压迫的斗争从未停止，特别是自由民权运动与农民反对天皇政府的重兵役和重税的斗争相结合，工人阶级也掀起争取自由和权利的斗争，广大无产阶级迫切需要先进思想作为指导。1898年，片山潜、幸德秋水、安部矶雄等在日本创立"社会主义研究会"，后来其发展成为旨在推进社会主义运动的"社会主义协会"。1901年5月，日本第一个社会主义性质的政党——社会民主党成立，提出"彻底废除阶级制度"等八条最高要求和二十八项行动纲领。但是这个政党刚成立就被天皇政府予以镇压和取缔。1903年，片山潜所著《我的社会主义》、幸德秋水所著《社会主义神髓》面世，被称为这一时期日本社会主义启蒙图书之"双璧"，大大推动了社会主义思想在日本传播。1904年，幸德秋水主编的《平民新闻》杂志在日本首次刊发了马克思恩格斯的《共产党宣言》译文；1906年，堺利彦主编的《社会主义研究》杂志刊发了恩格斯的《社会主义从空想到科学的发展》等。1907年堺利彦和森近运平所著

《社会主义纲要》，与片山潜的《我的社会主义》、幸德秋水的《社会主义神髓》被称为明治社会主义理论的三大文献。

这一时期，以翻译和介绍马克思主义经典著作为标志，日本社会掀起一股翻译和介绍世界各国社会主义文献的热潮，为推进日本社会主义运动和日共成立奠定思想基础。而且，日本是亚洲最早传播马克思主义的国家，也是马克思主义传入中国的主要渠道。至今，在中国的马克思主义研究文本中依然存在不少当时从日本传入中国的相关专业术语，如"革命""意识形态""社会主义"等。因此，日本掀起的翻译和介绍马克思主义文献热潮，不仅指导和影响着日本工人阶级的社会主义运动，还对中国等亚洲其他国家接触马克思主义起到促进作用。

第三，十月革命对日共成立的影响。20 世纪初，日本社会主义运动刚刚兴起就因为天皇政府的三次大规模镇压[1]而陷入低潮。此后，日本的社会主义运动虽然没有被扑灭，但基本上陷入沉寂状态。1917 年，俄国十月革命取得胜利，世界上第一个社会主义国家建立，标志着社会主义实现由理论到实践的伟大飞跃，大大推动了世界各国社会主义革命、民族解放运动的发展，更激发了世界各国人民探索社会主义道路的热情。"十月革命的胜利以及全世界革命运动的高涨，也给正在遭受专制主义天皇制和半封建寄生地主、垄断资本家的统治和剥削的日本劳动人民以巨大的影响"[2]。在此背景下，日本社会主义运动"被唤醒"，相继成立一批社会主义性质的组织，并开始组织反对天皇政府剥削和压迫的斗争，日本社会主义运动进入一个新阶段。

在统治阶级残酷剥削下，1918 年日本发生"米骚动"事件。这个事件使工人阶级和劳动人民意识到自身力量的重要性和建立革命的、阶级的组织的迫切性，大大激发了广大国民开展革命斗争的热情。1919 年 9 月川崎造船厂、1919 年 11 月足尾和釜石矿山、1920 年 2 月八幡钢铁厂、1921 年 6~8

---

① 1908 年的"赤旗事件"、1910 年的"大逆事件"、1912 年东京电车工人罢工事件。
② 日本共产党中央委员会编《日本共产党的六十年》（上），段元培等译，人民出版社，1986，第 9 页。

月三菱和川崎两个造船厂的工人相继发起争取八小时工作制、提高工资和要求承认工会的斗争，这标志着日本工人阶级革命意识的普遍觉醒。1921 年，具有全国工会组织性质的组织"日本劳动总同盟"正式成立，领导妇女解放运动的"赤澜会"成立。与此同时，佃农斗争也在全国范围内开展起来，成立了佃农会。1922 年 4 月，日本第一个全国性的农民群众组织"日本农会"正式成立。另外，领导未解放民族部落解放运动的全国性组织"全国水平社"成立，领导学生运动的"学生联合社"成立。这些全国性社会组织的成立和发展，也为日共成立奠定实践基础和群众基础。并且，在十月革命影响下，日本社会上相继出现从马克思主义立场思考社会现状和未来发展的思潮和组织。比如，1920 年 12 月，堺利彦、山川均等人发起成立"日本社会主义同盟"，系统宣传马克思主义思想。在此之后，各种共产主义小组相继成立，自觉站在马克思主义立场上开展先锋活动，并针对十月革命的影响、工会运动的方针等问题与当时影响力较大的大杉荣无政府主义流派展开激烈争论，使共产主义思想在日本社会主义运动中得以巩固和发展。这些社会主义组织的组织者和领导人有的直接成为日共的创立者和领导人，如片山潜、堺利彦、山川均等，为日共的诞生和发展提供了领导力量、奠定组织基础。

总之，日共的成立并不是偶然的，是马克思主义与日本工人运动相结合的产物。特别是第一次世界大战期间，欧美帝国主义忙于战争无暇东顾，日本政府与资产阶级发了战争财，推动日本迅速进入帝国主义阶段。随着日本资本主义的迅速发展，日本无产阶级队伍不断壮大，群众生活极端困难导致其运动呼声高涨。马克思列宁主义在日本广泛传播，为日本工人运动提供了思想指南，也为日共的成立奠定思想基础。

2. 反体制斗争的初步尝试

在日本，早在 1920 年秋，堺利彦、山川均以及其他一些初步接受马克思主义的知识分子创办了"平民大学"，定期或不定期举行讲习会并向工人阶级宣传马克思主义，使少数工人阶级逐步接受了马克思主义，有效推进了马克思主义与日本工人运动相结合。同时，在第一次世界大战前日本流亡到美国的一些社会主义者后来在十月革命影响下也成为马克思主义者。如片山潜 1914 年出狱后到美国，与同样流亡到美国的布哈林、托洛茨基联系并受到他们的马克思主义观影响。十月革命后，片山潜在美国组织了"旅美日侨社会主义研究会"，从事马克思主义经典著作的研究和翻译工作，《社会主义从空想到科学的发展》《共产党宣言》《资本论》等相继翻译出版。1920 年列宁的《国家与革命》等传到美国，他们也开始研究并翻译出版。最终，以片山潜为首的旅美日侨成为马克思主义者，着手日共的建设工作。这些努力为日共的成立奠定了思想基础、干部基础，也做了组织准备。

实际上，日共成立并不是一帆风顺的，而是一个充满曲折的过程。1921 年 4 月，共产国际远东局派密使到日本，与日本的社会主义者堺利彦、山川均等人取得联系，向他们介绍了建设共产主义小组的迫切性、加强与共产国际联系的必要性。自此，堺利彦、山川均、近藤荣藏等人开始组织成立日共准备委员会，积极筹备日共成立工作。1922 年 1~2 月，德田球一、山川均等参加共产国际主导下的东方各民族代表大会，向共产国际汇报日共成立相关事宜，并得到共产国际的认可和帮助，加快了日共成立的步伐。1922 年 7 月 15 日，日共成立大会在东京都涩谷区伊达町的一家民宅中秘密举办，高濑清、堺利彦、山川均、近藤荣藏、吉川守国、桥浦时雄、高津正道、渡边满三 8 人出席。在此次大会上，日共通过了临时党章、选出中央执行委员会，堺利彦当选为党的第一届委员长，会上一致通过了共产国际的决议。并且，在这次大会上，党中央决定加入共产国际并作为其支部——共产国际日本支部——开展活动。至此，这个坚持从马克思主义科学视角分析日本社会、探究推动社会进步策略和革命战略的无产阶级革命政党成立。日共提出，"不仅要实现共产主义社会的目标，还要开展和平与民主主义革命"[1]。同年 12 月，日共代表参加共产国际第四次代表大会，会上日共正式被承认是共产国际日本支部[2]。在共产国际执

---

[1] 〔日〕不破哲三：『日本共産党史を語る』（上），新日本出版社，2007，第 33 页。

[2] 许俊基、周尚文编《国际共产主义运动历史长编》（第三卷），吉林人民出版社，1987，第 99 页。

行委员会常务委员片山潜的参加下，共产国际为日共起草纲领草案——《1922年纲领草案》，分析了日本的社会性质和革命性质，指出日本经过资产阶级民主主义革命转向社会主义革命的路线，明确提出"废除天皇制""废除君主制"等21项行动纲领①。这一纲领草案一定程度上表明日共是坚持以马克思列宁主义为指导、以布尔什维克党为榜样的，标志着日本无产阶级革命事业进入一个崭新阶段。

在天皇专制统治下，日共成立不久便遭到天皇政府镇压。1923年2月，日共第二次代表大会召开。同年3月，在东京石神井召开临时大会，讨论由片山潜参与起草的、共产国际为日共制定的《1922年纲领草案》。该草案要求结束给国民带来严重困难的天皇绝对专制统治，高举通过民主主义革命实现主权在民的民主政治旗帜，并展望日本民主革命完成后的社会主义道路。并且，《1922年纲领草案》明确了当时日共的斗争任务和现实要求，即"在政治方面：废除君主专制，实现十八岁以上男女都有普通选举权……实现国民是主人公的民主政治；在经济方面：实施八小时工作制，完善包括失业者保险在内的社会保障制度，实施最低工资制度，没收天皇和大地主土地并分配给少地的农民耕种……抑制大资本的残暴统治、废除剥削农民的大地主制度，确保国民生活实现根本改善；针对国际问题：终止干涉苏联革命和中国革命，从朝鲜、中国彻底撤出军队，反对日本军国主义的殖民统治和侵略战争等"②。虽然《1922年纲领草案》在会上由于与会成员就废除天皇制问题未能达成共识而没有通过，更没有付诸实践，但其一定程度上为日共团结和领导日本广大国民开展民主主义革命斗争提供了行动纲领，对于日共巩固党的阶级基础和群众基础具有重要意义。从1923年4月起，日共开始发行《劳动新闻》《农民运动》等刊物，以宣传党的思想理论和政策主张，为开展暴力革命做思想动员工作。

1923年6月，天皇政府基于《治安警察法》以"社会主义者阴谋发动

---

① 转引自赵建民、刘予苇主编《日本通史》，复旦大学出版社，1989，第250页。
② 日本共産党中央委員会：『日本共産党の八十年：1922-2002』，日本共産党中央委員会出版局，2003，第21~22页。

内乱"为借口对日共实施第一次大镇压，"包括堺利彦、市川正一、德田球一和野坂参三等党的领导人在内，约80人被捕、29人被起诉"①，给日共发展带来沉重打击。同年9月，天皇政府和反动势力借关东大地震造成的社会混乱之机，又对日共进行大规模镇压。其中，共产青年同盟会委员长川合义虎等共产主义者、工会干部和社会主义者平泽计七、无政府主义者大杉荣和伊藤野枝夫妇，以及数千名朝鲜人和中国人等被杀害，部分日本革命分子和进步工人也被杀害。天皇政府和反动势力的这一暴行给日共发展带来巨大阻力。

在敌人的白色恐怖和高压政策下，日共党内山川均、堺利彦等人经不起革命斗争的考验，革命信心开始动摇。他们认为，日本还不具备建立共产党的条件，出现主张解散党的"取消主义"和"失败主义"② 思潮，因而强调当时在日本建立共产党这件事本身就是错误的。这种右倾错误思想在日共党内逐渐占据主导地位，1924年3月山川均等人在未经党的代表大会同意的情况下做出解散党的决定。共产国际和片山潜及党内坚定革命分子德田球一、渡边政之辅等人对解散党的行为表示坚决反对，但效果不彰③。在共产国际和身处共产国际的日共党员片山潜帮助下，1925年8月重新组建了以德田球一、渡边政之辅、市川正一、佐野学、佐野文夫等人为核心的党中央。1926年12月，日共在山形县五色温泉召开第三次代表大会，并正式选出以佐野学、德田球一等人组成的党中央委员会。重建后的日共，高举打倒天皇专制统治、争取政治自由的旗帜，自觉担负起领导日本人民开展争取民主与和平、维护生活权利的斗争的任务。然而，在与"山川主义"作斗争过程中，日共内部又出现了以福本和夫为代表的极左派。他们主张共产党应该由"精通"马克思主义（实质上是教条主义）的人组成，主张把党建设

---

① 日本共产党中央委员会编《日本共产党的六十年》（上），段元培等译，人民出版社，1986，第21页。

② 日本共产党中央委员会编《日本共产党的六十年》（上），段元培等译，人民出版社，1986，第21页。

③ 转引自肖立辉、芦钰雯《片山潜》，中国工人出版社，2015，第68页。

成为由脱离群众和日本实际的知识分子所组成的政党。这种极左思潮与行为导致日共几乎失去群众基础，陷入孤立无援的境地，给日共自身发展带来严重灾难。

为了彻底纠正"山川主义"和"福本主义"的错误，1927 年 7 月，在共产国际帮助下，渡边政之辅等日共代表参加在莫斯科召开的会议，对党内的"山川主义"和"福本主义"错误进行深刻批判①。共产国际还帮助日共制定了《关于日本问题的决议》（《1927 年纲领》）。其中把实现国家民主化和废除君主制作为党的行动纲领，要求同帝国主义作斗争。同时，强调"日本帝国主义依赖中国的资源和中国的市场，日本帝国主义是中国革命最危险的敌人"②，这在一定程度上也预见了日本帝国主义发动侵华战争的事实。同年 12 月，日共召开的中央委员会扩大会议通过了《1927 年纲领》。在《1927 年纲领》指导下，日共重新以工厂支部为基础开展党的建设工作。

1926～1927 年，在日共领导下劳动农民党和日本劳动组合评议会③在全国发起解散议会的请愿运动，并得到国民广泛支持，给天皇政府施加较大压力。1927 年 3 月，日本陷入严重的资本主义金融危机，国内社会矛盾不断激化。日共通过《劳动新闻》等加强反对资本主义、反对天皇统治的思想宣传，号召工人和农民团结起来进行保卫生活的斗争。同年 4

① 转引自吕万和《简明日本近代史》，天津社会科学院出版社，2019，第 269 页。
② 〔日〕依田憙家：《日中两国近代化比较研究》，卞立强等译，上海远东出版社，2004，第 177 页。
③ 日本劳动组合评议会（1925 年 5 月 24 日～1928 年 4 月 10 日），简称"评议会"。它是日本劳动总同盟（总同盟）在 1925 年第一次分裂时，由反对总同盟向右转变的 32 个左派组织 1.2 万余名会员所组成的新组织。它是在日本共产党影响下成立的最早最大的左翼工会组织。在第二次世界大战爆发前，它是日本工人运动的核心力量，在日本工人运动中发挥了重大作用。该组织采取按产业部门组织工会，而后实行联合统一行动的原则。1926 年、1927 年在全国范围内开展反对"三大恶法"（"治安维持法""过激社会运动取缔法案""治安维持令"）、反对解雇工人等斗争运动。该组织在全国工人运动中表现活跃，成立一年后会员达 3 万余人。但与此同时，受"福本主义"的影响，其轻视日常群众斗争工作，一味追求脱离实际的理论斗争，阻碍了统一行动和工会组织的发展。1928 年"三一五事件"后因遭镇压而解散。

月，日共以日本劳动组合评议会为中心组织召开工厂代表会议，为维护工人阶级的利益而斗争。在经济危机中，日共领导的反对资本主义统一行动迅速得到全国响应。日共反对日本帝国主义干涉和侵略中国的斗争持续高涨。日共在《劳动新闻》上发表社论，明确表明其反战立场，要求日本立即撤兵，呼吁成立对华不干涉同盟，其在一定程度上得到国民的认可和支持。

1928 年 2 月 1 日，日共秘密创办中央委员会机关报——《赤旗报》，将其作为党的宣传工具和组织开展群众工作的工具，有效强化党内思想共识、加强党和人民群众的联系，推动日本无产阶级革命运动不断向前发展。同年 2 月，日本在普选法框架下实施第一次大选工作，诞生了政党内阁，这也是日本民主运动的结果。当时，日共虽然处于非法政党状态，但依然推选出山本悬藏等十一名党员作为劳动农民党的候选人参加竞选。在竞选过程中，日共广泛宣传"废除君主制，建立民主共和国，给十八岁以上男女以普选权，争取言论、出版、集会、结社自由，实行八小时工作制，没收大地主土地，反对帝国主义战争和支持殖民地独立等政治方针"[1]，同时要求废除同天皇结合在一起的资产阶级议会，建立工农的民主议会，号召广大国民为建立民主共和制下的国民议会而斗争，真正实现国民是国家主人。在这次大选中，日共获得了 49 万张选票、议席占有率达 4.7%，赢得 8 个议席。日本群众运动的高涨与日共的迅速发展，必然会遭到天皇政府的反对和镇压。1928 年 3 月 15 日，日共遭到天皇政府全国范围内的大镇压（"三一五事件"），"野坂参三、志贺义雄等党的领导干部和党员 1600 多人被捕"[2]，以及日共的支持者被严刑拷打，给日共带来灭顶之灾，也大大削弱了日共同人民群众的联系。日本天皇政府对日共和各民主团体进行的这次大规模镇压活动，与其即将实施牺牲国民利益、发动侵华战争的帝国主义战争计划密切相关。1929

---

① 日本共产党中央委员会编《日本共产党的六十年》（上），段元培等译，人民出版社，1986，第 35 页。

② 日本共产党中央委员会编《日本共产党的六十年》（上），段元培等译，人民出版社，1986，第 37 页。

年 4 月 16 日，天皇政府再次对日共进行大规模镇压（"四一六事件"），"逮捕约 300 名党员，包括市川正一等日共中央委员会成员在内的社会活动家被捕人数多达 1000 人"①。在天皇专制统治下，日共和广大国民坚决斗争的决心和勇气被大大激发。社会上涌现出一大批活动家，自觉开展党的重建工作。1930 年，资本主义经济危机再次波及日本，造成城市工人空前规模的失业、农产品价格暴跌和农民极端贫困等问题，激发了广大国民为保卫生活而斗争的热情。日共领导下的社会主义运动不断向前推进。

总之，日共从未屈服于天皇政府镇压，坚决立足于国民根本利益开展反专制斗争。对此，日本学者菊池次郎写道："在暴风骤雨式的大检举、秋霜式的戒严背景下，日共被迫三次重建，依然光明正大地在社会上开展活动。"② 这在一定程度上体现了日共作为马克思主义政党的革命勇气和坚强毅力，也展现了日本社会主义运动的曲折性和艰巨性。

3. 大镇压下的重建

20 世纪 20 年代末 30 年代初，日本帝国主义为了巩固后方，在大规模发动侵略战争之前再次对国内革命政党进行全国性大镇压，"逮捕了以日共领导机关为首的党员 1000 多人以及共产主义青年团和日本工会全国协议会的活动家"③，甚至直接杀害很多日共党员干部，如日共中央委员上田茂树（1932 年 4 月）、岩田义道（1932 年 10 月），党员小林多二喜（1933 年 2 月）、今村恒夫一道（1933 年 2 月）。据统计，1931~1933 年，在日本右翼势力发动的大镇压中，"被检举的人数达到 38982 名，被起诉的总人数达 2238 名，与 1928~1930 年间的大镇压相比，被检举者增加 2.7 倍、被起诉者增加 1.7 倍"④。另外，在 1928~1933 年间，日共党员和进步人士被捕入

---

① 日本共产党中央委员会编《日本共产党的六十年》（上），段元培等译，人民出版社，1986，第 42 页。
② 〔日〕菊池次郎：『近世日本社会運動史・資料編』，白揚社，1934，第 148 页。
③ 日本共产党中央委员会编《日本共产党的六十年》（上），段元培等译，人民出版社，1986，第 42 页。
④ 〔日〕不破哲三：『日本共産党史を語る』（上），新日本出版社，2007，第 64 页。

狱的高达 4 万人。① 同时，这一时期，由于天皇政府发动全国大规模镇压，日共领导机关内部也出现了变节者或奸细，出现了从内部破坏党的恶性事件。针对这一问题，日共注重加强与这股反动势力斗争，并揪出了大泉兼藏、小畑达夫等一批奸细，有效维护了党内团结、保障了党的健康发展。由此可见，自成立以来，日共一直遭受着天皇政府的镇压，自身发展面临着诸多困难和挑战。但是，日共依靠坚定的共产主义信念、高举和平与民主旗帜，与天皇政府坚决做斗争，这种革命精神十分难得。这也是日共历经百年依然能够活跃于日本政治舞台的独特精神文化基因。

1931 年 1 月，那些在 1928 年"三一五事件"和 1929 年"四一六事件"中被逮捕但因未被起诉而获得自由的党员干部、未被逮捕的党员以及在莫斯科学习的年轻党员干部等，要求建立新的党中央，再次推进党的重建工作。同年 4 月，日共选出了新的党中央委员会，在苏联留学回国的党员风间丈吉被选为新的领导者，绀野与次郎、岩田义道等人进入了中央委员会。而且，日共根据共产国际未定的意见制定了《政治纲领草案》（也称《1931 年纲领草案》），这个文件否定了《1927 年纲领》中日共对日本革命和任务的认识，认为日本是金融资本专政，强调开展反对金融资本的社会主义性质的革命②。这个纲领草案发表后，日共党内出现思想混乱。另外，新的党中央成立后，日共立刻启动 1930 年 6 月被迫停刊的《赤旗报》的发行工作，首次实现活字印刷，极大增强了党的宣传能力和思想引领力。并且，日共通过访谈大镇压时被逮捕的党员干部、记录在法庭上审判党员干部的相关内容等，不断加强党的思想宣传工作、增强党员的革命意志。比如说，被逮捕入狱的日共领导干部市川正一的辩护词以《日本共产党斗争小史》为名秘密发行，受到国民的广泛欢迎。重建后的日共，一直走在反对资本主义侵略斗争的最前列。

1931 年 9 月 18 日，日本发动蓄谋已久的侵华战争。第二天，日共就以

---

① 《日本问题文件汇编》（第 4 集），世界知识出版社，1963，第 135 页。
② 肖枫主编《社会主义向何处去——冷战后世界社会主义运动大扫描》（下），当代世界出版社，1999，第 725 页。

党中央名义发表声明，"坚决反对侵略战争，绝不允许干涉中国"①，并提出
"变侵略战争为国内战争"② 的口号，全力投入到反对侵华战争的斗争中。
1932 年 5 月，日共通过了在共产国际主导下由片山潜、野坂参三、山本悬
藏等参与制定的《关于日本的形势和日本共产党的任务的纲领》（《1932
年纲领》）。③ 该纲领明确了当时反对日本发动侵略战争和打倒专制主义
的任务，提出推翻天皇专制统治和开展民主主义革命的任务，强调日本革
命今后发展形势将取决于共产党的力量，取决于共产党能否将几百万劳动
人民团结在党的口号之下。可以说该纲领"彻底批判了回避反对天皇制斗
争的劳农协和解党派，为反对国粹主义、排外主义、军国主义提供了战斗
的思想武器，为共产党争取工人阶级大多数，密切联系劳动群众，指明向
反战、革命道路前进的方向"④，为推进日本民主主义革命提供了行动纲
领。1931~1932 年间，在日共影响下日本文化界也开始从各个角度研究和
宣传马克思主义，工会、农会和文化团体的反战活动也达到一个新的
高潮。

（二）战时体制下反对日本帝国主义的斗争

随着天皇政府不断加强镇压左翼政党、美化宣传对外侵略战争等，社会
民众党、全国劳农大众党等左翼政党由反对日本侵略战争逐渐转变为支持，
表现出刻意迎合社会潮流的态度。为配合日本发动侵略中国的战争，天皇政
府从 1937 年开始进一步加强战时体制，加快扩军备战，镇压和迫害一切反
战组织，打压工人运动。在思想教育方面，天皇政府发起"国民精神总动
员"运动，在"举国一致、尽忠报国、坚忍持久"⑤ 思想指导下对国民加强

① 〔日〕不破哲三：『日本共産党史を語る』（上），新日本出版社，2007，第 58 页。
② 转引自《人民日报社论选辑》，人民日报出版社，1961，第 174 页。
③ 转引自吕万和《简明日本近代史》天津社会科学院出版社，2019，第 306 页。
④ 日本近代日本思想史研究会：《近代日本思想史》（第 3 卷），那庚辰译，商务印书馆，
1992，第 33 页。
⑤ 日本共产党中央委员会：『日本共産党の八十年：1922-2002』，日本共产党中央委员会出
版局，2003，第 58 页。

思想控制；在政治方面，结成"大政翼赞会"①，形成一党专制政治体制。1935~1945 年，日共中央层面的活动因遭受天皇政府的强力镇压而被迫中断长达十年。即使在这样的背景下，日共依然没有屈服于天皇政府的镇压和艰苦的生活环境，分散在国内外的党员干部高举和平与民主旗帜，积极在马克思主义指导下展开各种形式的反抗斗争，极大鼓舞了普通党员、广大国民坚持斗争到底的士气。

1. 领导干部在狱中和法庭上展开斗争

市川正一、宫本显治、德田球一等日共优秀干部虽然长期被关押在监狱，但他们始终没有向天皇政府屈服，在狱中和利用法庭公审的机会与右翼势力做斗争。其中，德田球一在狱中被关押长达 18 年，他一有机会便加紧在狱中进行英勇斗争，利用读报时间等与其他党员交流、交换意见，激发被关押党员的革命斗志；市川正一在狱中一直宣传反对日本侵略战争的思想，以昂扬的斗志继续同右翼势力做斗争。在法庭公审斗争中，德田球一、市川正一、志贺义雄等十名被关押的日共领导干部组成了法庭委员会，"一方面在内部与妥协叛党分子斗争，避免党内分裂，另一方面又在准备公审和预审时，充分利用合法的权利，尽量保存党的力量，扩大党的影响"②，即利用公审机会揭露天皇政府剥削百姓、对外发动侵略战争的罪行，进而教育人民、扩大党的影响力。宫本显治在法庭上作陈述时与天皇统治势力展开原则性的斗争，坚决揭露反动势力镇压日共的事实，积极宣传党的纲领，充分表现出了无产阶级的革命意志。

2. 参与人民战线运动，推动党的重建工作

日共及其他社会民主主义政党等作为左翼政党的核心力量，以广泛的人民民主主义共同纲领为指导，积极推动反法西斯主义人民战线运动。1936 年 2 月，山本悬藏和野坂参三（当时在莫斯科）在联名发表的《致日本共产主义者的信》中指出，"当前最紧迫的任务是建立统一全体劳动人民和所

---

① 日本共産党中央委員会：『日本共産党の八十年：1922-2002』，日本共産党中央委員会出版局，2003，第 60 页。
② 朱庭光主编《外国历史名人传》（下册），中国社会科学出版社，1983，第578页。

有民主力量的人民战线，反对法西斯军部及其战争和反动的政策"①，要求
共产主义者实现反法西斯统一战线的具体化，构建以反对军部、战争为目标
的全体劳动者的、全体民主主义者的人民统一战线。而且，要求加强领导劳
动组合和农民组合，反对社会大众党的反动领导行为，并同社会大众党内反
法西斯力量团结起来构建反法西斯统一战线。1936 年 3 月，关西等地的日
共党员积极散发推进人民战线运动的小册子，积极推进党组织的重建、发展
和扩大。由于日共处于被镇压之下，这一时期的人民战线并未能组织大的社
会运动②。战时体制下，虽然日共中央遭到镇压而被迫中止活动，但是，日
共的重建活动以各种各样的形式在全国进行。星星之火，可以燎原。日共坚
持不懈参与和领导人民战线运动，注重发展党的组织力量，对战后日共在合
法地位下重建和党的发展壮大具有重要意义。

　　3. 在国内开展反战宣传

　　在法西斯统治者疯狂镇压下，日本人民开展了坚决的反战、反法西斯斗
争。其中，日共走在国内反法西斯斗争最前列。1937 年 7 月 7 日，日本政
府发动了震惊世界的卢沟桥事变（简称"七七事变"）。次日，日共便在东
京、大阪、名古屋等地散发大量反战传单，揭露日本法西斯主义的战争性
质。在这一时期，日共还创办了《冲过暴风雨》《民众的呼声》等报刊，针
对军需工厂和农村开展反战宣传③。同年 8 月，日共还对在中国的日本士兵
发出号召，"为日本帝国主义的失败而斗争，日本帝国主义的失败就是我们
日本劳动人民的胜利""打倒强迫诸君来屠杀中国人民的天皇政府"④。1942
年，日共还领导神户川崎造船厂、东京芝浦军火工厂、爱知县钟民工厂的工
人开展罢工斗争。

　　4. 在国外开展反战斗争

　　片山潜、野坂参三、山本悬藏等日共党员虽然战时不在国内，但依然

① 何承艰等主编《马克思主义人物辞典》，中国广播电视出版社，1989，第550页。
② ［日］不破哲三：『日本共産党史を語る』(上)，新日本出版社，2007，第55页。
③ 转引自孙金科《日本人民的反战斗争》，北京出版社，1996，第25页。
④ 转引自徐剑雄、杨元华《上海抗战与国际援助》，上海人民出版社，2015，第152页。

积极在国际社会开展反战活动，支援或者直接参与国际共产主义运动。比如，片山潜（1933 年 11 月病逝于莫斯科）长期在共产国际执行委员会工作，1932 年担任世界反战大会常设的反战、反法西斯国际斗争委员会委员，坚决反对日本帝国主义侵略行为；1940 年野坂参三在中国延安参与建立"日本工农学校"、1942 年与在中国的反战日本人建立"在华日本共产主义者同盟"等，以"打倒日本帝国主义"为活动宗旨，在中国战场上直接面向日本军人开展反战活动，经过教育将中国军队俘虏的日本军人组织成"日本反战同盟"，使其最终成为揭露和抵制日本帝国主义侵略行为的友好力量，与中国共产党结下深厚革命友谊。如日本反战同盟曾经多次组织前线工作队，直接深入前线向日本士兵喊话，在战地从事反战宣传，收效甚好。

日共强调，"直到战争失败以前的战时下的历史，经过无数的痛苦的牺牲证明，这种加强反共主义的行径，正是日本帝国主义促进侵略战争和压迫人民的最大武器"①。在战时体制下，受天皇政府镇压和社会氛围的影响，分散在全国各个地方的日共党员长期在非法状态下零散地开展反对右翼政权、反对资本主义的斗争。即使日共领导的民主主义革命处于极端困难时期且自身面临着被迫解散的危险，日共依然保持高度的革命热情，积极应对天皇政府大规模镇压并开展反战斗争，为党的持续发展和赢得革命斗争胜利留下宝贵的精神财富和实践经验。日共著名理论家、活动家、政治家不破哲三指出，"从日本的社会发展史来看，日本共产党战前史是坚持民主主义、高举和平旗帜的斗争史，对社会进步具有重要意义，对战后日本共产党的存在和发展具有重要的理论与政治意义"②。总之，战时体制下，日共全国统一的中央组织被迫中止活动，各地组织和党员分散开展反对日本帝国主义的斗争，表现出大无畏的革命精神和勇气。

---

① 日本共产党中央委员会编《日本共产党的六十年》（上），段元培等译，人民出版社，1986，第 42 页。

② 〔日〕不破哲三：『日本共産党史を語る』（上），新日本出版社，2007，第 82 页。

二 战后在右翼势力镇压下谋发展

二战后，美国对日本实行单独军事占领，并推行一系列民主改革，一定程度上为日本经济发展营造有利环境。日本右翼统治势力依靠剥削和压迫国民实现战后经济腾飞，忽略国民疾苦，遭到国民强烈反对。在此背景下，日共恢复合法地位并得以重建，在与国内外反动势力作斗争的过程中，不断巩固和夯实党的阶级基础和群众基础，进行了富有特色的社会主义探索。

（一）战后重建及反右翼势力的斗争

1945 年 8 月，日本战败并宣布无条件投降，美国以战胜国身份对日本实行单独占领和控制，美国占领军以《波茨坦公告》为依据在日本推行一系列民主改革，如"实施象征性天皇制度、废除《治安维持法》、释放一切政治犯、实行妇女参政等"①。据统计，"这一时期日本释放的政治犯有3000 人，其中日本共产党党员约有 220 人"②。被释放的日共党员大部分是重要领导干部，为战后日共重建提供重要领导力量和人才支撑，也推动战后日共迅速重建及在曲折中走向复兴。10 月 9 日宫本显治从北海道的网走监狱被释放，10 日德田球一、志贺义雄从东京的府中监狱被释放，19 日袴田里见从仙台的宫城监狱被释放，以这些人为核心，日共在全国着手党的重建工作，并为召开党的代表大会做准备；同时，着手党的机关报——《赤旗报》的复刊工作，并于 10 月 20 日首次发行 1 万份。在该报头版日共刊载了德田球一等人在狱中已经写好的《告日本人民书》，这实际上也是日共的重建宣言。其中，日共明确指出当前日本的革命性质和形式的问题，"为了从法西斯主义及军国主义下解放世界的联合国军队进驻日本，作为在日本进行民主革命的开端，我们深表感谢"；"对于美英及联合国的和平政策，我们

---

① 门晓红：《当代日本社会主义思潮》，中共中央党校出版社，2007，第 133 页。
② 〔日〕不破哲三：『日本共産党史を語る』(上)，新日本出版社，2007，第 128 页。

对此给予积极支持";"我们的目标是打倒天皇制,然后基于人民的意愿成立民主共和政府"。① 1945 年 12 月,时隔 19 年日共中央"代表 1083 名党员"② 召开党的第四次代表大会,通过了党纲与党章,选举产生以德田球一为总书记的新一届中央委员会。日共提出"打倒天皇制,建立人民共和政府""彻底追究战争责任""废除钦定宪法""废除旧议会"③ 等口号,主张通过建立人民战线在日本开展民主主义革命。从此,日共恢复了中断长达10 年的党中央统一领导,开始带领全党和团结国民以合法地位开展社会主义运动。

1946 年 1 月,长期在海外活动的党员野坂参三回国,并领导日共于 2月召开党的第五次代表大会,会上通过了阐明当时日本革命方向的"大会宣言",对党的行动纲领和党章进行修改,明确当时日本资产阶级民主革命的性质,提出"完成民主革命之后,将通过和平民主的道路向社会主义革命转变,进而建立社会主义制度"④ 的政策主张。此时,据上次代表大会召开仅两个多月,日共"党员人数已经增加 5 倍多,达到 6847 名,《赤旗报》发行量也达到 25 万份"⑤。这一定程度上可以表明战后日本国民追求社会稳定发展、提高生活水平的诉求强烈。同时,野坂参三在此次大会上提出"被占领下的和平革命"理论⑥,即通过议会选举等合法手段与资产阶级开展斗争,片面奉承和赞扬美国,回避同美帝国主义及其占领政策斗争的问题,完全忽略了民族独立与反对军事占领的任务。同年 4 月,日本举行了战后第一次众议院选举,日共获得 5 个议席,首次进入议会。

---

① 转引自中国人民大学科学社会主义系:《战后国际共产主义运动若干问题》(上),中国人民大学科学社会主义系编印小组,1983,第 298 页。

② 日本共产党中央委员会编《日本共产党的六十年》 (上),段元培等译,人民出版社,1986,第 105 页。

③ 徐万胜:《当代日本政治》,南开大学出版社,2015,第 267 页。

④ 转引自王兴斌主编《1847~1985 国际共产主义的实践与理论》,山东人民出版社,1986,第511 页。

⑤ 日本共产党中央委员会编《日本共产党的六十年》 (上),段元培等译,人民出版社,1986,第 105~106 页。

⑥ 中共中央党校科学社会主义教研室国外社会主义问题教学组:《战后日本社会主义理论资料汇编》,中共中央党校科研办公室,1985,第 33 页。

1947 年初，美国提出杜鲁门主义并将日本变成其在亚洲推行侵略政策的"桥头堡"。同年 12 月，日共召开第六次代表大会。在会上，日共已经意识到美帝国主义对日政策的实质，但是，由于美国占领军实施严格的审查制度和监管制度，日共无法公开反对和批判美国的占领政策，而是仅提出了"严格执行《波茨坦公告》""依靠人民恢复经济和实现日本完全独立"①的口号。在召开党的代表大会之前，日共还召开了特别代表会议，强调结束美国占领统治、争取民族独立的重要性。1948 年 2 月，日共召开中央全会，要求保障民主与民族独立、构建拯救民族危亡的民族民主统一战线，并积极付诸实践。

然而，在 50 年代初，由于受美国占领军和日本保守势力的双重镇压，以及苏联方面的干预，日共内部发生分裂，还走上极端反体制暴力革命斗争的道路。一方面，随着美苏冷战开始，美国为了维护在日本及整个亚洲的利益，开始实施扶持日本资产阶级的政策，压制日共和日本社会主义运动。与此同时，美国占领军对德田球一、野坂参三等 24 名日共中央委员、《赤旗报》职员和日共众议院议员听涛克己等 17 人进行"整肃"，并在全国各地逮捕日共党员及其他爱国分子，直接导致日共中央陷入瘫痪状态。截至当年 7 月，日本的国家机关、学校、企业等都开展了清除日共党员等共产主义者的运动，这被称为"红色整肃"运动，给日共带来沉重打击。另一方面，从 1950 年 1 月开始，斯大林领导的共产党和工人党情报局公开批评日共的"被占领下的和平革命"理论，并要求其做好暴力革命准备。② 这种外部干预一定程度上导致日共思想混乱。在这些因素综合作用下，日共中央委员会以德田球一、野坂参三为首的反对批评者发表文章进行反驳，他们被称为"所感派"；同时，以宫本显治、袴田里见为首的一派强调必须重视国际团结、应该接受批评，他们被称为"国际派"。由此日共内部分裂为两派，党

① 邓介曾等主编《当代国际共产主义运动史新编（1945-1987）》，西南交通大学出版社，1988，第 30 页。
② 肖枫主编《社会主义向何处去——冷战后世界社会主义运动大扫描》（下），当代世界出版社，1999，第 727 页。

中央随之解体①，日共处于更加混乱的状态，力量急剧下降。1951 年 10 月，德田球一等人组织召开"第五次全国协议会"，通过了《1951 年纲领》，确立极左冒险主义方针，坚持"唯暴力革命论"② 思想，此举加剧了党内混乱。1952 年，日共党员人数从两年前的 10 万人急剧减少到 3 万人，在同年举行的众议院选举中丧失全部议席。直到 1955 年 7 月召开"第六次全国协议会"，在分裂的两派共同主持下，日共开始公开批判分裂时期党内出现的极左冒险主义和宗派主义错误，要求建立一个由马克思列宁主义武装的政党，并把应对当前党的分裂混乱作为最大、最紧急任务。在此次会议上，日共还选出由双方领导人组成的统一的党中央委员会，基本结束分裂状态。从此，日共开始从分裂混乱走向团结统一。

综上所述，战后初期，重建后的日共依然坚持开展追求和平与自由及保护人民生活的斗争，坚决要求废除天皇制、追究战犯罪责、彻底推进民主改革。然而，由于日共对战后日本"旧金山体制"实质的认识并不准确，再加上外部力量的不正当干预，日共最终陷入分裂混乱状态，大大削弱自身阶级基础和群众基础。日共党内奉行右倾亲美路线给自身发展带来严重损失，这也给党内"左"倾激进势力的崛起带来可乘之机。为了宣泄党遭到镇压后的压抑情绪，日共党内"左"倾激进势力高举和平占领下的暴力革命旗帜，走向革命道路的另一个极端，导致日共群众基础不断丧失，陷入严重的危机。这不但使日共错失二战后发展良机，还加重党内分裂危险。战后初期日共所犯的这些错误，给自身发展带来严重影响。

（二）50年代末至60年代确立独立自主路线

1958 年 7 月，日共召开第七次代表大会，距上次召开党的代表大会已经过去 11 年。在此次大会中，日共通过"反对帝国主义和日本垄断资本主

---

① 日本共産党中央委員会：『日本共産党の八十年：1922-2002』，日本共産党中央委員会出版局，2003，第 104 页。

② 日本共产党中央委员会编《日本共产党的六十年》（上），段元培等译，人民出版社，1986，第 158 页。

义这两个敌人，争取和平、独立、民主和提高生活的当前的政治方针以及建设群众性先锋党的方针"①。同时，日共中央分析 1950 年党内分裂的原因、总结相关教训，明确提出独立自主的发展路线，部分否定党的暴力革命路线，主张争取和平革命的政策。在这次大会期间，日共虽然受到大国主义、大党主义的外部干涉，但日共中央强调坚持独立自主总结党的经验教训，并制定和通过了党章，进一步明确党的生活与党的建设原则，有效遏制党的分裂，维护党的团结统一。同时，在具体策略上，日共提出废除《日美安保条约》、维护和平宪法、解散自卫队、保障劳动者基本生存权利等，在维护国民根本利益的基础上赢得议会多数议席，构建合法的、民主的联合政府，进而过渡到社会主义社会。

1960 年 1 月，美国和日本签署《美日共同合作安全条约》，也被称为"新日美安全条约"。该条约规定，美国继续持有在日本驻军和保持军事基地的权力；如果日本管理的领土受到武装进攻，美日双方将联合采取行动对付共同危险。这意味着日美军事同盟进一步加强。对此，日共坚决表示反对。以此为契机，日共迎来恢复自身力量的契机。同年 11 月，宫本显治等日共代表参加在莫斯科举行的八十一国共产党和工人党代表会议。日共代表围绕对美帝国主义的评价、战争与和平的问题与苏联共产党、中国共产党展开论战，明确自己的意见和方针："坚持独立自主的立场，所有的党都是独立和平等的"②。在此基础上，日共要求推动各国无产阶级政党以当前的时代课题为基础实现国际联合与团结。并且，日共还同会议上的各种错误观点进行论争，对维护这次国际会议的团结、确立正确的革命原则等起到一定作用。最终，大会声明确立了"所有马克思列宁主义政党都是独立的、平等的政党"③ 的原则。这对推动世界各国政党独立、自主、平等开展国际共产

---

① 日本共产党中央委员会编《日本共产党的六十年》（上），段元培等译，人民出版社，1986，第 177 页。

② 日本共产党中央委员会编《日本共产党的六十年》（上），段元培等译，人民出版社，1986，第 177 页。

③ 日本共産党中央委員会：『日本共産党の八十年：1922-2002』，日本共産党中央委員会出版局，2003，第 154 页。

主义运动具有重要意义。

1961 年 7 月，日共第八次代表大会召开并独立自主制定了党的纲领，标志着日共从此走上和平的议会选举道路。在此次大会上，日共再次强调党独立自主开展革命斗争的重要性，并通过独立自主制定的《1961 年纲领》。其中明确指出，当前日共的首要任务是开展反帝、反垄断的新民主主义革命，然后经过不断努力转向社会主义革命，最终实现共产主义奋斗目标；尊重议会制民主主义，与其他党派、团体和个人建立统一战线，进而实现斗争目标。此次大会的召开，标志着日共的工作重心已经从暴力革命转向议会选举的和平革命斗争，这也成为此后日共的首要任务。1962 年 7 月，在八届三中全会上，日共把党纲的总路线规定为"四面旗帜"①，进一步明确党带领人民开展斗争的任务、方向和国家的前进道路。1963 年 2 月，在八届五中全会上，日共通过关于国际问题的决议，出现盲目跟从苏联的倾向。1963 年 10 月，日共召开八届七中全会，批判美国的战争政策与侵略政策，坚决反对苏联要求日共赞成《部分禁止核试验条约》的行为。② 并且，此次大会还明确了"绝不允许任何外国政党进行干涉的态度"③，有效规避八届五中全会决议中违背党的独立自主路线的错误行为，进一步巩固党的独立自主立场。

1964 年 11 月，日共在第九次代表大会上全面分析了国际共产主义运动的复杂形势，谴责苏联等国的现代修正主义思潮和大国干涉主义行为，阐明苏联共产党对日共干涉和破坏的事实，并要求争取国际共产主义运动团结、取得无产阶级革命胜利等。在此次大会之后，日共更加注重团结国民，共同开展反对美日反动势力的斗争。针对越南战争，日共明确指出，美国侵略越南严重威胁世界和平，对此表示坚决反对；主张日本政府全面开展反对

---

① "四面旗帜"：（1）反帝反垄断的人民民主革命的旗帜；（2）保障祖国真正独立和人民胜利的民族民主统一战线的旗帜；（3）建设政治上、思想上、组织上稳固而强大的日本共产党的旗帜；（4）反对以美国为首的帝国主义，追求民族解放与和平的国际统一战线的旗帜。
② 〔日〕袴田里见：《我的战后经历》，周斌译，商务印书馆，1980，第135页。
③ 日本共产党中央委员会编《日本共产党的六十年》（上），段元培等译，人民出版社，1986，第241页。

《日美安保条约》的斗争。这与日本广大国民追求和平、反对战争的诉求相一致，得到国民的认可和支持。1966 年 10 月，日共在第十次代表大会上提出，"在同现代修正主义思潮作斗争的同时，重视同教条主义与宗派主义倾向作斗争，坚持独立自主的立场和进行两条战线的斗争"①，积极为日本人民解放事业和国际共产主义运动贡献力量。同时，日共谴责外国干涉势力的大国主义行为，认为其违背了马克思主义原则和无产阶级国际主义。从 1967 年 8 月开始，日共在《赤旗报》上连续发表一系列批判大国主义干涉的文章，导致其与苏联等国共产党关系不断恶化。这直接导致日共发展不但面临着美帝国主义及日本反动派的镇压，还要受到苏联等社会主义国家的敌视，给自身发展带来严峻挑战。

综上所述，自 1958 年日共七大召开以后，日共开始解决"50 年问题"②，要求彻底摆脱大国主义干涉的困扰，独立自主地开展革命斗争与加强国际联合。在正确思想指导下，日共在 1961 年召开八大时已经拥有"8万多党员、30 多万《赤旗报》读者"③，1966 年日共召开十大时已经发展成为拥有"近 30 万党员和 100 多万《赤旗报》读者"④ 的共产党。同时，在众议院选举中，日共从 1960 年的 3 席增加到 1969 年的 14 席；在参议院选举中，从 1962 年的 4 席增加到 1968 年的 7 席。⑤ 这充分说明日共独立自主追求的和平革命路线及相应的政策主张，一定程度上赢得国民支持，为其突

① 日本共产党中央委员会编《日本共产党的六十年》（上），段元培等译，人民出版社，1986，第 272 页。
② "50 年问题"：1950 年，日共领导人野坂参三、德田球一和宫本显治等人之间围绕共产党和工人党情报局的评论和党的路线问题发生分歧，最终导致党的分裂。1950 年 8 月，德田、野坂等人来到北京后，成立了日共中央"北京分部"，该机构按照斯大林的精神指示，把苏联和中国武装斗争方针照搬到日本。同时，野坂在北京发表了题为《共产主义者和爱国者的新任务》的署名文章，提出要在日本开展武装斗争。在日本国内，宫本显治、藏原惟人等 7 名中央委员则在 1950 年 9 月组成"全国统一委员会"。日共实际上陷入分裂状态。这在日共史上被称为"50 年问题"。
③ 日本共产党中央委员会编《日本共产党的六十年》（上），段元培等译，人民出版社，1986，第 226 页。
④ 日本共产党中央委员会编《日本共产党的六十年》（上），段元培等译，人民出版社，1986，第 270 页。
⑤ 转引自张伯玉《日本选举制度与政党政治》，中国经济出版社，2013，第 96 页。

破反共逆流、进一步巩固党的阶级基础和群众基础增添强大动力。在当时复杂的国内外环境中，日共能够及时总结经验教训，走出一条独立自主的革命道路，有效扭转党的衰退趋势，在议会斗争中取得显著成绩，这在发达资本主义国家共产党中独树一帜。这也为苏东剧变后日共及时扭转衰退趋势、实现逆势跃进奠定了重要基础。不过，这一时期，由于日共提出独立自主探索和平革命路线，要求摆脱大国主义对党的干扰，党内"左"倾激进势力直接脱离了党组织。如从日共分裂出来的党员干部与这一时期的学生运动相结合，形成"革命的共产主义者同盟派""共产主义者同盟派""苏联派""中国派"等，被学界称为日本"新左翼"①。这些派别中每一个派别又由多个政党组成，在发展过程中又发生多次分裂重组、内讧夺权斗争，其大肆批判日共放弃暴力革命的行为。时至今日，这些"新左翼"虽然大多放弃了暴力革命路线，但依然批判日共的革命路线、拒绝与日共联合开展议会斗争。

（三）70年代至80年代加强和平革命斗争

二战后，日美安保体制的形成一定程度上为日本营造有利环境，日本经济得以恢复和发展并长期保持高速增长，最终在 1968 年一跃成为世界第二大经济体，成为一个名副其实的经济大国。经过战后十多年的发展，日本资本主义的弊端开始显现，通货膨胀、经济危机、公害问题频现。特别是 20世纪 70 年代初，日本遭受石油危机影响，经济发展陷入低潮，在整个 70 年代至 80 年代经济增长率仅维持在 4%～5%。经济发展停滞、社会矛盾加剧，导致广大工人阶级和下层人民群众的生活工作状况不断恶化，大大激发国民不满情绪。而且，日本政局动荡不安，执政的自民党腐败问题频发，政治威信急剧下降，党派内部矛盾日益加深。这客观上为日共进一步发展带来有利机遇。同时，这一时期日本工会从组织工人罢工等转向协调劳资关系的和平

---

① 朱旭旭：《日本新左翼的缘起、历史演变与未来展望》，《当代世界与社会主义》2023 年第2 期。

斗争，这也迫使日共等左翼政党加快调整自己的纲领路线和斗争策略。据此，日共从国民根本利益出发提出应对通货膨胀、经济危机、公害等各种社会问题的政策主张，强调要加强利用议会选举开展牵制和制衡右翼政权的斗争，并为保障国民生活和维护国民根本利益而奋斗。在此背景下，日共提出的议会政策主张得到国民的认可和支持，日共迎来党的综合实力进一步提升的有利时期。

在美苏冷战加剧的背景下，国内外反共、反社会主义挑战也日益严峻。如何实现在发达资本主义国家通过社会变革过渡到社会主义，成为日共面临的重要时代课题。1970年7月，日共在十一大上强调，全党要重视民主的、进步的议会制度，无论是在日本民主改革阶段，还是在社会主义建设阶段，都要使议会成为名副其实的国家权力机关。日本社会要保证一切政党包括反对和批评政府的政党的活动自由，从制度上全面保障政党在议会选举中通过赢得多数议席而掌握政权。并且，在这次大会上，日共首次提出"通过革新统一战线打倒自民党政府，建立民主联合政府"① 的政策主张，要求尽早结束战后保守政党的长期反动统治。在1971年4月举行的全国统一地方选举中，日共赢得2300多个地方议席，比上次增加600多席；在6月举行的参议院选举中，日共赢得10个议席，比上次增加3个。这在一定程度上说明，日共与日本统治阶级针锋相对的政策主张与实践活动为革新政治与革新统一战线增添强大动力。

同时，日共政治影响力的不断提升，特别是议席的增加，势必会给右翼政权的稳定带来一定的威胁。这也导致日共遭到右翼势力的大力镇压。自民党在国内加强反共宣传和干涉日共参与议会选举，以压制日共发展。同年11月，在第二十三届众议院选举中，日共提出"三个选择"② 作为议会选

---

① 日本共産党中央委員会：『日本共産党の八十年：1922-2002』，日本共産党中央委員会出版局，2003，第202页。

② "三个选择"：（1）坚持《日美安保条约》，强化为大资本服务的自民党统治，还是削弱这种统治；（2）各在野党对于自民党"高速发展"政策和国土政策应该采取什么样的态度；（3）变自民党统治为革新政治的道路，是以反共为前提的社公联合，还是实行由日本共产党参加的真正的革新统一战线。

举政策，批判田中角荣提出的"日本列岛改造"① 相关计划。最终，日共所获席位由上届选举的 14 席一跃增加到 38 席，得票率也由 6.8% 增加到 10.5%，跃升为国内第二大在野党。随着日共和民主力量发展壮大，自民党多次进行反扑。1973 年 1 月，自民党开展"保卫自由社会"的大规模运动，随后把这一决策升级为指导思想，切实加大反共宣传、重点镇压日共。与之相对应，为了进一步强调党的和平革命路线，日共弱化党的暴力革命政党形象。在 1973 年召开的十二大上，日共对党纲中的政治术语予以修改，削弱党的暴力革命色彩，以更好地团结广大国民开展反对右翼政权的斗争。如将党纲中的"无产阶级专政"修改为"无产阶级执政"等。日共认为，"执政"这个词是掌握政权的意思，之前党纲使用"专政"的表述容易引起国民误解。这一改变意味着日共要建立由一个阶级或者更多阶级、阶层参与的政治统治体系，并非特定的某个人或组织掌握政权。1974 年 7 月，在参议院选举中，日共所获席位由改选前的 4 席增加到 13 席，加上非改选席位共拥有 20 席，日共依然取得在逆势中跃进的优异成绩。

70 年代后半期，日本国内的反共逆流日益突出。比如，社会党、公明党、民社党等力量同部落解放同盟朝田派联合，分裂地方革新统一战线。同时，日本政府推行拥护大企业利益和巩固美日军事同盟的军备扩大政策，加剧了日本经济危机。在此背景下，日共提出推动"经济政策由企业本位向国民本位转变"，成为革新势力的典型代表②。日共的政策主张赢得国民广

---

① "日本列岛改造"：1972 年，日本首相田中角荣提出"日本列岛综合开发计划"，目的在于开发国土，解决人口分布不均问题。该计划的主要内容是：（1）改革建设事业的行政体系；（2）将城市尤其是大城市的居民从住房困难、交通堵塞和公害中解放出来；（3）建设新的完备的中心城市和工业基地，进行地方建设；（4）照顾公益，制定土地利用计划和措施；（5）利用全体国民的资金包括储蓄，保证国土改造所需资金。该计划意在将日本的工业由太平洋沿岸及其周围地区分散至北海道、东北等地区，建立新工业区。为支持工业重新布局，计划还提出充实航空运输、建设铁路新干线和高速公路、完成通信网络建设。该计划曾引起日本国民的极大关注。后来由于地价高涨、公害扩散等，计划受到舆论的批评，随后夭折。

② 日本共産党中央委員会：『日本共産党の八十年：1922-2002』，日本共産党中央委員会出版局，2003，第 229 页。

泛认可，也得到国内选民的支持。所以，这股新的反共逆流并未能阻挡日共发展壮大。

1975 年 4 月，日本举行统一地方选举，日共地方议员数量达到 3110 人，比上次增加 310 人。1976 年 7 月，日共召开第十三次临时代表大会，通过了被称为"日本式社会主义"的政治宣言——《自由和民主主义宣言》，提出"三个自由"① 论，并立足于日本具体国情从政治、经济、外交等方面阐释"多党议会制"的民主社会主义制度构想，进一步强调在日本走"多党议会制"道路的可行性和通过赢得议会选举过渡到社会主义的必要性。日共强调，只有坚持科学社会主义才能消灭剥削和压迫，真正实现人类解放、真正实现全人类民主和自由。并且，日共在党纲中删除"无产阶级执政"的术语，认为这个政治词语与当前的国情不相符；将党章、党纲中的"马克思列宁主义"这一术语删除，改为"科学社会主义"等。这一年，日共"党员已经达到 30 万人，《赤旗报》读者达到 300 万人"②。1977 年 7 月，日共在十四大上提出"社会主义成长期理论"，强调现在的社会主义国家还不完善、存在许多问题，"从资本主义社会向社会主义转化的过程，正处于成长期的过程"③。同时，日共强调继续开展反对一切大国主义干涉的斗争。这一年，日共党员"已经达到近 40 万人，《赤旗报》读者达 325.9 万人的新高度"④。1979 年 4 月，日本举行全国统一地方选举。当时日本国内最大的政治焦点就是各资本主义政党注重加强阵地建设，着力进行反共部署。对此，日共作出积极应对，发行机关刊物和增强党的力量、大量发行消除反共毒素的小册子、扩大党的后援会等。在这次大选中，日共虽然失去了东京和大阪的传统优势议席，但是其依然逆势跃进，"地方议员达到

---

① "三个自由"：生存自由、市民政治自由、民族自由。
② 日本共产党中央委员会编《日本共产党的六十年》（上），段元培等译，人民出版社，1986，第 442 页。
③ 转引自万福义主编《党鉴：共产党历史发展与执政规律研究》（下），山东人民出版社，2011，第 747 页。
④ 日本共产党中央委员会编《日本共产党的六十年》（上），段元培等译，人民出版社，1986，第 461 页。

3555 人，超过公明党，跃居地方议席第三大党"①。1979 年 9 月，日本举行第三十五届众议院选举，日共就选民关心的问题提出"两个审判"和"一个选择"②，加强竞选阵地建设，要求用科学的办法加强竞选。最终，日共与革新势力的议席增加一倍多，达到 41 席，得票率达 10.68%。

1980 年以来，日本经济萎靡不振，右翼势力和右翼社会思潮合力在国内掀起一股有组织的强大运动，从政界到全社会逐渐形成保守局面，自民党联合其他政党进一步加强反共攻势。社会党基于"社公协议"而放弃原来主张的"全在野党联合"路线，进而转变为反共势力，进入从属于美国和以大企业为中心的自民党政治框架。这导致日共发展举步维艰。面对这一挑战，被排除在"全执政党"体制之外的日共始终秉持批判右翼政权内外政策的立场，勇于揭露日本政府坚持的强化美日军事同盟和牺牲国民利益的路线，坚持从提高国民生活水平的视角与自民党展开斗争，成为当时日本政坛唯一的革新政党。日共正是依靠坚持马克思主义指导地位，自觉从维护人民群众根本利益的立场出发开展反对右翼势力的斗争，赢得了广大国民支持，突破反共逆流实现逆势跃进，成为日本政坛中牵制右翼政权的重要力量。

1980 年 2 月，日共已经发展成为"拥有 44 万名党员、355 万名《赤旗报》读者的政党"③。1981 年 5 月，在日共领导下结成的"坚持以和平、民主主义、革新统一为目标的全国恳谈会"，刚一成立全国就有 390 万人参加。1982 年 7 月，日共在十六大上提出"阻止核战争、全面禁止和废除核武器"④ 的国际课题，坚决反对使日本成为核战场，团结国民建立最广泛的反核战线；批判日本政府在军费和大企业税收等方面的财政改革措施，要求

---

① 日本共产党中央委员会编《日本共产党的六十年》（上），段元培等译，人民出版社，1986，第 499 页。
② "两个审判"是指对大平内阁和自民党的审判，对支撑自民党政治的公明党、民社党等右倾反共在野党的审判；"一个选择"是指使革新统一战线推动日本共产党实现跃进，以便在 80 年代建立一个面向国民的日本。
③ 日本共产党中央委员会编《日本共产党的六十年》（上），段元培等译，人民出版社，1986，第 524 页。
④ 转引自王新生《战后日本史》，江苏人民出版社，2014，第 326 页。

日本政府在经济领域进行国民本位的民主改革，在外交领域推行非同盟的、中立的独立自主的政策。随后日本政府推行一系列改革，如老人医疗有偿化（1982年），施行健康保险法（1984年）、年金制度（1985年）、消费税制度（1989年）等，一定程度上损害了国民的根本利益。日共针对日本政府"推行的大企业本位的经济政策、导入消费税等行政改革展开批判"①，并提出一系列具体的、系统的应对政策。1985年，日共在十七大上肯定八大时制定的党纲，并将"社会主义成长期理论"写入党纲、删除"资本主义总危机理论"，重新评估资本主义现状和日本革命形势，要求建立国际反核统一战线，以扩大自身的国际影响力。并且，针对国内问题，日共批判中曾根内阁的"战后政治总决算"②为军国主义和法西斯主义的重现、是为日本成为政治大国而扫清障碍的行为。

1987年11月，日共在十八大上针对日本大企业向国外转移、国内产业空心化的发展困境提出让大企业承担社会责任的"大企业民主规制"③，以构建真正民主的政权。日共坚决反对消费税制度，并在全国发起反对导入消费税运动。虽然最终未能成功阻止增税，但是，日共的行为和革命勇气赢得国民同情及选票支持。同时，在20世纪80年代末，苏联、东欧发生政治动荡，给国际共产主义运动带来严重灾难，发达资本主义国家共产党也因此遭受重击，力量损失很大、影响力急剧下降。在日本国内，自民党利用东欧各

---

① 日本共产党中央委员会：『日本共产党の八十年：1922-2002』，日本共产党中央委员会出版局，2003，第242~248页。
② "战后政治总决算"：1982年11月，日本大选结果出炉，民族主义情感强烈的鹰派人物中曾根康弘当选新一届日本首相。中曾根内阁执政时期（1982~1987年），是战后日本政治和外交的重大转折时期。中曾根提出"战后政治总决算"的口号和日本要成为"政治大国"的战略目标。中曾根认为，日本的战后时期已结束，且已进入一个全新的发展时期。为适应新时期所赋予的历史使命，日本应该对历史进行"总决算"。所谓"总决算"，一是在国内推行行政和财政等改革；二是向战后"禁区"发起挑战，即改变日本的"纯经济大国形象"，增加防卫经费，修改宪法，实现在国际政治舞台上占有一席之地的"国际国家"的战略目标。
③ （1）以在国内带来恶劣影响的大企业到海外投资的事前协议体制为基础，明确大企业的责任和义务；（2）纠正大企业优待税制；（3）根本改善劳动条件；（4）对财政、税制实行民主改革；（5）制定国际性的规制体制。

社会主义国家激变等，加强"社会主义崩溃论""体制选择论"① 等反共宣传，攻击共产党。日共对此做出积极反击，但因国内外反共势力的双重打击，日共的综合实力还是被大幅度削弱。在 1989 年 12 月的参议院选举中，"日共由 27 席下降到 16 席，得票率为 8.0%"②。

总之，20 世纪 70~80 年代，日共根据国内外环境的变化不断调整自己的党纲、革新自己的政策主张，加强与日美安保体制作斗争、反对建设核武器政府，以及与日本右翼政权推行的一系列损害国民根本利益的行政改革作斗争，加强建设革新统一战线，切实为提高国民生活水平、维护国民根本利益而奋斗。在领导国民斗争过程中，日共提倡的一系列政策主张得到国民的理解和支持，有效凝聚了国民思想共识。同时，日共也注重加强党的自身建设，全面巩固和加强自己的阶级基础。在国际上，日共主张建立国际反核统一战线，在 1985 年以后对苏联、东欧社会主义国家的改革持积极态度，希望以此提高自身的国际影响力。最终，日共战胜了国内外反共逆流和攻击，实现逆势跃进。在这一时期，日共的党员数量、议席数量等总体呈上升趋势。特别是 80 年代末，日共的综合力量达到历史上的最高峰，党员人数达到 49 万多名、《赤旗报》发行量达到 400 万份。整体来看，这一时期日共从发达资本主义国家具体情况出发，把马克思主义基本原理与本国国情、时代特征相结合，对日本式社会主义道路作出了有益探索，推动日本社会主义运动进入高潮，在国际共产主义运动中发挥着不可或缺的作用。

三　苏东剧变后在困境中抗争

苏东剧变后，面对反共、反社会主义的强大压力，世界各国共产党普遍开始从理论层面进行反思，在吸取苏东剧变教训的基础上强调从本国实际出发重新调整党的战略策略、革新党的指导思想，努力探索符合本国国情的社

---

① 〔日〕不破哲三：『日本共産党史を語る』（下），新日本出版社，2007，第 202 页。
② 日本共産党中央委员会：『日本共産党の八十年：1922-2002』，日本共産党中央委员会出版局，2003，第 242~248 页。

会主义道路。日共作为发达资本主义国家典型共产党组织，强调坚持以科学社会主义为指导思想，总结苏东剧变教训，革新党的思想理论和政策主张，对日本如何从资本主义过渡到社会主义社会展开深入思考和探索。特别是日共主动顺应当代政党变革与转型趋势，不断创新和发展党的工作方式方法和思想理论，以增强党的社会影响力，展现马克思主义政党的独特魅力。

（一）苏东剧变初期通过革新应对反共逆流

苏东剧变后，世界范围内掀起一股反对共产主义、反对马克思主义的浪潮，在资本主义国家表现得最为明显。在日本这个发达资本主义国家，"在战前白色恐怖的专制年代里，由于日本共产党的目标与统治阶级利益的根本对立，日本共产党一经成立，政府就对其进行了多次血腥残酷镇压，并使之处于毁灭的边缘；即使在战后，统治阶级也对日本共产党怀着深刻的偏见和仇恨，并在其主导下掀起反共攻势，苏东剧变更把对日本共产党的攻势推向一个新的高潮"[①]。日本国内反共势力与国际反共势力相配合，在国内各种媒体上大肆宣传"共产主义崩溃论""社会主义破产论""资本主义胜利论""日本共产党灭亡论"等，对日共及其坚持的科学社会主义理论进行歪曲、诋毁。这直接导致日共内部思想混乱、部分党员对党存在的价值失去信心，甚至一批党员直接退出党组织。同时，日共也失去了大批国民的信任和支持，群众基础被严重削弱。1989 年时日共党员人数近 50 万名，到 1994 年党员人数已经减少到 36 万名；1990 年大选时，日共的议席数量从原有的 16 席减少到 11 席；机关报《赤旗报》订阅量也从 20 世纪 80 年代末的 400 万份减少到 1994 年的 200 万份。总之，日共综合实力被大为削弱。

20 世纪 90 年代以来，全球经济在飞速发展的同时，资本主义国家失业率大幅提高、贫富差距扩大、环境破坏等问题不断凸显。特别是日本由于

---

① 余金成：《冷战后两制关系演变及发达国家共产党研究》，山东人民出版社，2013，第 104 页。

"泡沫经济"破灭，经济发展长期陷入低迷状态，经济增长困难进一步激化国内社会矛盾。1993 年 6 月，在日本举行的大选中，自民党因为自身力量分裂，获得的议席不足法定半数以上，因而失去了单独组阁执政的机会，使持续 38 年之久保革对峙的"五五年体制"① 瓦解。这也说明日本政治结构发生重要变化，日本政局的动荡不安将会加重，标志着日本政治进入不稳定时代。随之形成的以自民党和社会党联合组阁的政府，继续强化"日美军事同盟优先"的路线，导致日本从属于美国军事战略和经济霸权战略的问题进一步突出。日本国内经济复苏乏力、政坛丑闻频出、政治动荡、政府失信于民，经济危机和政治矛盾相互交织加剧国内矛盾，严重损害国民根本利益，进一步加重国民不满情绪。日本国内外环境变化，给日本政坛中始终高举革新旗帜的左翼政党日共带来了发展机遇，这也构成日共实现逆势跃进的重要时代背景。

苏东剧变初期，面对世界范围内反共、反社会主义浪潮，日共主要是从理论层面与反对势力开展斗争，通过总结苏东剧变教训、革新党的思想理论与政策主张，在国内外积极塑造一个革新政党形象。这对日共实现逆势跃进具有重要意义。

1. 针对苏联解体问题与反共势力展开理论对抗

日共借助中央机关报《赤旗报》和中央机关杂志《前卫》等加强理论宣传，积极与国内外反共势力展开理论较量。1990 年 2 月 8 日，日共领导人宫本显治在《赤旗报》上发表《共产主义运动的急剧变化和日共的信心》，文章指出："在东欧受挫的既不是社会主义，也不是共产主义，更不是列宁领导下社会主义的破产，而是战后强加给世界其他国家的斯大林和勃列日涅夫式社会主义的错误及其追随者的受挫。集中人类智慧的社会主义和

---

① "五五年体制"：二战后，日本出现过政党林立的局面，后几经分裂和重组，只剩下了自由党、进步党、协同党、社会党和共产党。1955 年 10 月，社会党左、右两派实现统一；11 月，自由、民主两党合并，成立自由民主党，简称"自民党"。鸠山内阁的建立和自民党的成立，标志着保守政权的执政地位从此更加稳固。此后日本政局长期表现为自民党执政，其他政党处于在野地位，这被称为"五五年体制"，这一体制在日本维持了 38 年。

共产主义作为思想理论上和政治上的指导方针仍然具有顽强生命力，仅仅根据苏联东欧发生的各种混乱现象，就断定资本主义已经战胜社会主义的观点是完全错误的。对于我们来说，绝不能因为世界各国迄今的社会主义成功与否而动摇对科学社会主义的信心。"①

在 1991 年召开的十九大、1994 年召开的二十大上，日共进一步分析苏东剧变的教训，明确指出苏东剧变不是科学社会主义的失败，而是苏联共产党长期对外实行大国主义、霸权主义，对内实行官僚主义、专制主义，最终走上一条完全背离社会主义道路的结果。② 在此基础上，日共从理论层面系统阐明自身坚持科学社会主义的立场和路线，积极反驳"共产主义崩溃论""日本共产党灭亡论"等反共舆论及错误论调，以坚定全体党员的共产主义信仰。并且，日共明确表示不改变党的性质、不变更党的名字，始终坚持科学社会主义指导思想不动摇，继续践行党的纲领路线，以此来凝聚党内思想共识、巩固党的阶级基础和群众基础。

1997 年在二十一大上，日共进一步强调指出，"高举科学社会主义、共产主义旗帜，坚持科学社会主义的指导地位，采取与日本具体国情相符合的政策主张推动日本社会改革，切实维护广大国民的根本利益"③。因此，完全否定斯大林之后苏联的社会主义成就，划清与苏联模式的界限，指明日共所走的社会主义道路与苏联模式完全不同，是日共对待苏东剧变的态度。实践证明，从短期内来看，日共与反共势力针锋相对开展舆论战，一定程度上凝聚了党内思想共识、维护了党的团结统一，有效扭转了党势衰退的不利局面。

不可否认的是，苏东剧变是苏联共产党内外、国内外多重因素综合作用的结果。在苏东剧变三十年之后，日共再次表明当初的态度并强调，"与霸权

---

① 转引自息曙光《世界大格局》，四川人民出版社，1992，第 241 页。
② 「第 20 回党大会日本共産党綱領一部改定案の討論についての不破委員長の結語」，『しんぶん赤旗』1994 年 7 月 25 日。
③ 「日本共産党第 21 回大会決議」，『しんぶん赤旗』1997 年 9 月 27 日。

主义、专制主义作斗争，也依然是当今社会重要的时代课题"①。长期以来日共将苏联模式视为大国主义、霸权主义的代名词，将苏联解体归结为斯大林及其之后的苏联领导人对外实施大国主义、霸权主义，对内实施官僚主义、专制主义的恶果。实际上，日共并未从党的建设视角思考苏联解体的原因。这不仅是片面的、极端的，而且从长期来看也是有害的，值得世界各国共产党、工人党引以为戒。

2. 革新党的指导思想

在日本，自"五五年体制"形成以来，保守派势力长期占据政治中心。即使"五五年体制"破产以后，主导政治改革的力量依然未能形成规模，日本社会的政治右倾化和国民保守化趋势反而进一步加强。广大国民求稳怕乱，对日共追求的社会主义革命丝毫不感兴趣。面对这一挑战，日共从指导思想层面推动革新，主动弱化党的意识形态色彩，在思想理论方面践行现实主义路线，以团结广大国民。

1994 年在二十大上，日共重新审视国内外形势，对党章、党纲做出部分修改。其中，在党章中明确提出党的性质是"工人阶级的前卫政党，在劳动者和人民的各组织中是最先进的组织"，党的指导思想是"马克思和恩格斯建立、列宁发展了的科学社会主义"②；在党纲中首次明确提出"在资本主义框架内进行民主改革"思想，强调"争取在 21 世纪早期建立民主联合政府"的奋斗目标。并且，在党纲中，日共明确将"国内垄断资本主义和国际帝国主义霸权势力"作为斗争对象，要求通过建立全国民族民主统一战线推动新民主主义革命，进而建立独立、民主、和平、不结盟的日本政府和人民民主主义政权。③ 另外，在党纲中，日共还提出包括取消外国军事基地等在内的 26 项基本政策，以推动党的奋斗目标顺利实现；提出"计划

---

① 「ソ連崩壊 30 年覇権・専制主義克服の課題今も」，『しんぶん赤旗』2021 年 12 月 24 日。

② 转引自刘展旭《日本共产党的社会主义理论探索与实践研究》，博士学位论文，吉林大学，2011，第 33 页。

③ 转引自徐万胜《当代日本政治》，南开大学出版社，2015，第 269 页。

经济与市场经济相结合"① 的思想，指明通过市场经济过渡到社会主义的道路。这为日共今后探索社会主义道路提供根本思想遵循。在 1997 年召开的二十一大上，日共再次强调"在 21 世纪初期实现建立民主联合政府的目标"，明确提出"废除《日美安保条约》、有效规制资本主义、反对修改和平宪法和阻止军国主义复活"② 的民主改革"三大目标"。同时，日共将"美国帝国主义"修改为"美国霸权主义"、将"日本垄断资本"修改为"跨国大企业资本"，强调要在资本主义框架内建设"国民是主人公"的民主主义日本。这为日共运用资本主义民主政治体制开展反对资本主义的斗争提供了行动纲领。

这一时期，日共领导人还注重使用通俗易懂的语言向国民阐释党的思想理论和政策主张，积极争取保守阶层中要求改变现政权力量的选民的支持，不断巩固和加强革新统一战线。在世界社会主义运动处于持续低潮的背景下，日共高举科学社会主义旗帜，坚决维护人民群众根本利益，成为日本政治体制中特色鲜明的革新政党，让国民看到推翻右翼政权的希望。这也是苏东剧变后日共能够及时扭转衰退趋势并实现逆势跃进的重要原因。

3. 调整党的基本政策主张

与国民保守化趋势不断增强相适应，日共主动对党的基本政策主张做出相应调整。

在天皇制方面，日共自 1922 年成立以来始终坚持废除天皇制、实现国民主权。然而，1998 年在二十一届三中全会上，时任日共中央委员长不破哲三指出，"与战前天皇制被认为是神圣不可侵犯的绝对君主专制的时代不同，当今社会要严格遵照国民是主人公的宪法条款精神批判性地对待天皇制"③。这意味着日共承认了天皇制的存在。

在统一战线方面，二战前日共长期处于非法政党地位，根本无从开展统

---

① 转引自「自由と民主主義の宣言」，『しんぶん赤旗』1996 年 7 月 13 日。
② 「日本共産党第 21 回大会決議」，『しんぶん赤旗』1997 年 9 月 27 日。
③ 「日本共産党第 3 回中央委員会総会不破委員長の中間発言」，『しんぶん赤旗』1998 年 9 月 27 日。

一战线工作。二战之后，日共取得合法地位并将统一战线工作提上日程，根据不同时期的历史任务开展统一战线工作。苏东剧变后，日共进一步调整党的理论路线和方针政策。1994 年在二十大上，日共明确提出通过建立广泛的统一战线推动在 21 世纪早期实现民主联合政府的目标。这也构成日共在探索社会主义道路上新的统一战线工作纲领，指明未来党的统一战线工作的前进方向。

在党际交往方面，日共积极拓宽党际交往范围和空间，塑造开放的国际政党形象。1997 年在二十一大上，日共提出，"以构建非核、非同盟、和平解决国际争端的和平亚洲为目标"的"以亚洲为中心"① 的党际交往政策，积极与亚洲各国政府、政党开展交流合作。1998 年，日共同中国共产党恢复交往，两党关系实现了正常化。日共还先后派代表团赴马来西亚、新加坡、越南等亚洲国家访问，不断拓宽与亚洲各国政党、政府之间交流与合作的领域和空间。特别是针对一些事关亚洲和平的国际问题，日共积极提出自己的对策主张，并与相关国家政府、政党交换意见，争取达成共识。

总之，日共基本政策主张的一系列革新，与日本政治右倾化不断加强、右翼政权谋求军事大国和政治大国的行为形成鲜明对比，在国民中塑造良好的追求和平的国际政党形象，对巩固和团结广大国民具有重要现实意义。

4. 革新党的领导机构

1997 年在二十一大上，执掌日共领导权 39 年之久的宫本显治（88 岁）正式退出党的领导集体，作为"名誉议长"继续发挥作用。以不破哲三委员长（67 岁）和志位和夫书记局长（43 岁）为中心的领导体制形成。并且，为了更好地适应国内外发展形势，日共还调整了整个干部队伍结构。其中，"中央委员会中有 27.8% 都是新人，中央候补委员中则全部是新人"②。中央委员会委员平均年龄降低到 61 岁。通过这次大规模调整党的领导干部结构，日共在国民中塑造了年轻有活力的政党形象。日共领导层的革新使日

---

① 「日本共産党第 21 回大会決議」，『しんぶん赤旗』1997 年 9 月 27 日。
② 「日本共産党中央委員会の人事」，日本共産党ホームページ，http：//www.jcp.or.jp/jcp/21taikai/21-yakuin.html。

本右翼势力将其攻击为老人政党的依据消失。

总之，苏东剧变后，在日本政党整体右倾化、国民保守化不断增强的背景下，日共通过革新党的思想理论和政策主张，指导全党探索在资本主义框架内进行民主改革的道路，对凝聚党内思想共识、吸纳国民支持具有重要意义。从 1994 年开始，日共逐渐扭转衰退趋势，党的综合实力不断增强，实现二战后综合实力第二次大幅度增强的目标。截至 2000 年，日共党员人数已经达到 38.7 万名，众议院议席达到 20 席，参议院议席达 5 席（2001年）、地方议席达 4400 多席（地方议会第一大党），《赤旗报》订阅量达230 万份、党的支部数量达 2.4 万个、年度财政收入达 327.8 亿日元。① 日共通过一些理论革新和政策调整指导其开展议会斗争和社会运动，大大提高自身对资本主义现代民主政治的适应能力。这与苏东剧变后发达资本主义国家共产党综合实力大幅度衰退形成鲜明对比。这在一定程度上说明，苏东剧变后日共探索的日本式社会主义道路符合日本社会发展需要，推动了日本社会主义运动不断向前发展。日共提出的一系列新思想新观点也为 21 世纪以来日共探索日本式社会主义道路提供理论遵循和行动纲领。

（二）21世纪以来多措并举推进反对右翼势力的斗争

21 世纪以来，日本国内外环境发生巨大变化，给日共自身发展带来严峻挑战。从国际社会来看，世界社会主义运动持续低迷，资本主义国家共产党在国内政治中长期被边缘化，生存空间被严重挤压；资本主义矛盾急剧爆发，特别是世界性金融危机影响深远，严重威胁着世界和平稳定发展；美国为了实施亚太再平衡战略进一步强化日本对美从属地位，激化日本国内政治经济矛盾，始终处于反对日美安保体制最前列的日共被赋予新的时代使命。

从国内环境来看，由于日本固有的"政、官、财"三位一体的政治体制影响深远，至今日本政坛贪污腐败案件依然频发，首相也因此频繁更替，日本政治格局动荡成为一种常态；日本政坛形成自民党一党独大、多个在野

---

① 「日本共産党」，日本共産党ホームページ，https：//www.jcp.or.jp/。

党实力较弱的"一强多弱"政治格局，左翼政党之间历史积怨较深且缺乏合作基础，长期处于被边缘化地位的日共影响力日渐式微；日本政治右倾化和国民保守化趋势加重，自民党政权压制日共等左翼政党，国民对日共推翻右翼政权的目标不感兴趣，导致日共的阶级基础和群众基础不断被削弱。

面对这些挑战，日共在强调思想凝聚作用的同时，更加注重批判和揭露右翼政权的罪行，积极通过在野党统一战线开展议会内外斗争，维护国民根本利益，以增强党的吸引力和凝聚力，进而巩固和增强党的阶级基础和群众基础。

1. 革新思想理论，淡化意识形态色彩，广泛凝聚思想共识

从苏东剧变后日共理论革新的实践效果来看，日共的思想理论革新和政策调整基本上符合日本国情，效果显著。日共在归纳总结理论革新经验的基础上，继续探索在资本主义框架内进行民主改革的道路，注重通过淡化党的意识形态色彩来凝聚党内外思想共识，增强党的吸引力和凝聚力。

在思想理论方面，一方面，继续修改党章。2000 年在二十二大上，日共再次确认和强调"在资本主义框架内进行民主改革"论，这也标志着日共对社会主义道路的探索进入一个崭新阶段。同时，2000 年日共对 1958 年确立的党章进行根本性修改，对党的性质、指导思想和目标等进行全新表述，删除"先锋队""日本人民"等具有较强意识形态色彩的马克思主义用语，也将党的性质重新定义为"是工人阶级的政党的同时，也是全国人民的政党"①。这被日本媒体宣传为日共成为"全民党"，将其视为日共"右转"的表现。同时，日共指出，日本式社会主义的显著特征是："（1）继承和发展资本主义政治、经济、文化和社会等一切有益成果；（2）消灭剥削压迫，超越资本主义和利润第一主义；（3）生产力高度发达，物质财富极大丰富。"② 这也是日共立足于发达资本主义国家具体国情为国民描绘未来发展的"日本梦"，虽然与现实社会主义国家存在较大差距，但依然值得我

---

① 「日本共産党規約」，『しんぶん赤旗』2000 年 11 月 25 日。
② 「日本共産党第 22 回大会決議」，『しんぶん赤旗』2000 年 11 月 24 日。

们关注和跟踪研究。

另一方面，修改党纲。2004 年在二十三大上，日共对沿用 43 年的党纲做出根本性修改：压缩党纲篇幅、对其中的政治话语表述进行通俗化处理，便于国民理解；确立"在资本主义框架内进行民主改革"的革命阶段和革命手段，即当今日本进行的是民主主义革命，而不是社会主义革命，日本亟须摆脱美国霸权主义与国内垄断资本的统治地位，在日本实现完全独立后完成在政治、经济、社会等各领域的民主主义改革，如此才能过渡到社会主义革命；提出最终奋斗目标是"超越资本主义，实现以社会主义·共产主义为目标的共同社会，这个共同社会是平等、自由、和平的社会，不存在剥削、压迫、战争的社会"①，进一步强调了通过议会选举在赢得多数国民支持的基础上构建民主联合政府的和平革命路线，切实将国家权力从美国垄断资本集团和本国资产阶级统治势力那里转移到维护广大国民根本利益的力量手中；将"通过市场经济过渡到社会主义是合乎社会主义规则和日本实际的发展方向"②的表述纳入党纲。这构成了日共探索 21 世纪发达资本主义国家社会主义道路的根本理论遵循和行动纲领。2020 年在二十八大上，时隔 16 年日共再次修改党纲，根据国内外形势变化对世界形势做出重新界定，删除"以社会主义为目标新探索"的规定，明确指出 21 世纪世界格局变化为推动世界和平与进步增添动力，指明了应对资本主义矛盾急剧爆发这种局面的原则方法，强调在发达资本主义国家进行民主变革是过渡到未来社会的大道。③这构成了指导今后日共开展反对资本主义斗争的思想指南。

在基本政策主张方面，（1）在党际交往中，在总结党际交往和国际交往经验的基础上，2000 年日共在二十二大上提出"独立自主、对等平等、互不干涉内部事务"④的党际交往三原则，要求以和平开放的外交政策处理日本与美国及亚洲邻国的关系，正视日本发动的侵略战争和殖民统治历史

---

① 「日本共産党綱領」，『しんぶん赤旗』2004 年 1 月 18 日。
② 「日本共産党綱領」，『しんぶん赤旗』2004 年 1 月 18 日。
③ 「日本共産党綱領」，『しんぶん赤旗』2020 年 1 月 17 日。
④ 「日本共産党第 22 回大会決議」，『しんぶん赤旗』2000 年 11 月 24 日。

等，深化与亚洲各国、各政党的交往工作，深化合作领域，为维护亚洲和平稳定贡献力量。2014 年日共在二十六大上提出"以欧洲为中心"① 的党际交往原则，转变党际交往的工作重点，强调积极同与自身情况相似的欧洲发达资本主义国家共产党等左翼政党开展交流与合作，学习它们在发达资本主义国家开展社会主义运动的实践经验。2022 年在建党 100 周年大会报告中，日共再次强调，"加强与欧洲发达资本主义国家左翼进步政党的交流"②，特别是与其在构建"没有军事同盟的世界""没有核武器的世界"等方面达成合作共识。

（2）在国际交往中，面对日本右翼势力强势崛起、军国主义复活等挑战，日共强调，在废除《日美安保条约》的基础上与世界各国建立真正平等、友好关系，建设一个热爱和平、为世界和平做贡献的日本。特别是在对美态度问题上，日共改变以往"一刀切"地将美国视为敌人、打着打倒美帝国主义旗号的做法，提出构建真正平等、友好的日美关系。这一定程度上表明 21 世纪以来日共在看待日美关系方面显得更加成熟。

（3）在天皇制问题上，日共明确指出，"严格实施关于天皇'没有处理国政的权能'等限制规定……天皇制是宪法规定保留下来的制度，未来将在条件成熟时根据国民的公断来决定其存废"③。这从根本上改变了自成立以来坚决要求废除天皇制的立场。针对天皇制的现在和未来，日共强调，"严格遵循宪法的规定性条款，纠正脱离宪法条款和精神的行为"④。

（4）针对自卫队问题，日共要求日本政府缩减自卫队的军费，"将来废除《日美安保条约》后，根据亚洲局势的新发展，在国民同意的基础上废除自卫队"⑤。这与旧党纲相比增加了"在国民同意的基础上"这个条件，因为当前大多数日本国民同意自卫队存在，这实际上意味着日共默认自卫队

① 「日本共産党第 26 回大会決議」，『しんぶん赤旗』2014 年 1 月 18 日。
② 志位和夫：「日本共産党 100 年の歴史と綱領を語る」，『しんぶん赤旗』2022 年 9 月 17 日。
③ 「日本共産党綱領」，『しんぶん赤旗』2004 年 1 月 18 日。
④ 「天皇の制度と日本共産党の立場志位委員長に聞く」，『しんぶん赤旗』2019 年 6 月 4 日。
⑤ 「日本共産党綱領」，『しんぶん赤旗』2004 年 1 月 18 日。

的存在。

总之，日共这些基本政策主张的改变，是其主动适应日本社会变化的具体表现，一定程度上是日共坚持原则坚定性和策略灵活性相统一的表现，对其团结广大国民具有重要现实意义。同时，这也成为日本右翼势力批判日共"右转"的重要依据。

2. 揭露右翼政权罪行，加强反对资产阶级的斗争

21 世纪以来，日共主要围绕着右翼政权推动修改和平宪法、美化侵略战争和否认殖民战争历史，反对《日美安保条约》，揭露右翼政权贪污腐败等议题开展反对右翼政权的斗争，充分表明自身是立足于广大国民根本利益的无产阶级政党。

（1）修改和平宪法长期以来是日本政界最主要的议题之一，日共始终站在反对修改和平宪法最前列。1992 年，宫泽内阁甫一组建，就大力推进"海外派兵合法化"，宣传和倡导"集体安全保障"理念。此后，修改和平宪法的潮流此起彼伏。从 2000 年开始，日本右翼政府在众参两院设立宪法调查会，为推动修改和平宪法营造社会氛围。自民党政权上台执政后，总是从推动修改和平宪法方面获取政治资源。日共作为无产阶级政党，始终坚持反对修改和平宪法、反对将日本建设成为战争国家。2005 年，安倍晋三作为自民党的"新理念、纲领委员会"的委员长，提出制定新宪法、修改教育基本法等举措，要将"自卫队"升格为"自卫军"，进一步激化了国内外矛盾。对此，日共明确提出"在反对修改和平宪法这一共同点上扩大共识，从而形成强大的国民多数派，以应对改宪势力、美国和财界等推行的损害国民根本利益的政策措施"①。此后，自民党多次提出修改和平宪法的议案并付诸实践，日共始终走在反对修改和平宪法斗争的最前列，并领导国民开展相关社会运动。

安倍晋三第二次担任日本首相以来，日本政府大力推进修改和平宪法，明显违背立宪主义原则，严重损害国民根本利益。比如说，2014 年强行推动行使集体自卫权、2015 年强制推行"安保法制＝战争法"、2018 年执行新

① 「第三回中央委員会総会志位委員長の幹部会報告」，『しんぶん赤旗』2005 年 4 月 9 日。

的防卫大纲和增加军费，一步步推动建设战争国家。对此，日共不仅在议会斗争中反对自民党政权这一行为，2016 年还发动"超过 1200 万人签名的'废除战争法'签名运动"①、2018 年再次发动反对修改和平宪法的 3000 万人签名运动。并且，日共通过联合在野党力量组成统一战线，最终"使自民党等修宪势力发起的修改宪法的提议未能超过宪法规定的达到 2/3 以上议员同意而成为废案"②，日共等反对修宪力量取得了阶段性胜利。2020 年在二十八大决议中，日共将安倍内阁批判为"战后最糟糕的政权"③，从修改和平宪法、美化侵略战争与殖民地统治历史等方面揭露安倍内阁的暴行。此后，无论是 2020 年 9 月形成的营内阁，还是 2021 年 10 月形成的岸田内阁，都属于资产阶级利益的"代言人"，一定程度上继承和发展了安倍内阁的国内外政策。特别是针对岸田内阁推动扩军、修改和平宪法，日共展开严厉批判并督促岸田内阁在和平宪法框架下开展和平外交工作。

（2）反对右翼政权美化侵略战争和殖民地统治历史，是日共一贯坚持的原则和立场。2001 年，日共严厉批判"日本新历史教科书编撰会"编撰的《新编日本史》，该书美化侵略历史，淡化、否定、美化侵略战争性质和事实，日共"坚决要求日本政府在根本反省和批判的基础上审定教科书，坚决反对将歪曲历史、美化侵略战争的教科书带到公共教育中去"④。同时，时任日共中央委员长不破哲三还通过发表文章系统批判新编历史教科书存在的问题，批判小泉内阁审核通过教科书、站在反省历史对立面的暴行。并且，日共坚决与右翼势力篡改历史教科书的逆流作长期斗争。2007 年，日本文部科学省审核通过自由社编撰的中学历史教科书。日共批判右翼政权美化侵略战争必将伤害亚洲人民感情，强调"让孩子了解侵略战争和殖民统治的历史真相，在反省历史基础上学习日本和平宪法，是把孩子培育成国家

① 「力あわせ、未来ひらく——日本共産党参議院議員選挙政策」，日本共産党ホームページ，https：//www.jcp.or.jp/web_policy/2016/06/2016-sanin-seisaku.html。
② 「共闘の4年間と野党連合政権への道」，『しんぶん赤旗』2019 年 8 月 9 日。
③ 「日本共産党第 28 回大会第一決議(政治任務)」，『しんぶん赤旗』2020 年 1 月 18 日。
④ 「歴史教科書問題について市田書記局長が談話」，日本共産党ホームページ，https：//www.jcp.or.jp/web_policy/2001/04/post-280.html。

主权者、与世界各国人民携手前进的前提和基础"①。2015 年，安倍政权审核通过将亚太战争视为"自存自卫""亚洲解放"的战争、大幅度删除"慰安妇"内容的教科书。对此，日共再次批判和抵制这种歪曲侵略战争历史、违反宪法和平民主原则的修改历史教科书的逆流，并团结广大国民要求日本政府在遵守"村山谈话""河野谈话"内容的基础上反省历史错误。

（3）反对参拜靖国神社，是日共的一贯主张。靖国神社是日本右翼政府煽动军国主义情绪的重要工具，是日本近代史上对外侵略的"精神支柱"。日本一些政客要员、右翼势力、保守势力等每年都会去祭拜，这其实就是日本右翼势力否定日本侵略战争性质的军国主义思想复活的具体表现。日共强调，"摆脱将侵略战争正当化的异常政治、从根本上改变这一现状，是建立民主联合政府之前必须完成的紧急任务"②。2005 年，针对小泉内阁要参拜靖国神社的消息，日共立刻发表强烈反对意见，"批判靖国派利用首相参拜靖国神社来为战争'洗白'，坚决反对将靖国史观上升为国家意识"③。2006 年，在众议院向国会提问中，日共议员要求安倍首相就"靖国史观"问题做出答辩。

2013 年，日共向国会提交针对歪曲、美化侵略历史这一现象的改革议案，"希望以日本首相、官僚为首的政治家站在对历史负责的立场上，不再发表肯定、美化侵略战争历史的言论，同时禁止采取相应行动；在日军'慰安妇'问题上，日本政府正式谢罪，并对相关受害者做出赔偿；在教科书方面，日本政府应向孩子正确传达日本侵略战争和殖民统治的历史，积极推进与亚洲、世界各国和平友好交流"④。日共指出，如果安倍内阁不顾国内外反对而执意参拜靖国神社，依靠自己所处的特殊位置向靖国派献媚，势必在全世界树敌。并且，日共决心为清除政治中歪曲、美化侵略战争的逆流

---

① 「侵略戦争美化の歴史教科書の検定合格を認めた政府の責任は重大」，日本共産党ホームページ，https：//www. jcp. or. jp/web_ policy/2009/04/post-45. html。
② 「日本共産党第 24 回大会決議」，『しんぶん赤旗』2006 年 1 月 15 日。
③ 「首相参拜と"靖国"派の要求」，『しんぶん赤旗』2005 年 6 月 11 日。
④ 「安倍政権の暴走に立ち向かい、『国民が主人公』の新しい政治を参院選で問われる大争点と日本共産党の改革提言」，『しんぶん赤旗』2013 年 6 月 7 日。

而斗争到底。2015 年，安倍晋三发表"战后 70 年讲话"，完全没有谈及"村山谈话"中阐明的"国策错误""殖民地统治和侵略"等历史观，只是对历届政权的错误行为表示反省和道歉。

2020 年 10 月，菅义伟首相参拜靖国神社，众议院议长大岛理森、厚生劳动大臣田村宪久、科学技术担当大臣井上信治等向靖国神社捐赠了祭品。日共批判菅内阁"在美化日本殖民统治的历史、侵略战争的历史观方面继承了'安倍政治'。这违背政教分离的原则，表明其肯定侵略战争的立场"①。同时，日共要求政府以"五种基本姿态"② 正确面对侵略战争历史，推动日本与亚洲邻国、世界其他各国友好发展。

2022 年 8 月 15 日，岸田文雄首相在全国终战纪念日的全国阵亡者追悼会上致辞，向美化侵略战争的靖国神社缴纳祭祀费。日共对此展开严厉批判，指出岸田内阁伤害了亚洲人民的感情，其必须对过去的侵略战争作出认真反省才能为亚洲和平作出贡献。

（4）反对《日美安保条约》，要求建立独立、和平、中立的日本，是日共一贯坚持的政策和主张。1951 年，日美两国签订《日美安保条约》，构建日美军事同盟，以对抗社会主义阵营。随着冷战形势的发展，日美安保体制不断被强化。自此，日共走在反对《日美安保条约》的最前列。在这一过程中，日共始终高举废除《日美安保条约》的旗帜，要求建立独立、和平、中立的日本，从未向美国及国内右翼势力妥协。日共指出，21 世纪以来，美国凭借《日美安保条约》进一步加强对日本政治经济等领域的控制，进一步突出日本作为美国在亚洲利益的维护者和代言人的作用，并以牺牲日本利益维护其在亚洲的地位，严重损害日本国民的根本利益和伤害日本人民感情。

---

① 「菅首相靖国神社に真榊歴史観も『安倍政治』を継承」，『しんぶん赤旗』2020 年 10 月 18 日。
② "五种基本姿态"：第一，继承"村山谈话""河野谈话"核心内容，并采取符合谈话精神的行动，坚决反对否定谈话内容的行动；第二，对日军造成的"慰安妇"问题，日本政府要向受害者谢罪和赔偿等；第三，首相、阁僚成员遵守不参拜靖国神社这一基本政治原则；第四，采取包括立法在内的整治行动，禁止进行煽动民族歧视的演讲；第五，在遵守"村山谈话""河野谈话"内容的基础上，政府对侵略战争进行反省，更正历史教科书中的错误。

在历届党的代表大会中，日共都把废除《日美安保条约》并建立独立、和平、中立的日本作为重要议题，持之以恒为之奋斗。在《赤旗报》上，日共经常发表揭露和批判《日美安保条约》及相关法案的实质及危害的文章。在国会中，日共议员也通过质询和投反对票加以抵制。日共还积极参与和领导反对《日美安保条约》的群众运动，迫使右翼政权考虑和采纳国民的意见和要求。另外，1994年，日共在修改党纲时明确提出取消外国军事基地的基本方针，指导全党为实现这一目标而奋斗。2000年7月，冲绳八国首脑会议召开。日共以此为契机揭露美国建设冲绳军事基地是要把日本建设成其亚洲军事据点的实质，以及冲绳军事基地给国民带来的各种灾难。2012年，日共中央委员长志位和夫给美国时任总统奥巴马写信，"控诉美国驻日军队的罪行，要求全面撤销美国驻日军事基地，用日美友好条约替代安保条约。同时，要求美国撤回鱼鹰战机，美军无条件撤出普天间军事基地"①。

2010年10月8日，日本首相菅直人开始考虑加入TPP谈判，最终日本于2013年7月23日加入TPP。对此，日共指出，"日本加入TPP后将实现农产品进口自由化，大量廉价农副产品进入日本，必将对日本农牧业造成严重打击，威胁日本粮食安全"②。日共坚决反对日本加入TPP，并将此作为其在议会内外高举的一面旗帜。

日共还多次发表演讲，展望冲绳未来没有军事基地的发展前景，以吸引国民共同为此奋斗。2018年12月，冲绳县知事玉城丹尼参与美国白宫网站请愿签名，呼吁美国总统特朗普叫停驻日美军基地搬迁工程。日共积极参与和支持这一运动，并坚决与冲绳县民一起将这一运动推向全国。在2019年参议院选举中，日共候选人赤岭政贤当选冲绳县众议院议员，进一步开展反对冲绳新军事基地建设、反对美国在冲绳拥有特权的运动。另外，"如果说

---

① 「志位委員長、オバマ大統領に書簡女性暴行事件・オスプレイ配備に抗議米軍基地の全面撤去を」，日本共産党ホームページ，https://www.jcp.or.jp/web_policy/2012/10/post-485.html。
② 志位和夫：「TPPにかかわる『基本方針』の閣議決定について」，『しんぶん赤旗』2010年11月9日。

日本对美国的从属地位在军事上体现在《日美安保条约》上，那么在经济上则反映在日本加入美国主导的 TPP 即跨太平洋伙伴关系协定上"①。

（5）日共是日本最廉洁的政党，始终走在揭露右翼政权贪污腐败行为的前列。日本政府、官僚、财界"三位一体"的政治体制根深蒂固，这种体制导致日本政坛贪污腐败案件频发。日共作为工人阶级政党，一直与政坛中贪污腐败行为做坚决斗争，在国民心中塑造起廉洁政党形象。

为了杜绝政府腐败事件的发生，日共在 1997 年向国会提出"行政改革的三个法案"②——《禁止企业、团体献金法案》《禁止上下级法案》《信息公开法案》，以及发布《行政监视院法》《审议会通则法》的法案大纲，推动将行政权力转移到国家主权者即国民手中，真正实现民主行政改革。2000 年，在众议院会议上，日共以对 1996 年日本建设大臣中尾荣的受贿、贪污事件提出质询为契机，要求自民党政权加强立法惩治贪污受贿行为，同时也建立预防贪污腐败发生的机制（帮助获利构成犯罪）。2001 年，日共对 KSD 贪污③和机密费问题提出质询，并要求各政党禁止接受企业、团体捐款。日共还要求政府公开信息，设立国民审议会和恳谈会，保证国民对行政的监督权，以杜绝贪污腐败事件发生。2007 年，日共又提出，"纠正公务调研费用中不当行为，终止观光旅游性质的海外考察"④。2015 年，日共强调"政治献金本质上具有贿赂性质，没有参政权的企业向自己支持的政党捐款也损害了国民的参政权"⑤，故进一步向众议院提出《全面禁止企业、团体献金法案》。

---

① 刘宁宁、曹珊珊：《21 世纪日本共产党社会主义理论与实践新变化》，《中国矿业大学学报》（社会科学版）2016 年第 5 期。
② 「国民の監視の目がゆきとどき、国民の声が生きる行政にするために」，日本共産党ホームページ，https：//www.jcp.or.jp/web_policy/1997/03/-199733-1.html。
③ "KSD 贪污"是指利用金钱力量歪曲政治的事件。
④ 「『住民が主人公』の立場で悪政にたちむかい、切実な要求を実現するために全力をつくします—いっせい地方選挙にあたっての基本政策—」，日本共産党ホームページ，https：//www.jcp.or.jp/web_policy/2007/01/post15.html#_03_3。
⑤ 「企業・団体献金全面禁止法案提出にあたって」，日本共産党ホームページ，https：//www.jcp.or.jp/web_policy/2015/04/post-694.html。

长期以来，日本国内的重大贪污腐败案件大多数与日共检举揭发、搜集证据并公之于众有关。日本其他政党的财政收入主要由党费和政党助成金、企业的政治献金三部分组成，其中，政党助成金是主要部分，其他方面资金相当有限。多年来，日共始终走在反对政党助成金制度、反对企业团体政治献金的前列。日共认为，政党助成金和政治献金是腐败案件频发的根源，因而每年拒绝申领 20 亿日元政党助成金。这些行为使日共在日本国民中塑造了廉洁政党形象，这种廉洁政党形象甚至享誉世界。

3. 以在野党统一战线为抓手、以议会斗争为工作重心，推动建立民主联合政府

21 世纪以来，随着日本社会矛盾有所缓和、总体保守化趋势加重，日共长期塑造的革新政党形象对国民的影响力大为降低，党员人数总体呈现持续衰退趋势、议席数量走低、财政收入和机关报《赤旗报》订阅量持续降低，这给日共的生存和发展带来致命打击。为了进一步增强党的凝聚力和吸引力，日共提出"在资本主义框架内进行民主改革"论，通过发挥统一战线优势凝聚在野党力量，以议会为舞台开展反对右翼政权、反对资本主义的斗争，为推动建立民主联合政府凝心聚力。

2000 年在二十二大、2004 年在二十三大上，日共先后明确强调"在野党统一战线"①、"在野党+国民"② 的统一战线策略，在加强与各民主政党、社会团体和广大国民联合的基础上，也注重加强与其他各阶层、无党派人士及自民党内的开明人士、中间分子的联系，为推动在 21 世纪初期实现建立民主联合政府的目标凝聚力量。这也表明了日共与在野党联合斗争的决心和积极态度。但是，值得注意的是，在 21 世纪前 10 年的时间里，日本的"反共壁垒"十分牢固，日共的统一战线政策主张并未能获得其他在野党认可，在野党统一战线工作举步维艰，并未取得显著成效。

从 2011 年开始，日共进一步主动打破意识形态藩篱，提出加强与国内

---

① 「日本共産党第 22 回大会決議」，『しんぶん赤旗』2000 年 11 月 24 日。
② 「日本共産党第 23 回大会決議」，『しんぶん赤旗』2004 年 1 月 18 日。

不同意识形态、不同领域、持不同政治立场的力量的团结，强调只要在反对独裁、阻止日本加入 TPP、追求实现日本零核电等方面有任何共同点就要加强合作的"一点共斗"① 统一战线政策主张与联合策略。2014 年日共提出以反对修改和平宪法为目标的"一点共斗"统一战线。2015 年日共提出以在野党团结起来共同推翻安倍政权为目标的建立"国民联合政府"的政权构想。日共中央委员长志位和夫指出，"当前实现国民联合的主要任务，包括要求撤销内阁关于允许行使集体自卫权的决定，废除战争法、恢复立宪民主主义和民主主义，但这只是一个临时政府，随后将通过众议院大选由全体国民决定日本的未来"② 。2015 年 9 月，自公联合政权强行通过包括行使集体自卫权、强化日美军事同盟在内的新安保法案，这意味着日本使用集体自卫权可以随时发动战争，标志着日本政治右倾化进一步加强。对此，日共通过积极联合其他在野党投反对票、提交不信任案，对其施加压力。在议会斗争之外，日共还建立反对新安保法案的统一战线，通过集会、演讲、恳谈等呼吁市民联合起来反对这一战争法案。

在 2016 年参议院选举中，日共与在野党联合起来在全国 32 个"一人区"中全部拥立候选人并赢得 11 个选区的胜利，初步显示出在野党统一战线的成效。2017 年在二十七大上，日共邀请了民进党、社会民主党、自由党等在野党的领导人参加代表大会，在会上明确提出"在野党联合政权"的构想。日共强调，"尽管推翻自民党政权面临着各种困难和挫折，在野党要在尊重彼此政治立场的基础上求同存异、团结合作，加强与市民、在野党的团结协作，进而实现建立民主联合政权的目标"③ 。这充分表明了日共与在野党联合、构建在野党统一战线的决心和信心。从 2018 年下半年开始，日共在选举实践中积极作为，进一步加强与市民、在野党在议会选举中的联

---

① 志位和夫：「第 4 回中央委員会総会志位委員長の幹部会報告」，『しんぶん赤旗』2011 年 12 月 3 日。
② 志位和夫：「『戦争法（安保法制）廃止の国民連合政府』の実現をよびかけます」，『しんぶん赤旗』2015 年 9 月 20 日。
③ 「日本共産党第 27 回大会決議」，『しんぶん赤旗』2017 年 1 月 18 日。

合，以此抵制自公联合政权及其支持者，进而使在野党掌握主动权。在2019年参议院选举前，日共还提出了"十三项共同政策"① 这一统一战线策略，在参议院选举的"一人区"中与在野党联合拥立的候选人有10个超过了自民党并赢得选举的胜利。同时，这一年安倍政权发起推动修改和平宪法的提案，因在野党的联合反对，该提案未能达到法定票数而成为废案。

2020年在二十八大上，日共再次强调，"尊重各在野党之间的差异性、加强联合，开创日本政治的新时代，为建立在野党联合政权团结奋斗"②。2021年为了赢得参议院选举，日共积极与在野党针对选举合作、政权合作进行协商，明确表示"实现政权更替后，日共与执政的政党既可以有阁内合作，也可以有阁外合作，合作的具体形式根据各政党关注的核心议题来决定"③。在此基础上，日共加强与立宪民主党会谈并就"有条件的阁外合作"达成共识，积极与立宪民主党、社会民主党联合拥立候选人参与竞选。日共与立宪民主党就"有条件的阁外合作"达成共识具有开拓性意义，被视为"实现社会主义政权的第一步"④。日共与立宪民主党、社会民主党、令和新选组以及民间团体达成了20项共同政策⑤，但在2022年众议院选举中因为最大在野党立宪民主党单方面退出在野党统一战线，日共推行的统一战线破产，各在野党在选举中力量都有所衰退。日本右翼势力借机大肆诋毁日共的统一战线策略，鼓吹统一战线破产论、与日共合作是在野党衰退的原因，极力阻止日共的发展。

2024年1月，在二十九大决议中，日共在审视国内工会运动、罢工斗争、反对建设战争国家等各领域国民运动新发展趋势的基础上，强调"有必要将各种社会运动凝聚成为推翻自民党政治的统一战线"⑥，要求通过革

① 「希望と安心の日本を参院選にあたっての日本共産党の公約」，『しんぶん赤旗』2019年6月22日。
② 『日本共産党第28回大会第一決議(政治任務)』，『しんぶん赤旗』2020年1月18日。
③ 『第3回中央委員会総会・総選挙勝利をめざす全国いっせい決起集会』，『しんぶん赤旗』2021年9月8日。
④ 加藤成一：「ついに共産党と『閣外協力』する立憲民主党：社会主義政権への第一歩」，アゴラ言論プラットフォーム，https://agora-web.jp/archives/2053321.html。
⑤ 「第4回中央委員会総会志位委員長の幹部会報告」，『しんぶん赤旗』2021年11月27日。
⑥ 「日本共産党第29回大会決議」，『しんぶん赤旗』2024年1月19日。

新恳谈运动广泛凝聚国民力量，推动实现改变自民党政治的"三个共同目标"①。并且，日共高度肯定了在野党统一战线所取得的成就，指明在野党统一战线是推翻自民党政治的现实力量。针对自民党及其补充势力对在野党统一战线的诋毁和攻击，日共呼吁在野党团结起来共同应对，积极做出正面回应，只有团结起来才能迎来改革日本政治的曙光。

总之，21世纪以来，日共反对资本主义的斗争纲领更加凝练、目标更加明确，这些为其利用资本主义现代民主政治开展反对资本主义的斗争提供了根本遵循。经过二十多年的实践，日共在资本主义框架内开展反对资本主义的斗争更加成熟，但从实践来看日共采取的一系列革新举措效果并不理想。具体来看，日共党员人数从21世纪初略有增加达到40.4万多之后处于"徘徊"之中，在2012年之后一直呈下降趋势，如今已经减少到25万人；党支部的数量也从最多时的2.4万个减少到如今1.7万个；党的众参议员数量长期在10到20席之间徘徊，近年来又呈现下降趋势，地方议席从4400多席（第一大党）减少到2331席（第三大党），政治影响力和群众影响力都呈现显著下降的趋势；机关报《赤旗报》的订阅量从230万份减少到如今85万份；财政收入从327.8亿日元减少到如今的191亿日元。②

日共积极推进资本主义框架内的民主改革充分表现出一个马克思主义政党的革命勇气，但由于国内外环境限制及自身原因，效果并不理想。但我们不能因此否定日共身处发达资本主义国家探索社会主义道路所取得的成就。整体而言，需要将其纳入日本社会主义运动史、国际共产主义运动发展史中加以考察分析，从世界社会主义运动的大背景出发去评判其在发达资本主义国家长期开展反对资本主义的斗争所取得的成就，特别是要正确评价苏东剧变后日共探索发达资本主义国家过渡到未来社会主义社会的理论与实践的成效及其对世界其他国家共产党的借鉴意义。

---

① "三个共同目标"：第一，日本经济向国民本位转变，以建设生活富裕的日本为目标；第二，激发宪法的活力，以建设自由、人权和民主的日本为目标；第三，废除《日美安保条约》，以建立非核、不结盟、中立的日本为目标。

② 日本共产党，https：//www.jcp.or.jp/。

第二章
日本共产党思想纲领的百年演变

一个政党的纲领是其立足于本阶级的利益而制定的奋斗目标及实现这一目标的行动路线。恩格斯强调，政党的纲领"是一面公开树立起来的旗帜"①。这面旗帜是把全党凝聚到一个共同政治目标上来的旗帜，是号召群众和组织群众的旗帜，也是外界认识该党、决定对该党持何种态度的重要依据。百年来，伴随着世情、国情、党情的变化，日共先后14次制定和修改党纲，日共百年社会主义探索的历史，可以说是一部制定和修改党纲的历史。日共通过修改党纲，不断突出和强化党的指导思想、奋斗目标、革命道路、统一战线、阶级基础等，为其探索社会主义提供思想指南，推动日共领导下的社会主义运动不断向前发展。立足于日共百年发展史考察日共思想纲领演变及其原因，对于正确认识和评价日共如何开展社会主义运动、如何把本国社会主义运动与国际共产主义运动相结合具有重要意义。

一 指导思想的转变

日共是在共产国际帮助下成立的共产党组织，坚持以列宁领导的俄国布尔什维克党为榜样，长期作为共产国际日本支部而在国内外开展斗争，这也决定了日共坚持以马克思列宁主义为指导思想。在党纲、党章中，日共长期坚持"以马克思列宁主义为其行动的指南"②，从日本实际出发制定革命理论，组织和领导社会主义运动。随着国内外形势的发展演变，在总结社会主

---

① 《马克思恩格斯文集》第3卷，人民出版社，2009，第415页。
② 《日本共产党第七次代表大会文件》，世界知识出版社，1959，第265页。

义探索实践经验教训基础上，20 世纪 70 年代，日共将党纲、党章、大会决议等党的文献中的"马克思列宁主义"的提法改为"科学社会主义"，以凝聚党内外思想共识、应对国内外各种风险挑战。

（一）指导思想发生转变的背景

20 世纪 60 年代以来，日本资本主义快速发展，如何在发达资本主义国家进行社会变革并实现社会主义目标成为日共面临的一个重要时代课题。同时，国际局势紧张、冷战加剧、国际共产主义运动和社会主义国家内部等暴露出一系列问题，给国际共产主义运动带来严重不利影响。在这种背景下，日本国内外反共、反社会主义不断加强，给日共发展带来严峻挑战。面对这一挑战，日共立足于日本具体国情对在发达资本主义国家建设什么样的社会主义等问题进行深入探索，并对一些重大理论问题作出重要调整，如提出"多党制议会模式"的日本道路、删除"无产阶级专政"和"马克思列宁主义"等表述、提出"社会主义成长期理论"、删除长期坚持的"资本主义总危机理论"。

其中，1970 年在十一大上，日共将党章中"党是以马列主义为行动纲领"的规定修改为"党以马列主义为理论基础"。日共认为，"理论基础"比"行动纲领"在内容上更广泛、在约束性方面更松弛，这一修改可以使日共自主地、创造性地发展日本社会主义理论。由暴力革命路线转向和平革命路线，正是日共独立自主创造性探索社会主义道路的结果。同时，1974年 8 月，日共对党员干部的"初级自修课程"进行修改，取消阅读马克思、列宁相关著作的要求；在中级课程中，《共产党宣言》《国家与革命》等经典著作也未被纳入进来；在全自修课程中，将马克思恩格斯的相关内容由14 项削减为 7 项，列宁相关内容由 39 项削减为 5 项，增添了宫本显治、不破哲三、野坂参三等日共领导人的社会主义思想。

（二）"科学社会主义"指导思想的确立

1976 年在第十三次临时代表大会上，日共正式提出，根据长期理论研究与实践情况，党纲、党章中不再使用"马克思列宁主义"这一政治名词，改为使用"科学社会主义"这一政治名词。这也意味着，此后日共坚持以"科学社会主义"为指导思想。

关于修改党纲、党章中指导思想表述方式的原因，日共给出明确答案。"（1）马克思、恩格斯和列宁创立和发展的科学社会主义学说，特点就在于继承和发展人类所创造的一切有价值的知识和随着历史发展而不断进步……由于后来国际共运和各门科学的不断发展而增添了丰富的经验和教训，而它的前途大概将是同几个世纪以后的人类未来有直接关系的问题。也就是说对这样一个从性质和内容上看在人类历史上具有伟大意义的学说和事业，无论个人的历史作用是多么伟大，都有一个用马克思、列宁个人的名字来加以称呼是否恰当的问题。特别是马克思列宁主义这一称呼是和斯大林所下的列宁主义定义分不开的，这一定义虽然充分反映了由列宁所发展的理论，可是在日本当前的情况和列宁时代不同的历史条件下，有必要去考虑和探讨科学社会主义如何创造发展的问题。（2）科学社会主义学说是由马克思、恩格斯奠定基础，列宁进一步发展的学说……从马克思、恩格斯活动的时代算起，已将近一个世纪，在列宁逝世后也过了半个世纪的今天，科学社会主义的学说和运动并没停留在这三个人所阐明的理论范围内，而是有了丰富的、创造性的发展……日共向来把在当今的日本和世界的形势下自主地、创造性地发展这一学说和运动作为基本方向，把根据社会发展的普遍规律提高解决日本革命各种问题的能力作为学习重点，断然拒绝那种把马克思和列宁的一字一句都作为金科玉律，把过去外国的经验作为一成不变原则的教条主义态度。（3）纲领中是把'科学社会主义'或'共产主义'同'马克思列宁主义'并用的，为了把学说和运动的称呼统一起来，所以在党纲和党的基本文献中，把称呼全部改成了'科学社会主义'。在党纲、党章等党的基本文献中，停止使用马克思列宁主义这一称呼，并不是要在任何场合都把马克思列宁主义这一称呼当作禁句，在需要的场合，丝毫也没有必要回避使用这类用语。（4）马克思、恩格斯本人给自己的学说以及根据这一学说进行的运动规定的名称，他们自己把自己思想体系的特点规定为'科学社会主义'。认为科学社会主义是包括我们学说全部内容的观点，是较为正确的。而认为科学社会主义只是马克思主义三个组成部分之一，从而认为用'科学社会主义'代替'马克思列宁主义'就是排除了哲学和经济学的观点，不能说是正确的。因为那只是解说性书刊的一种观点，在这种场合下，'科学社会主义'这一用语是作为表现狭义的阶级斗争和社会主义理论的词来使用的"①。日共强调，反对教条主义地对待马克思列宁主义，要结合日本具体国情，自主地、创造性地探索日本社会变革道路。

日共把"马克思列宁主义"修改为"科学社会主义"的表述，也表明了其要把这种思路贯彻到党的学说中的鲜明态度。在党章中，日共明确将党的指导思想表述为"党是以马克思和恩格斯总结了人类科学成果而建立起来的，列宁发展了的、并在此后的世界共产主义运动的发展中加以丰富的科学社会主义为理论基础"②。自此，日共强调自身是以科学社会主义为指导思想的党，这也是20世纪60年代以来日共坚持走独立自主路线、与苏联模式做斗争的结果。实际上，从70年代开始，日共就已经有意识地摆脱苏联共产党和苏联模式的影响，特别是将党的指导思想中有关列宁主义等内容全部删除。苏东剧变以后，日共能够在短期内实现逆势跃进，与其长期以来与苏联模式作斗争、注重摆脱苏联共产党的大党主义行为密不可分。

（三）苏东剧变后系统阐释"科学社会主义"指导思想

随着苏东剧变的发生，西方国家利用苏东剧变在世界范围内掀起一股反共、反社会主义潮流，世界社会主义运动持续陷入低潮。日本国内也掀起了一股否定日共科学社会主义立场、否定日共存在价值的反共潮流。日共结合国际共产主义运动的实践和自身长期探索社会主义道路的经验教训，从学说、运动、体制等方面对科学社会主义作出系统性

① 《共运资料选译1981—1982》，知识出版社，1982，第15~16页。
② 吴彬康等主编《八十年代世界共产党代表大会重要文件选编》（上卷），中国广播电视出版社，1989，第214页。

阐释。

（1）针对科学社会主义学说，日共认为这一学说是哲学、经济学和社会发展的理论等一些有价值东西的集大成者，是不断吸收人类知识成果而发展起来的科学世界观。它是随着世界形势变化和人类知识的更新而不断发展的理论，这一理论并未落后于时代，恰恰在分析当今世界和日本社会发展方面发挥着"科学生命力"的作用。它的唯物史观和剩余价值学说仍然是理解当今世界的科学指南。苏联解体并非科学社会主义过时的表现，而是长期脱离科学社会主义的必然结果。日共强调，一方面要坚决维护科学社会主义的立场原则；另一方面，反对教条主义地对待科学社会主义的态度，要自主地、创造性地探索适合本国国情的社会主义道路。

（2）关于科学社会主义运动，日共强调要在科学社会主义指导下阐明日本社会现实矛盾，探索符合日本社会发展规律的道路，经过必要的阶段推动日本社会变革，并使这一运动发展成为符合各国国情的自主运动。针对日本社会运动，日共要求立足于日本社会现状把实现资本主义框架内的真正独立和民主当作首要任务，并基于多数国民利益指明解决日本社会矛盾的方法。日共的革命实践也证明了这一观点的正确性和科学性。

日共将苏联社会主义实践分为列宁领导下的社会主义探索阶段与斯大林及其之后历代领导人领导下苏联社会体制"全面变质"和"自我毁灭"的阶段。日共结合日本具体国情提出社会主义建设的"四项基本原则"：不仅要实行生产资料社会化，还要保障个人的积极性，使经济运营灵活有效；发扬比资本主义民主制更加民主的社会主义民主；尊重其他民族的民族自主权；积极追求世界和平，把废除核武器作为紧急课题。在此基础上，日共展望了苏东剧变后国际共产主义运动的发展趋势，强调资本主义矛盾加剧和许多国家出现自主探索社会主义新潮流的有利机遇，要求立足于日本这个发达资本主义国家独立自主探索社会主义发展道路。并且，日共还提出了加强与世界其他国家独立自主探索本国道路的无产阶级政党团结合作的原则：从根本上清算国际共产主义运动中的霸权主义及追随主义路线；同"社会主义破产论""共产主义崩溃论"作坚决斗争；以科学社会主义学说为指南，推动整个社会沿着合乎社会发展规律的道路不断前进。[①] 这也表明了苏东剧变后日共对国际共产主义运动发展动态的认识及相关态度，为日共参与国际共产主义运动提供了行动纲领。

1994 年日共修改党纲，2000 年日共再次修改党纲，删除了党的指导思想中以马克思、恩格斯、列宁名字命名的指导思想的相关表述，直接将党的指导思想表达为"坚持以科学社会主义为理论基础"[②]。日共强调，科学社会主义只是党的指导思想，并不会将这一思想作为国家特定的世界观。21世纪以来，日共依然在党的大会和党纲修订中强调党要坚持以科学社会主义为理论基础，独立自主探索符合日本具体国情的社会发展道路。

二　奋斗目标的转变

日共确立最终奋斗目标经历了一个长期探索过程，这一目标是在开展反对天皇制、反对美帝国主义和与日本垄断资本的斗争中不断完善和发展起来的。自成立以来，日共坚持列宁所提出的共产主义"两个阶段论"；在 2004年修改党纲时，日共对党的最终奋斗目标理论作出根本改变，强调马克思、恩格斯的文献中"社会主义"和"共产主义"是同义词，并在党纲中用"社会主义·共产主义"这一政治术语来表达最终奋斗目标。日共结合当代资本主义的新变化新特点阐释了实现共产主义社会目标的原则和方法，为全党实现共产主义社会目标提供了行动纲领。

（一）确立"社会主义、共产主义"奋斗目标

二战前，日共的党纲主要是在共产国际直接领导和帮助下制定和完善的。日共对党的最终奋斗目标并未进行专门探讨，仅仅着眼于推翻天皇专制统治，结合日本国情从政治、经济、外交等领域提出党的奋斗目标及行动纲

① 转引自肖枫主编《社会主义向何处去——冷战后世界社会主义运动大扫描》（下），当代世界出版社，1999，第 740~744 页。
② 「日本共産党規約」，『しんぶん赤旗』2000 年 11 月 25 日。

领，相继提出无产阶级专政（1922 年）、无产阶级和农民联盟（1927 年）、社会主义社会（1932 年）的最终奋斗目标。

二战后，日共在探索日本民主改革道路过程中，不断加强对党最终奋斗目标的探索和阐释。1961 年，日共独立自主制定党纲，对党的奋斗目标作出明确阐发。"党根据当前日本统治制度的特殊性，在下述方针下进行了斗争，即完成资产阶级民主主义革命，使这个革命发展和转化为社会主义革命，并且朝着建设社会主义日本的方向前进。后来情况的发展，证明了这个方针基本上是正确的"①。这也表明，日共坚持通过资产阶级民主主义革命过渡到社会主义的路线方针。这一路线方针也成为二战后日共长期坚持的行动纲领。在《1961 年纲领》中，日共首次明确提出，"社会主义社会是共产主义社会的第一阶段"的重要论断。此后，日共长期坚持列宁所提出的共产主义社会"两个阶段论"。

（二）确立"社会主义·共产主义"奋斗目标及原因

从 20 世纪 80 年代开始，受党内外各种因素影响，日共的纲领路线出现僵化趋势。苏东剧变导致国内外形势发生巨大改变，日共纲领路线僵化的矛盾更加尖锐。面对国内外挑战，日共对苏联共产党和苏联模式展开严厉批判，对社会主义发展阶段理论的认识也发生根本性变化。1994 年在二十大上，日共部分修改党纲，如将重视市场经济纳入党纲，收到良好效果。1997年在二十一大上，日共对其理论路线作出调整，提出了一些更加灵活的政策主张，如提出"民主改革"三大目标。这些理论革新有助于日共摆脱苏东剧变不利影响，但这些理论革新只是对具体政策的调整，并未对长期以来坚持的党纲作出重要修改。21 世纪以来，资本主义出现了一系列新变化新特点，资本主义矛盾也更加凸显。在这种背景下，日共迫切需要对僵化、滞后的纲领作出修改，以指导全党开展反体制斗争、领导社会主义运动。

2000 年，日共修改党章时对党的最终奋斗目标进行阐释。2004 年日共

---

① 《日本共产党第八次代表大会文件》，世界知识出版社，1962，第 223 页。

修改党纲，对长期坚持的《1961 年纲领》作出根本性修改。关于党的最终奋斗目标，日共提出"要超越资本主义，实现以社会主义·共产主义为目标的共同社会"①。这里的"共同社会"就是日共党章所说的"没有人剥削人、没有压迫、没有战争，人与人之间的关系实现真正自由平等的共同社会"②，在党纲中也称为"社会主义·共产主义"社会。日共认为"共同社会"是基于科学社会主义立场的提法，这是更符合日本民主主义革命阶段的话语表达。在党纲中，日共将"社会主义、共产主义"修改为"社会主义·共产主义"，虽然只是标点符号的改变，实际上意味着日共彻底否定了旧党纲中长期坚持的列宁的共产主义社会的"两个阶段论"，并且，明确了"社会主义变革不会在短期内完成，是需要在广大国民同意的基础上分步走的阶段性前进的长期过程"③。这与旧党纲中提出的在日本民主主义革命完成后自然过渡到社会主义社会具有根本性区别。

2020 年修改党纲时，日共在审视当代资本主义新变化新特点基础上，立足于日本国内社会矛盾加剧的现实，提出"在发达资本主义国家进行社会变革，是过渡到社会主义·共产主义社会的康庄大道"④。同时，日共指出，当前在发达资本主义国家进行社会主义变革机遇和挑战并存，要同与本国国情相似的欧美资本主义国家左翼进步政党加强交流、增进合作，推动共产主义社会顺利实现。4 年之后，在二十九大决议中，日共结合当代资本主义的新变化新特点、日本具体国情，对《2020 年纲领》中的"社会主义·共产主义"进行新的阐释。日共指出，"人的自由"是共产主义社会的目的，也是共产主义社会的最显著特点。在资本主义制度下，生产的目的和动机被"利润第一主义"所裹挟，由此资本主义框架下各种不能解决的矛盾相继爆发。如果将资本家手中掌握的生产资料转移到全社会手中、实现生产资料社会化，生产的目的和动机就不再是追求利润最大化，而是推动社会和

---

① 「日本共産党綱領」，『しんぶん赤旗』2004 年 1 月 18 日。
② 「日本共産党規約」，『しんぶん赤旗』2000 年 11 月 25 日。
③ 「日本共産党綱領」，『しんぶん赤旗』2004 年 1 月 18 日。
④ 「日本共産党綱領」，『しんぶん赤旗』2020 年 1 月 18 日。

人的发展。资本主义社会"大量生产、大量消费、大量浪费"的现象将会消失，以人与自然和谐发展为目标的理性社会的优势将会充分彰显。共产主义社会的"自由"，不仅仅是摆脱"利润第一主义"的自由，还将通过缩短劳动时间实现人的自由而全面发展。在发达资本主义国家进行民主变革过渡到共产主义社会，具有现实可行性。人们可以继承发达资本主义国家的五个积极因素，即"高度发达的生产力，管理和规制经济与社会的机制，保护国民生活和权利的规则，自由和民主的各种制度和国民斗争的历史经验，人们丰富的个性"①。目前，日本已经是发达资本主义国家，完全可以通过民主变革过渡到共产主义社会。这是日共就日本政治经济矛盾异常尖锐的现实作出的最新阐释，为日共开展反对资本主义斗争提供了行动纲领，对于凝聚全党思想共识、团结国民开展反对右翼势力的斗争具有重要现实意义。

三 革命道路的转变

无产阶级的革命道路就是无产阶级推翻资产阶级统治、建立无产阶级政权的基本方式。马克思主义认为，资产阶级唯利是图的本性与资本主义国家保护资本主义私有制、保证资产阶级对无产阶级和其他劳动人民进行剥削和统治的本质，决定了无产阶级要取得政权就必须坚持以暴力革命为主要方式。这在俄国十月革命中已经被实践所证明。但是，马克思主义并不认为暴力革命是无产阶级革命的唯一道路，根据各国制度、传统、民族特点，也可以采用和平过渡的方式。例如，马克思恩格斯综合各国经济、政治、文化、历史等因素进行考虑，提出无产阶级在美国、英国、荷兰有可能通过和平方式取得政权。总之，世界各国无产阶级革命必须坚持马克思主义普遍真理并从本国具体国情出发，最终由本国无产阶级政党带领人民探索、选择适合本国的社会主义道路，在革命实践中进行检验。

日共成立之初受共产国际等的直接领导和帮助，受十月革命的影响，直

---

① 「日本共産党第29回大会決議」，『しんぶん赤旗』2024年1月19日。

接提出通过暴力革命方式打倒天皇政府、推翻资产阶级统治。由于日共领导人战前长期处于监狱之中，二战后初期日共在革命道路选择过程中脱离日本具体国情，再加上苏联共产党的干预，日共内部出现了被占领下的和平革命与被占领下的暴力革命两个极端的路线错误，这一定程度上是日共革命理论不成熟的表现，给自身发展带来严重损失。这也为日共在合法地位下追求独立自主探索社会主义道路积累了实践经验。自 1958 年提出独立自主探索社会主义的要求以来，日共开始有意识摆脱外部势力的干预，独立自主探索社会主义道路，逐步确立议会选举的和平革命道路，积累一定的实践经验。处于资本主义国家的日共，在百年社会主义探索过程中坚持在马克思主义指导下开展反对资产阶级统治、建立无产阶级政权的斗争，对其他发达资本主义国家共产党探索社会主义革命道路具有一定的借鉴意义。

（一）二战前坚持走暴力革命路线

在整个二战结束以前，日共是日本所有政党中唯一始终坚持反对专制主义天皇制、反对日本发动侵略战争的政党，坚持维护工农群众和其他劳动人民的生活权利、民主和自由的政党。成立之初，日共便提出废除天皇制、废除贵族院、实行八小时工作制、没收地主土地、让公民享有普选权等要求。这意味着日共革命的对象是统治阶级，注定日共不会被执政党接纳。因此，日共一经成立便遭到日本统治阶级的镇压，被宣布为非法政党，被迫长期在非法地位下开展革命斗争。

在反对天皇专制统治过程中，日共先后制定了《1922 年纲领草案》《1927 年纲领》《1931 年纲领草案》《1932 年纲领》，从理论层面明确提出通过资产阶级民主主义革命走向社会主义，要求用暴力革命推翻天皇专制统治、建立无产阶级专政，进而实现社会主义、共产主义的目标。同时，这一时期，日共的思想旗帜和行动纲领也受共产国际影响，特别是在革命道路选择上不可避免地受列宁暴力革命思想以及斯大林暴力革命思想的直接影响。但是，由于战前日共屡次遭到镇压，1935～1945 年全国性统一活动被迫中断，日共失去了这一时期的发展机遇。这一时期，日共的斗争实践为其战后革命道路选择积累了实践经验。不过，由于日本未能形成革命形势，在考察日共革命道路演变时，国内外学者往往直接忽略战前时期。这也表明，受国内外环境的影响，二战前力量还比较弱小的日共在斗争经验不足的情况下被动接受暴力革命路线，并非真正将马克思主义与日本具体国情相结合。

自 1922 年成立到 1945 年底，日共多次遭到天皇政府全国规模的镇压，从未获得过合法地位，特别是 1935 年天皇政府大搜捕以后党的全国性统一活动被迫中止，始终未能推动日本形成革命浪潮。二战前，日共在共产国际直接领导和帮助下开展反对天皇政府的斗争，尽管日共当时坚持把马克思列宁主义学说应用到日本革命实践中，但是，由于在理论方面、政治方面都还未达到成熟程度，党内出现了"山川主义"和"福本主义"等错误思想，给党的革命事业带来严重损失。日共党员中坚强的马克思主义者无论是在国内还是国外，甚至是在监狱中，针对党内错误思想都开展了坚决斗争，持之以恒探索日本革命道路。这一时期，在天皇制和封建地主制综合作用下，日共根本没有研究和探索革命道路的社会环境，只是在共产国际指导下教条主义地把马克思主义革命理论的一般原理应用于日本。这也意味着这一时期日共执行的是共产国际的革命路线，即坚持列宁和斯大林关于暴力革命的思想。

（二）二战后初期的革命路线选择

二战后初期，受国内外环境、党内外环境的影响，日共对革命路线的探索面临在暴力革命与和平革命路线之间抉择的问题。由于二战前日共的全国性统一活动长期中断，党的领导人有的长期在监狱中，有的长期流亡国外，这就导致二战后重建的日共领导集体缺乏对日本具体国情的了解、对日本革命形势估计不足。而这也使二战后初期日共社会主义探索遭遇挫折。

1. "被占领下的和平革命"论（1946~1949 年）

二战结束后，美国对日本实行单独占领并对日本实行民主化改革。首先，美国占领军在日本推行政治改革，实现日本非军事化和民主化；其次，美国要求日本解除对政治自由、宗教自由等的限制（日共及其他左翼组织的领导人被释放，日共的地位被承认）；再次，实施民主化改革的"五大制度改革"指令①；最后，"整肃"军国主义分子（剥夺公民权）和制定宪法。在此背景下，二战前因为右翼政府对日共实施打压而长期在监狱生活的日共领导人一时难以分清革命面临的敌人是一个还是两个。

鉴于战后美国对日本实施民主化改革的措施，日共误以为美国占领军不是自己的敌人，且美国占领军能够帮助自己实现多年来追求的奋斗目标。基于此，日共将美国占领军视为"解放军"，认为其是民主主义革命的重要力量，是可以团结的、极具权威的朋友。② 这也构成了日共提出"被占领下的和平革命"理论的重要前提。1945 年 12 月，日共召开第四次代表大会，会上通过的党纲指出，在盟军占领条件下推翻天皇专制统治、建立人民共和政府，推进民主主义革命。1946 年 2 月，日共召开第五次代表大会，长期滞留在国外的领导人野坂参三在会上指出，"日本共产党当前的基本目标是，以和平民主的方法，实现现在进行的我国资产阶级民主革命"③。"现在在我国，不论是新民主主义革命的完成，还是随后社会主义革命的实现，都可能在占领下和平地通过议会进行……占领军的任务，就是实行波茨坦宣言，所以对革命的实现决不构成妨害。基于这一新的条件，只有'占领下的和平革命'，才是'马克思列宁主义的日本化'"④。日共在 1948 年修改党纲时，将"被占领下的和平革命"理论写入党纲，强调"党将不使用暴力而通过和平的民主的方法"开展资产阶级民主革命。

因此，这一时期，日共直接将斗争矛头指向本国统治集团，回避了同美帝国主义及其占领政策的斗争，在行动纲领中忽略了争取民族独立和反对美国军事占领的斗争任务。日共这一政策主张虽然没有认清美帝国主义对日本

---

① "五大制度改革"：赋予妇女参政权；保障工人的团结权；教育制度自由主义化；废除专制政治（撤销秘密审讯和压制民权的各种制度）；促进经济民主化。
② 转引自曹天禄《不破哲三思想研究——日本共产党对马克思主义日本化的探索与启示》，商务印书馆，2014，第 75 页。
③ 转引自李会滨等编《社会主义与 21 世纪》，中央编译出版社，2000，第 65 页。
④ 转引自王振锁《日本战后五十年（1945~1995）》，世界知识出版社，1996，第 37 页。

占领的本质，但其作为革新政党实行的和平过渡路线符合战后国民关于稳定社会环境的诉求，也迎来了党员人数迅速增长的一个时期。据统计，1945年底日共重建时党员人数仅有 1000 余人，到 1947 年迅速增加到 10 万人。

2. "被占领下的暴力革命"论（1950~1957 年）

随着国际形势不断发展变化、中国革命取得完全胜利等，美国为了维护自身在亚洲的利益，从根本上改变了对日本政策，由最初的削弱政策转向扶持政策。1951 年，美国将苏联和中国排除在外，强行与日本单独媾和并签订《日美安保条约》。从此，日本从属于美国的政治体制不断强化。1950 年 1 月，斯大林领导的共产党和工人党情报局完全忽略共产国际解散后世界各国共产党的关系准则，从外部对日共"被占领下的和平革命"理论展开粗暴指责与批评，在其发表的《关于日本形势》的评论中提出，"为了实现日本永久和平，武装斗争是极其必要的"[1]。这直接导致日共内部产生严重矛盾。随后，美国为了发动侵略朝鲜的战争、巩固后方基地，美国占领军开始"整肃"日共、镇压日本社会主义运动。时任吉田政府也寻找各种借口迫害日共。

在严峻的国内外形势下，日共党内陷入思想混乱，组织上出现分裂。以德田球一、野坂参三为首的一派于 1951 年去莫斯科，在斯大林主持下制定了《1951 年纲领》与《关于日本武装斗争的方针》，批判了"被占领下的和平革命"路线，提出"被占领下的暴力革命"[2] 路线。从此，日共的革命路线走向另一个极端，犯下了"左"倾冒险主义错误。在资本主义势力强大的日本开展武装斗争的结果是可以预料的，日共的一些基层组织遭到严重破坏，许多党员流血牺牲，党的革命事业遭受严重损失。据统计，在 1952 年的国会选举中，日共失去全部议席，得票数也从 1949 年的 298 万张锐减到 65 万张。截至 1958 年，日共党员人数已经减少到 3.6 万人。

---

① 转引自张博《日本共产党在 20 世纪 50 年代路线错误的教训》，《华北水利水电大学学报》（社会科学版）2015 年第 2 期。

② 《日本共产党的当前要求——新纲领》，《人民日报》1951 年 11 月 29 日。

（三）1958年后转变为和平革命路线

20世纪50年代中期以来，在总结党的经验教训基础上，日共提出独立自主探索社会主义道路的方针，要求全面摆脱苏联共产党的外部干预，立足于战后日本资本主义具体国情和日本民主政治发展现状走和平革命路线，强调通过议会选举赢得多数选民支持建立民主联合政府，进而实现社会主义、共产主义的目标。走议会道路符合战后日本广大国民对和平稳定的社会环境的现实要求，也表明日共反对资本主义的斗争策略和思想理论体系更加成熟，标志着日共对社会主义道路的探索进入一个崭新阶段。日共这一理论革新，推动了战后其综合实力稳步提升。

1. "争取和平革命"论（1958~1969年）

自1955年党内恢复统一之后，日共吸取战前和战后革命斗争的惨痛教训，积极纠正党内错误，极力摆脱依靠大党、大国思想的困扰和反对外国政党的干涉，强调要依靠自身力量和智慧独立自主制定党纲。这一时期，关于党纲的争论，主要有两种对立的观点：一种是"两个阶段论"[1]，另一种是"一个阶段论"[2]。日共用了5年时间讨论党纲，独立地、创造性地分析战后日本国内政治关系变化、美国占领日本、日本对美国从属地位关系等多个复杂问题。在七大上，日共确立了反对"两个敌人"的人民民主革命任务，既否定了"唯暴力革命论"，又拒绝了"唯和平革命论"，强调依靠斗争和通过广泛争取国内各种力量实现和平过渡。

1961年在八大上制定的党纲中，日共明确提出，"日本当前的革命，是反对美帝国主义和日本垄断资本的统治——两个敌人的新的民主主义革命、人民的民主革命……在这场斗争中，党和工人阶级领导的民族民主统一战线

---

① "两个阶段论"重视《旧金山和约》签订后日本从属于美国的问题，主张先进行以从美帝国主义和日本垄断资本的统治下解放出来为内容的反帝、反垄断的民主主义革命，然后向社会主义革命过渡。

② "一个阶段论"认为《旧金山和约》签订后的日本已基本上独立，主张进行打倒日本垄断资本并同时肃清对美从属残余的反垄断的社会主义革命，这接近社会党左派的观点。

力量积极地取得国会议席，并且结合国会外的群众斗争来进行斗争，这样做是非常重要的。如果能够在国会中拥有稳定的过半数，就能够把国会从反动统治的工具变成为人民服务的工具，使革命的条件更加有利"①。这也意味着日共走上了人民议会主义道路或者多数人的革命道路。这是战后日共第三次革命道路选择。从此，日共以议会选举为斗争舞台开展反对资本主义的斗争，不断丰富和发展发达资本主义国家和平的议会革命理论。

国际共产主义运动史上尚没有实现和平过渡的成功案例。值得肯定的是，当时日本还不具备暴力革命形势。主要有以下原因：（1）战后日本国民普遍向往和平，反战心理强烈；（2）战后日本农业迅速实现自耕农化，整体上农民思想趋于保守，对武装斗争方式难以接受；（3）战后日本社会稳定、经济迅速发展，国民生活水平普遍提高，"中流意识"占据社会主导地位，暴力革命难以组织；（4）美国占领军与日本右翼统治阶级力量强大。在综合分析日本具体国情的基础上，日共提出和平革命路线，要求通过议会选举赢得多数席位而建立民主联合政府，然后过渡到社会主义、共产主义。这对日共巩固和提升自身实力具有重要意义，也标志着战后日共在理论层面、政治层面逐步走向成熟，是日共将马克思主义和平革命理论应用到日本具体实践中的表现，一定程度上有助于丰富和发展马克思主义和平革命理论。这一时期，日共的综合实力显著提升。截至60年代末，日共在众议院的议席从1960年的3席增至1969年的14席，参议院议席由1962年的4席增至1968年的7席；党员人数由1958年的3.6万名激增到1966年的27.5万名。

2. "人民议会主义"论（1970~1989年）

随着冷战加剧，国际共产主义运动发展、社会主义国家内部的问题不断暴露，在60年代末日共中断了与苏联共产党、中国共产党的正常交往，开始寻求与欧美发达资本主义国家共产党加强交流与合作。日本国内也再次掀起反共、反社会主义高潮，给日共发展带来严峻挑战。面对这一挑战，日共需要对日本通过何种道路过渡到社会主义作出进一步回答。日共认为，多数

---

① 《日本共产党第八次代表大会文件》，世界知识出版社，1962，第231~237页。

人的革命道路或和平过渡这一新的革命道路，是一种不同于"一党制的苏联模式"的崭新发展模式，是一种民主的社会主义制度。日共将此与欧洲发达资本主义国家共产党探索的模式并称为"欧洲·日本共产主义"。

1970 年在十一大上，日共初步确立起"多党议会制"革命路线，首次明确提出"人民议会主义"的概念，要求通过赢得议会多数席位建立民主联合政府，进而过渡到社会主义、共产主义。1973 年，日共领导人不破哲三在《人民议会主义》一书中对"人民议会主义"路线作出进一步解释。他指出，"人民议会主义"包括两个问题，"一是，从原则上评价议会在日本革命中的作用问题；二是，真正站在人民立场开展活动。总之，这是关于议会活动、选举战的理论与实践问题"[①]。1976 年在第十三次临时代表大会上，日共通过了"日本式社会主义"的政治宣言——《自由和民主主义宣言》，提出"三个自由"的政治主张，从政治、经济、对外关系三个方面论述了民主的社会主义制度的理论内涵。总之，"人民议会主义"道路是日共在新的历史形势下对日本革命道路的全新选择，表明日共的革命斗争策略日趋成熟，对国情的认识和对资本主义国家民主制度的认识也更加科学，能够灵活运用资本主义议会舞台开展反体制斗争，在牵制和制衡右翼政权方面发挥了重要作用。

在整个 70 年代，日共坚持议会斗争、发动群众运动和加强自身建设，符合这一时期日本社会发展潮流，推动日共实现党的综合实力显著提升并达到建党以来的高峰。在国内外反共、反社会主义压力下，尽管 80 年代日共综合实力有所波动，但总体呈现稳步提升态势。据统计，在 1971 年时党员人数有 28.3 万，到 1978 年党员人数达到 36.6 万，到 1988 年党员人数达到 48.4 万[②]。在整个 70 年代的大选中，日共得票率一直维持在 10%左右。1972 年在众议院大选中，日共获得 39 个议席，1979 年众议院大选中获得

---

① 转引自曹天禄《论日本共产党的"人民议会主义"革命道路》，《郑州大学学报》（哲学社会科学版）2004 年第 2 期。

② 朱旭旭：《日本共产党党员人数百年历史流变及原因探析》，《浙江理工大学学报》（社会科学版）2022 年第 4 期。

41 个议席，创下历史新高。在整个 80 年代，日共所获得的选票维持在 500 万~600 万张。1982 年，日共有议员 41 人，地方议员 3600 多人，是除了无党派议员之外地方议员最多的政党。这表明这一时期的议会道路和平革命路线符合日本社会国情，为日共开展反体制斗争指明了正确道路，进一步巩固和增强了日共综合实力。

3. "在资本主义框架内进行民主改革"论（1990年至今）

20 世纪 80 年代末 90 年代初，美苏两极对峙格局以苏联解体而告终，世界社会主义运动陷入长期低潮。日本国内也因"五五年体制"瓦解而出现多党联合组阁的政治现象，"泡沫经济"破灭使日本经济陷入长期停滞状态。面对国内外严峻的形势，日共内部出现脱党、叛党的恶性事件，日共综合实力惨遭重创。对此，日共积极与国内外反共、反社会主义舆论展开斗争，提出"在资本主义框架内进行民主改革"的革命路线——在遵循资本主义宪法基础上，对资本主义消极方面进行民主改革，进而过渡到人类共同社会。

1997 年二十一大、2000 年二十二大上，日共连续对"在资本主义框架内进行民主改革"的革命路线加以确认。日共强调的"在资本主义框架内进行民主改革"论继承了人民议会主义倡导的多党议会制度，强调要在资本主义宪法范围内开展民主改革，将团结革新势力和民主势力的传统统一战线策略拓宽为将保守派和无党派在内的人士都包括进来，构建团结所有对当前政权不满、要求改革当前政府力量的新时期统一战线，共同推动实现构建民主联合政府的目标；不仅要继承资本主义的民主成果，还要继承资本主义其他有价值的成果。在此基础上，日共明确提出在资本主义框架内进行民主改革的"三大目标"，进而实现社会主义、共产主义目标。同时，对于反对修改和平宪法、废除天皇制、解除自卫队等这些日共以往坚决持肯定态度的议题，如今则采取灵活的态度，表示将根据国民意愿等将来条件成熟时再解决这些问题。

21 世纪以来，结合世界形势、日本社会现状的新变化，日共强调在资本主义框架内进行民主改革的同时，根据当前国内外资本主义的制度性矛盾集中爆发的现状，进一步展望日本过渡到共产主义的蓝图。2004年在二十三大上，日共明确提出，"超越资本主义、过渡到未来社会的变革方法，是要坚持生产资料社会化，继承资本主义一切有价值的成果，充分保障国民的思想信仰自由，构建一个没有人剥削人、没有压迫、没有战争，人与人之间的关系实现真正自由平等的共同社会"①。这也标志着日共对日本式社会主义道路的探索进入一个崭新阶段。2020年在二十八大上，时隔十六年，日共再次修改党纲，在审视国内外形势的基础上，强调了未来日本的革命道路是通过社会变革过渡到共产主义社会，进一步明确了在资本主义框架内过渡到共产主义社会所面临的机遇和挑战，强调，"在资本主义国家进行社会变革，是过渡到社会主义·共产主义社会的康庄大道"②。这也为此后日共开展反对资本主义的斗争提供了行动纲领。

从实践效果来看，20世纪90年代末日共革命道路的理论革新有效凝聚了党内思想共识，一定程度上塑造出革新政党形象并赢得国民的支持，日共能够有效应对苏东剧变的冲击并实现逆势跃进。到21世纪初，日共党员人数从1994年的35.7万人增加到40万余人，也跃升为地方议会第一大党。长期来看，在日本政治右倾化、国民保守化加重的背景下，日共在牵制和制衡右翼政府方面确实发挥着重要作用，日共在资本主义框架内进行民主改革的尝试，充分彰显出马克思主义政党的革新勇气和革命精神。长远来看，在发达资本主义国家进行民主改革进而实现共产主义可谓任重道远。未来，日共如何根据国内外环境的变化进一步拓宽符合发达资本主义国家具体国情的革命道路，推动日本社会主义运动走出低潮、走向复兴，依然是一个值得我们关注和研究的课题。

四　革命方法的转变

马克思主义认为，统一战线就是不同阶级、阶层、政党、集团乃至民

---

① 「日本共産党綱領」，『しんぶん赤旗』2004年1月18日。
② 「日本共産党綱領」，『しんぶん赤旗』2020年1月18日。

族、国家等，为了实现共同的目标而在共同利益基础上结成的政治联盟。从狭义上来讲，统一战线就是无产阶级在获得解放过程中为了完成自己的历史使命而与其他一切社会政治力量结成联盟或合作。国际共产主义运动的历史也充分证明，统一战线策略是革命方法，统一战线是无产阶级革命事业取得胜利的重要法宝。日共自成立之初便将统一战线作为无产阶级革命的重要方法，百年来根据具体国情变化和党的中心任务的变化而不断创新和发展统一战线策略，并积累了一定的经验教训。

（一）二战前的工农统一战线

在建党初期，日共以推翻天皇专制统治、建立无产阶级专政为目标，针对日本资产阶级民主主义革命提出团结一切可以利用的力量并把领导权掌握在自己手里的统一战线策略。

针对日本革命动力问题，在《1922 年纲领草案》中，日共明确指出，"工人、农民和小资产阶级、自由主义资产阶级中的政府反对派共同构成了现阶段日本革命的动力……以无产阶级专政为目标开展斗争的日本共产党，有责任团结实际上有能力与现在的政府开展斗争的一切社会力量"[1]。在此基础上，日共要求团结一切可以利用的力量并将统一战线领导权掌握在自己手中，为建立苏维埃政权而建立联合战线。在《1927 年纲领》中，日共指出，日本革命的动力是无产阶级、农民和城市小资产阶级，为对抗地主和资本家反动集团而建立工农联盟，党在思想上、组织上保持绝对独立性。日共明确提出加强与工会等工人群众组织建立统一战线。在《1932 年纲领》中，日共明确指出，革命的动力是无产阶级与贫农和中农，要建立自上而下的统一战线，建立和巩固工人农民同盟，与地主资产阶级同盟作坚决斗争。

值得注意的是，这一时期日共由于主张通过暴力革命推翻天皇政府，刚一成立便被天皇政府宣布为非法政党。天皇政府先后对日共及日本社会主义运动实施 6 次全国性大规模镇压，日共领导干部有的被捕入狱，有的逃亡海

---

[1]　转引自牟春伟、杜凤刚《日本共产党"1922 年纲领草案"研究》，《日本文论》2020 年第 2 期。

外，有的甚至被杀害。这直接导致日共的统一战线策略仅仅停留在理论层面，根本无法实际开展统一战线工作。

（二）二战后到50年代的人民民主统一战线

二战后，日共取得合法地位后，迅速将统一战线工作提上日程，并从理论与实践层面不断推进统一战线工作。

1945年12月，日共在重建后的首次代表大会上便提出"建立人民民主战线"、发表《人民战线纲领》，"试图在美军占领条件下，通过人民民主统一战线来建立人民共和国"①，通过了立即建立人民民主统一战线等决议。1946年，在东京举行的庆祝"五一"国际劳动节大会上，日共与社会党等针对建立统一战线达成共识并就推进统一战线建设达成23项共识，这也标志着战后日共倡导的统一战线初步形成。随着统一战线不断发展，日共的议席数量、党员数量等都实现了显著增加。

日共综合实力的增强标志着日本社会主义运动的高涨，再加上冷战格局的形成，日共在苏联共产党指导下计划通过暴力革命推翻右翼政权，特别是日共提出要建立由社会各界民主力量组成的"人民军队"对抗美国占领军和日本右翼政权。这必然遭到美国占领军和日本右翼政权的镇压，最终导致日共倡导的人民民主统一战线走向分裂，日共通过人民民主统一战线建立民主共和国的梦想随之破裂。

（三）20世纪60年代以来的民族民主统一战线

20世纪60年代初期，日共在总结战前及战后初期武装斗争失败的教训基础上，独立自主审视日本所面临的国内外形势，提出组建民族民主解放性质的联合战线，解决日本被美国占领这一最大现实问题并实现民族独立目标。1961年八大通过的纲领中，日共明确指出，"以争取独立、民主、和平

---

① 转引自曹天禄《日本共产党统一战线：历史·机遇·挑战》，《马克思主义研究》2017年第9期。

中立和提高生活水平而奋斗……加紧同民主党派和民主人士联合起来，加强团结，建立民族民主统一战线"①。经过不懈努力，这一时期日共与社会党再次建立起统一战线并开展反对右翼政权的实际行动。但在 60 年代后半期，两党结成的统一战线再次破裂。

70 年代，随着自身革命路线的改变，日共提出争取建立"革新统一战线"、实现民主联合政府目标。在 1971 年普选时，日共明确提出"革新统一战线三项目标"②，在此基础上推动建立民主联合政府，不断开辟革新政治新路径。1973 年，日共与社会党等在野党在市议会选举中联合推举候选人并使之出任地方负责人。日共在十二大上明确提出建立民主联合政府之后的政策主张，即颁布《日本共产党关于民主联合政府纲领的建议》。日本其他在野党也先后发布了相关的政策主张。但由于在野党内部分歧严重，最终日共主导的全国性统一战线瓦解。

20 世纪 80 年代，日本社会掀起了反对核战争、消灭核武器的社会运动，日共提出建立"反核统一战线"③ 的政策主张，并将"革新统一战线恳谈会"与"反核统一战线"相结合，以此构建"无核政府"④。1985 年在十七大上，日共提出建立"反核国际统一战线"⑤ 的政策主张，并将反对核战争、消灭核武器纳入党纲，将无核政府作为民主联合政府的有效补充，强调运用统一战线推动建立无核民主联合政府。

苏东剧变后，日共对如何通过统一战线建立民主联合政府进行了新的思考。1994 年在二十大上，日共提出，"在发达资本主义国家进行民主变革，

① 《日本共产党第八次代表大会文件》，世界知识出版社，1962，第 225~226 页。
② "革新统一战线三项目标"：摆脱日美军事同盟，谋求日本的中立；打破以大资本为中心的政治，实行保护人民的生命和各项权利的民主政治；反对全面复活或强化军国主义，争取议会的民主管理和确立民主。
③ 吴彬康等主编《八十年代世界各国共产党代表大会重要文件选编》（上卷），中国广播电视出版社，1989，第 197 页。
④ 吴彬康等主编《八十年代世界各国共产党代表大会重要文件选编》（上卷），中国广播电视出版社，1989，第 155 页。
⑤ 吴彬康等主编《八十年代世界各国共产党代表大会重要文件选编》（上卷），中国广播电视出版社，1989，第 197 页。

构建所有支持社会主义建设的党派和个人团结的统一战线，在 21 世纪初期实现建立民主联合政府的目标"①。这也构成了此后一个时期日共统一战线的思想指南。

（四）21世纪以来的在野党统一战线

21 世纪以来，日共对自身的职能定位重新加以审视，改变了以往追求成为执政党的要求，提出要成为建设性参与的反对党。这意味着日共将长期作为在野党而发挥作用，直接推动日共统一战线策略的改变。

在《2004 年纲领》中，日共明确提出，为了实现民主主义变革，"团结工人、劳动市民、农渔民、中小企业家、知识分子、女性、青年、学生等，构建包括追求独立、民主、和平、提高生活水平的人在内的所有人的统一战线"②，推动实现民主联合政府目标，也即构建以民主改革为目标的新时期统一战线。这也构成了新时期日共统一战线的行动纲领。在这一思想指导下，日共根据党的中心任务变化，不断丰富和发展统一战线。如 2006 年提出"在野党统一战线"③、2010 年提出"在野党+国民"统一战线④，2014 年提出"一点共斗"统一战线⑤，2020 年提出"阁外合作"统一战线⑥，不断与在野党加强议会选举合作，共同拥立候选人、互相支援选举、团结对抗右翼候选人等，在联合斗争中取得初步胜利。在具体实践中，日共除了继续与各民主党派、社会团体、广大国民等加强合作，还强调与其他各阶层以及无党派人士合作，甚至与保守势力中反对右翼政权的势力加强合作，建立广泛的在野党统一战线，为实现民主联合政府目标凝心聚力。

---

① 不破哲三：「第 20 回党大会日本共産党綱領の一部改定についての報告」，『しんぶん赤旗』1994 年 7 月 23 日。
② 「日本共産党綱領」，『しんぶん赤旗』2004 年 1 月 18 日。
③ 「日本共産党第 23 回大会決議」，『しんぶん赤旗』2004 年 1 月 18 日。
④ 「日本共産党第 25 回大会決議」，『しんぶん赤旗』2010 年 1 月 16 日。
⑤ 「日本共産党第 26 回大会決議」，『しんぶん赤旗』2014 年 1 月 18 日。
⑥ 「野党連合政権にのぞむ　日本共産党の基本的立場—政治的相違点にどう対応するか—」，『しんぶん赤旗』2020 年 3 月 26 日。

统一战线是无产阶级政党革命取得胜利的重要法宝。在百年奋斗历程中，日共长期高度重视马克思主义统一战线理论与实践，在不同历史时期根据党的中心任务变化而适时调整统一战线策略，争取团结更广泛的革命力量推动党的阶段性目标顺利实现。但是，总体上看，日共在构建统一战线过程中过分关注在野党合作的广度，忽视了对统一战线的领导权，导致统一战线的基础极度不稳定，效果也不明显。日共在构建统一战线方面的教训多于经验，这也是非执政国家共产党面临的共同挑战。

五 阶级基础的改变

日共作为马克思主义政党，长期坚持以工人阶级为阶级基础来开展反对资本主义的斗争，善于发挥统一战线优势团结各界力量来推动实现党的近期和长期奋斗目标。然而，随着日本具体国情的变化，在2000年修改党章时，日共明确提出，"日本共产党是日本工人阶级的政党，同时也是日本国民的政党，向追求民主主义、独立、和平和提高国民生活水平而努力的所有人敞开门户"①。这是日共根据日本国内阶级状况变化、自身政策主张的新变化而提出的新论断新认识。日共这一举措引起了国内外的广泛关注，也构成了国内外学者认为日共性质发生改变的重要依据。

（一）长期坚持以工人阶级为阶级基础

马克思主义政党是在工人阶级开展反对资产阶级的斗争过程中产生和发展起来的，是科学社会主义与工人运动相结合的产物。工人运动蓬勃发展构成了马克思主义政党产生的前提和基础。所以，坚持以工人阶级为阶级基础，是马克思主义政党的显著特点之一。随着20世纪初期日本工人运动的兴起，日共由日本工人阶级中的先进分子组成并迅速发展起来，长期坚持开展反对天皇制、反对资本主义统治的斗争，构成了日本社会主义运动的领导

---

① 「日本共産党規約」，『しんぶん赤旗』2000年11月25日。

核心。

从成立之时到 1961 年以前，日共一直在共产国际和苏联共产党直接帮助和指导下开展工作，党纲也大都是在其直接指导下制定的。这也意味着日共坚持在马克思主义指导下以工人阶级为基础而开展工人运动和反对资本主义的斗争。1961 年在八大上，日共明确提出，"日本共产党是工人阶级的先锋队，是工人阶级各种组织中最高的阶级基础"①。这也是日共首次明确提出自身是坚持以工人阶级为基础的政党。此后一段时间，日共坚持以工人阶级为自身阶级基础的理论。

（二）2000年提出以工人阶级和广大国民为阶级基础

随着日本具体国情的变化，日共在 2000 年修改了坚持近四十年的党章，针对阶级基础问题作出新的论断。日共在坚持工人阶级政党性质的同时，强调日共也是日本国民的政党。这一新的表述，表明在 21 世纪日共的阶级基础已经不仅仅是工人阶级中的先进分子，还包括日本广大国民。对于这一新变化，日本新闻舆论界认为，日共已经由阶级政党转变为国民政党；工人阶级的政党与国民政党两个概念相对立。

针对阶级基础问题，时任日共中央委员长不破哲三在 2000 年修改党章的报告中作出明确阐释。"（1）在当前的日本社会中，从人口构成来看，工人阶级已经占总人口的77%，在人口总数中具有压倒性优势；（2）社会主义本来就是具有国民性的事业，受资本主义利润第一主义剥削的不仅是工人阶级，可以说是整个社会，工人阶级的历史使命就是要消灭资本主义剥削，超越资本主义过渡到社会主义社会符合全社会大多数国民的利益；（3）当日本社会面临民主主义、民族独立等时代课题时，以社会主义为目标的力量是国民中最积极、最彻底的推动者。日本共产党坚持民主主义革命路线并具体化为'在资本主义框架内进行民主改革'的路线。在这一点上，工人阶

---

① 《日本共产党第八次代表大会文件》，世界知识出版社，1962，第 276 页。

级的立场和国民的立场之间不存在矛盾"①。这是日共基于日本现实社会变化对日本工人阶级和国民关系作出的最新判断。

苏东剧变后，日共为了应对国内外反共、反社会主义的舆论攻势，通过理论革新改变自身在国民心中的传统印象，这是日共在理论层面践行现实主义路线的具体表现。从效果来看，这一根本性变化使日共短期内赢得了国民的广泛关注，对增强党的综合实力起到一定积极作用，但在日本政治右倾化加重的背景下，日共这一重要改变并未能给自身发展带来长远的积极影响。

---

① 不破哲三：「党規約改定案についての中央委員会の報告」，『しんぶん赤旗』2000 年 11 月 21 日。

第三章
日本共产党对马克思主义
本土化的百年探索

　　日本的马克思主义研究主要包括"文献学研究和文本解读""针对社会现实的实践性研究"① 两个方面。由于远离苏联意识形态控制，日本学者对马克思主义文献研究、文本解读更接近马克思恩格斯思想的原貌，对马克思主义的吸收和引用以及用之指导社会实践更具日本特色、东方色彩，可以说与西方马克思主义、苏联东欧马克思主义理论与实践具有同等地位。日共作为以坚持马克思主义为指导思想的日本政党，在推进日本马克思主义研究和用之指导实践中也发挥着重要作用，在领导全党开展反对资本主义斗争实践中提出了一些原创性理论，为实现马克思主义日本化作出一定贡献。例如，在 20 世纪 60 年代以后，日共提出争取通过议会和平道路过渡到社会主义，为发达资本主义国家的"多党议会制"作出重要理论与实践贡献，国际上曾将这一模式称为"欧洲·日本共产主义"②，这足以说明日共在推进马克思主义本土化过程中具有不可或缺的作用。

　　二战前，日共长期处于右翼势力镇压之下，这就决定了其对如何运用马克思主义指导解决本国社会问题的探索比较薄弱。二战以后，日共获得合法地位并得以公开活动。在国内，"天皇制绝对中心主义价值体系逐渐走向崩溃，以封建性为核心的论争、对天皇制及其意识形态的批判逐渐淡化。日本学术界、思想界朝着多元化方向发展。在多元化论争中日共马克思主义逐渐

---

① 韩立新：《"日本马克思主义"：一个新的学术范畴》，《学术月刊》2009 年第 9 期。
② 肖枫主编《社会主义向何处去——冷战后世界社会主义运动大扫描》（下），当代世界出版社，1999，第 722 页。

形成自己的特色，担当起正统学派的名义和任务"①。在这种时代背景下，日共结合本国是发达资本主义国家的具体国情对日本革命性质和革命方式展开深入思考，对发达资本主义国家如何过渡到社会主义的时代课题展开积极探索，结合当代资本主义的制度性矛盾对共产主义社会进行展望。总之，在以马克思主义为指导开展反体制斗争中，日共形成了独具日本特色和时代特征的思想理论，为马克思主义的发展作出一定原创性贡献，这些理论对世界其他发达资本主义国家共产党具有一定借鉴意义。

一 提出"日本民主主义革命"论

在日共成立之初，日共通过分析日本国情和社会性质提出了经过资产阶级民主主义革命向社会主义过渡的革命路线，长期围绕着推翻右翼政权统治、建立人民民主政权展开探索，并在具体实践斗争中不断丰富和发展这一思想路线。日共提出的"日本民主主义革命"论，是探究在日本这个资本主义高度发达、二战以来长期处于对美从属地位的国家如何过渡到社会主义社会的理论，也可以称为"日本式社会主义"理论。经过长期探索，日共反对资本主义的经验更加丰富，民主主义革命理论也更加成熟和完善，构成日共在发达资本主义国家推动社会变革、发展民主政治的行动纲领。日共民主主义革命理论的发展演变历程，可以说是日共反对资本主义的斗争史，反映出在发达资本主义国家开展反体制斗争、建立社会主义政权的长期性和曲折性。

（一）二战前资产阶级民主主义革命理论

十月革命胜利后，日本社会主义者片山潜在美国着手创建日共的准备工作。在翻译完成列宁的《国家与革命》之后，片山潜了解了从资本主义过渡到社会主义的过程，掌握了俄国布尔什维克革命的基本原理，并决定按照

---

① 赵海月主编《当代国外马克思主义研究》，吉林大学出版社，2007，第252页。

列宁主义原则成立日共。日共成立时，片山潜等人在共产国际直接领导下制定了党的纲领草案，明确当时党的革命路线和实现无产阶级专政的目标。

在纲领草案中，日共明确提出经过资产阶级民主主义革命过渡到社会主义的革命路线，坚持以推翻天皇政府和废除天皇制度为口号，要求剥夺地主的土地，团结一切可以团结的力量建立苏维埃政权。对此，日共还从政治、经济、外交等方面提出 21 条具体行动纲领，指导日共领导和推进日本人民解放运动。

在《1927 年纲领》中，日共在分析当时日本国内资本主义矛盾、封建主义矛盾基础上，提出日本已经具备资产阶级民主主义革命的客观条件和由资产阶级民主主义革命迅速转向社会主义革命的客观条件。然而，当时无产阶级和农民缺乏斗争经验和革命传统，这成为日本革命的最大障碍。基于此，日共明确提出，日本革命的动力是无产阶级、农民和城市小资产阶级，无产阶级要把日本社会主义革命与领导全体日本人民进行的资产阶级民主主义革命结合起来，建立工农专政且共产党要在工农联盟中掌握领导权。

在《1932 年纲领》中，日共在分析日本受强大的封建势力统治与高度发达的垄断资本主义势力统治的基础上，再次强调天皇制是国内一切反动政治和封建制参与的支柱，要将粉碎天皇专制统治作为日本革命的首要任务；封建土地所有制导致农业蜕化和农民贫困，严重阻碍农村生产力发展，迫切需要进行农业革命；垄断资本主义通过垄断地位影响国家政策获得统治地位，并与天皇专制统治紧密结合在一起对工人、农民实行剥削压迫，迫切要求改变垄断资本主义的统治。在此基础上，日共指出，在目前条件下要实现社会主义目标，必须通过资产阶级民主主义革命，即通过推翻天皇专制统治、剥夺地主土地，实现工农专政。工农专政也是资产阶级民主主义革命向社会主义革命过渡的具体形态。

（二）二战后反帝反垄断的民主主义革命理论

二战后初期，美国占领日本并对其进行民主改革，日共获得合法地位并得以重建。这在一定程度上使日共获得探索民主主义革命理论的和平稳定的社会环境。然而，随着美苏冷战格局形成，美国改变以往削弱日本的政策，开始对日本实施扶持政策并打压日共。并且，受"50 年问题"的影响，日共内部出现分裂。日共在暴力革命路线与和平革命路线两个极端路线之间抉择，并最终经由 1955 年"第六次全国协议会"党才恢复统一，着手独立自主制定党纲。经过几年的酝酿，日共在 1961 年八大上独立自主制定新的党纲，明确提出当前面临美帝国主义和日本垄断资本主义"两个敌人"，强调坚持走议会和平革命路线。此后，日共长期坚持走议会选举的和平革命路线。这表明日共开展反体制斗争的思想更加成熟，标志着日共领导下的社会主义运动进入一个新的时代。

第一，二战后初期的民族民主革命论。二战后初期，日共在分析日本国情时高度肯定《1932 年纲领》中民主主义革命路线的正确性和科学性，强调实施与肃清军国主义相关的政治、经济、社会等领域民主化措施的紧迫性和必要性，指明以推翻天皇专制统治和消灭封建土地所有制为中心的民主革命方针的科学性。因此，日共"主张继续进行党在战前所进行的争取和平与自由以及保护人民生活的斗争，并在日本帝国主义失败和盟国军队占领的新的条件下，要求废除天皇制，追究战犯，彻底实行民主改革"①，提倡建立人民战线，以推进民主主义革命。

1945 年 12 月，时隔 19 年日共召开第四次代表大会，两个多月之后日共召开第五次代表大会，在会上分别通过了党纲和"大会宣言"。在党纲中日共明确指出，当前民主改革的主要内容是严格执行《波茨坦公告》、废除专制主义天皇制、建立人民共和国政府、肃清军国主义、消灭寄生地主制等。在五大上，日共在"大会宣言"中明确提出，在美军占领下可以通过和平、民主方式完成日本正在进行的资产阶级民主主义革命，进而过渡到社会主义社会。在美国对日本占领初期，日共的这些政策主张虽然不符合日本具体国情，也被实践证明是错误的，但这一理论与战后初期日本国民普遍希

① 日本共产党中央委员会编《日本共产党的六十年》（上），段元培等译，人民出版社，1986，第 106 页。

望和平、稳定的利益诉求相符合，一定程度上促进了日共综合实力的增强。

1950 年 9 月，德田球一等日共领导人成立临时中央指导部并作为日共对外机构公开开展党的活动，明确提出了暴力革命路线。同年，美国占领军总部指挥日本政府对日共进行"整肃"，开除日共中央委员、国会议员等公职，清除重要企业和工会中的党员及其支持者。在此背景下，日共以德田球一为首的一派通过了坚持武装斗争的"被占领下的暴力革命"路线方针和《1951 年纲领》。日共明确提出，对外实行"保证日本民主独立和主权、取消占领日本"和对内实行"取消天皇制、实行一院制国会，没收一切地主、皇室和其他大土地所有者的土地"等 32 项政策①，推动在日本进行民族解放民主革命。这种"左"倾冒险主义导致日共分裂为"所感派"和"国际派"，直到 1955 年日共召开"第六次全国协议会"批判了这种错误，才结束日共的分裂状态。

从战后初期日共的行动纲领来看，日共号召国民彻底消灭天皇制、实行彻底的民主制度、彻底追究战争责任等，表明日共是日本这一时期比较激进的革新政党。这与日共领导人长期待在监狱中，未能全面把握战后国内外形势和广大国民的社会意识密切相关，他们普遍认为在共产党领导下广大国民会支持推翻天皇专制统治、自下而上夺取政权。实际上，日共的这些政策主张与战后日本国民渴望和平的社会环境不相符，未能引起国民的思想共鸣，更未能赢得国民的广泛支持。

第二，1958 年日共七大后独立自主提出新民主主义革命论。在七大上，日共总结了 1950 年以来党的经验教训，决定废除《1951 年纲领》，确立独立自主的原则，制定新的党章并提出新的纲领草案。在纲领草案中，日共提出，"工人阶级只有推翻阻塞社会主义道路的以美帝国主义和日本垄断资本主义为核心的势力的反民族、反人民的统治机构，并通过建立人民民主的国家体制的革命，才能确定不移地完成工人阶级的历史使命——走向社会主义的道路……把美帝国主义驱逐出日本，推翻我国的卖国的反动统治，建立人

---

① 《日本共产党的当前要求——新纲领》，《人民日报》1951 年 11 月 29 日。

民的政权……以争取独立和民主的任务为中心的革命继续发展到社会主义革命的人民民主形式的革命"①。

1961 年在八大上，日共通过了《1961 年纲领》。其中，日共明确提出，日本虽然是一个发达资本主义国家，但实际上是被美帝国主义半占领的附属国，天皇制已经成为美帝国主义和日本垄断资本实行政治、思想统治和复活军国主义的工具。当前，统治日本的是美帝国主义和从属于美国的日本垄断资本集团。基于此，日共指出，"日本当前的革命，是反对美帝国主义和日本垄断资本的统治——两个敌人的新的民主主义革命、人民的民主革命"②，只有这样日本才能走上社会主义道路。这也构成了二战后日共的新民主主义革命理论，即反帝、反垄断的新的民主主义革命理论。这一理论长期指导着日共开展反对"两个敌人"的斗争。

此后，在 1973 年、1976 年、1985 年、1994 年，尽管日共对党纲进行修改，但都遵循了《1961 年纲领》中的民主主义革命理论，要求经过新民主主义革命推翻美帝国主义统治和日本垄断资本的统治，废除《日美安保条约》、废除天皇制、取消自卫队等，然后过渡到社会主义社会。

在《1994 年纲领》中，日共在分析日本社会现状和国际形势的基础上明确指出，"当前日本的革命是针对美帝国主义和日本垄断资本统治的新民主主义革命、人民的民主革命。这场革命就是打倒以美帝国主义和日本垄断资本为中心的反民族、反人民的统治势力，实现国家真正独立和在政治、经济、社会领域进行民主变革的目标，当前只有走上解决民族的苦难、维护大多数国民根本利益的道路，工人阶级才能承担起自己的历史使命，开辟走向社会主义的道路……当前的中心任务是坚决反对以美帝国主义和日本垄断资本为中心的反动势力再次发动战争、实施民族压迫、复活军国主义和帝国主义、实行政治反动和剥削等，团结和领导所有国民为实现国家独立、民主、和平、中立和提高生活水平而奋斗"③。另外，日共围绕新民主主义革命理

---

① 《日本共产党第七次代表大会文件》，世界知识出版社，1959，第 110~113 页。
② 《日本共产党第八次代表大会文件》，世界知识出版社，1962，第 231 页。
③ 「日本共産党綱領」，『しんぶん赤旗』1994 年 7 月 24 日。

论，还提出取消外国军事基地、通过和平谈判推动北方四岛（俄称"南千岛群岛"）回归祖国、建立独立自主的国家等 26 项行动纲领。这表明，冷战结束初期，日共在民主主义革命理论方面并未实现新的突破，依然坚持《1961 年纲领》中确立的新民主主义革命论。

（三）在资本主义框架内进行民主改革理论

苏东剧变发生以后，世界社会主义运动陷入持续低潮，日本政治右倾化加强，日共生存空间不断被挤压。为了在国内外新形势、新变化中求得生存和发展，日共不断调整党的路线、方针、政策等，探索新时期与本国国情相适应的社会发展道路。其中，最显著的特点就是，日共在革命路线中不再强调"革命"二字，而是要求在资本主义框架内进行民主改革，在吸收资本主义一切优秀成果基础上过渡到社会主义社会。这一思想至今指导着日共探索发达资本主义国家的社会主义道路。

1997 年在二十一大上，日共强调，"采取符合日本国情的方针，在资本主义框架内进行可能的民主改革，构建和平、富裕、自由、人们能够安心生活的日本——'国民是主人公'的民主主义的日本"①。日共还进一步完善了二十大上提出的民主改革的"三大目标"，要在 21 世纪初期实现建立民主联合政府的目标。

2000 年在二十二大上，日共再次从外交与安保政策、经济民主改革、建设保障 21 世纪国民生存和生活的政治、建设以宪法为基础的民主日本等方面提出"日本改革"方案，强调通过民主改革使日共成为追求实现革新、民主目标的政党并成为国民广泛支持的多数派，夯实在 21 世纪实现民主联合政府目标的群众基础。从奋斗目标和政治术语表达来看，日共不再将美帝国主义和日本垄断资本视为"两个敌人"，也不再强调彻底改变日本当前政治体制，而是强调在资本主义框架内进行可能的民主改革，通过成为赢得议会选举的多数派，与持相同革新政治目标的政党、团体、个人联合起来，发

---

① 「日本共産党第 21 回大会決議」，『しんぶん赤旗』1997 年 9 月 27 日。

挥在野党统一战线优势推动实现民主联合政府目标。这在一定程度上表明，苏东剧变后面对国内外反共、反社会主义势力的强大攻势，日共反对美帝国主义和日本垄断资本的策略更加成熟。在政治右倾化、国民保守化加重的背景下，日共主动淡化自身革命色彩，强调在资本主义基础上过渡到社会主义社会的可行性。这一时期，日本受亚洲金融危机、政权不稳等影响，日共提出的"日本改革"方案让希望改变日本政治局面的国民看到了希望，有效增强了日共对国民的影响力和吸引力。

经过一段时间的探索，2004 年在二十三大上，日共从根本上修改了 1961 年以来长期坚持的党纲，将苏东剧变后党制定的一些新的政策主张升级为党的纲领、路线，为推动实现 21 世纪党的近期目标和长期目标提供理论遵循和行动纲领。日共系统提出了"在资本主义框架内进行民主改革"的理论，并将其写入党纲，成为全党在 21 世纪探索革命道路的思想指南。日共强调，"当前，日本需要的不是社会主义革命，而是民主主义革命，以便打破日本对美从属地位和以大企业、财界为中心的政治统治局面，确保日本真正独立和在政治、经济、社会等领域实现民主改革"①。日共将长期以来坚持的民主改革"三大目标"纳入党纲，并从国家独立安全和外交领域、宪法和民主领域、经济民主领域等方面提出废除《日美安保条约》、坚持走和平中立不结盟的道路、遵守和平宪法、建设保障国民生活权利的"有规则的资本主义"等 21 项具体要求。在此基础上，日共提出在政治、经济、社会、外交等各领域都应该遵循"国民是主人公"原则的"日本改革"论。

值得注意的是，在党纲中，针对《日美安保条约》，日共虽然坚决要求废除的立场没有改变，提出根据《日美安保条约》第十条的规定废除该条约，撤除美国军队及其军事基地②，这意味着日共承认了《日美安保条约》；首次承认了天皇制存在的客观事实，要求天皇严格遵循自身没有处理国政的权力等限制性规定，等将来条件成熟时在遵循国民意愿的基础上决定天皇制

---

① 「日本共産党綱領」，『しんぶん赤旗』2004 年 1 月 18 日。
② 「日本共産党綱領」，『しんぶん赤旗』2004 年 1 月 18 日。

的存废；对于自卫队则采取默认存在的态度，要求将来在国民同意的基础上解散自卫队。而且，日共也修改了以往坚持的先经过社会主义社会阶段，再向更高层次的共产主义社会过渡的"两个阶段论"，认为当前日本所需要的不是社会主义革命，而是打破对美异常从属地位和以大企业、财界为中心的横暴统治，构建真正独立的日本，在政治、经济、社会等领域进行民主改革，然后超越资本主义，向社会主义过渡。这也意味着日共彻底否定了列宁提出的共产主义社会的"两个阶段论"。2020 年在二十八大上，日共沿用了"在资本主义框架内进行民主改革"论，以之指导全党开展反对美帝国主义、反对日本垄断资本的斗争。

总之，苏东剧变后，日共革命路线中的革命色彩大为淡化，以往党纲中的"人民革命""美帝国主义"等革命色彩浓厚的政治术语被删除，在处理《日美安保条约》、天皇制、自卫队等重大原则性问题时表现出较强的灵活性，一定程度上拓宽了日共的社会主义革命道路。同时，日共革命路线的重要转变，也引起了国内外广泛关注。不过，值得注意的是，尽管苏东剧变后日共已经最大限度地淡化自身革命色彩，坚持走民主改革道路，其依然被反共、反社会主义势力宣传为"暴力革命政党"[1]，称"共产党不会改变暴力革命方针"[2]，给日共带来沉重打击。

二　提出"社会主义成长期理论"

20 世纪 60 年代以来，日共开始追求独立自主探索社会主义道路，并与苏联共产党的大党主义行为展开坚决斗争。在反思苏联等社会主义国家发展现状和重新审视资本主义制度的基础上，日共在否定苏联提出的、被世界多

---

① 「共産党が破防法に基づく調査対象団体であるとする当庁見解」，公安調查庁，https：//www.moj.go.jp/psia/habouhou-kenkai.html。

② 「『共産党は暴力革命の方針に変更なし』政府が答弁書を閣議決定　共産党は強く否定し反発」，雅虎新闻网（日本），https：//news.ntv.co.jp/category/politics/fb33330d411746d5865 be453c4903168。

国共产党坚持的"资本主义总危机理论"的同时，提出了"社会主义成长期理论"，并于 1985 年党的十七大上将其写入党纲。这也标志着日共对社会主义的认识与探索进入一个新的发展阶段。

（一）确立"社会主义成长期理论"的时代背景

"社会主义成长期理论"是在日共独立自主推进马克思主义日本化的过程中形成的，深受国内外环境影响。

一方面，从苏联社会主义实践来看，苏联社会主义现状与赫鲁晓夫在 60 年代提出的苏联已经开始建设社会主义并将在 20 世纪 80 年代建成社会主义、与勃列日涅夫在 70 年代所宣称的苏联已经是高度发达的社会主义国家相去甚远。由于对社会主义所处阶段估计过高，一些人对社会主义产生悲观失望的情绪。

另一方面，从日本等资本主义国家发展现状来看，70 年代以来资本主义社会经济发展迅速，日本进入经济高速增长期并成为世界上的经济大国。随着一些社会主义国家内部出现问题，西方敌对势力持续对社会主义制度展开攻击。日本右翼势力也开始加强反共、反社会主义宣传。这种时代背景一定程度上促进日共加快独立自主探索社会主义理论的步伐，摆脱苏联模式的不利影响。

（二）提出"社会主义成长期理论"的现实依据

日共认为，从世界历史发展来看，当今世界上的社会主义国家还处于初级阶段的判断存在许多局限性，用社会主义国家当前的发展水平或者存在的问题去衡量社会主义、共产主义的发展前景，是不科学的。特别是在发达资本主义国家，人们走上社会主义道路以后，社会主义制度的优越性和鲜活生命力才能够逐步在政治、经济、道义等方面全面展现。

日共认为，现存社会主义国家还存在不完善之处或是暴露出一些问题，主要原因有以下几个方面。第一，现有社会主义国家几乎都不是遵循马克思恩格斯所设想的社会主义革命首先在文明程度较高国家爆发的"普遍历史规律"前进的，而是按照相反的顺序向前发展；第二，社会主义国家的问题也是由帝国主义侵略、包围、封锁等残酷国际形势造成的；第三，社会主义国家个别领导人所进行的错误领导与对社会主义认识不深入有关。其中，前两个原因是不可避免的客观原因，但第三个原因是主观方面的原因，完全可以避免。①

经过思考，日共提出"日本式社会主义"理论，要求既不模仿苏联，也不模仿中国。在日共看来，无论在发达资本主义国家，还是当前的社会主义国家，社会主义都需要经历很长的发展过程。这也构成了日共提出"社会主义成长期理论"的现实依据。

（三）"社会主义成长期理论"的科学内涵

日共"社会主义成长期理论"指出，在继承高度发达的资本主义国家一切优秀成果的基础上发展社会主义，在物质生产和生活、自由和民主、文化与个性等方面都超过资本主义，有效避免当今社会主义国家的消极因素和历史局限，进而把日本建设成为民主且富裕的社会主义社会。②

1985 年在十七大上，日共将这一理论写入党纲，并将避开部分社会主义国家的"霸权主义倾向"作为重要的国际课题。日共认为，第一，当今社会主义国家尽管是在经济文化落后基础上建立起来的，但在消灭资本主义剥削方面取得显著成就，并尽可能展现出社会主义制度的优越性与鲜活生命力。这在资本主义制度下是不可能实现的。第二，由于主客观原因，社会主义国家还存在许多问题或失误，特别是个别社会主义国家对其他国家政党、革命加以干预，甚至直接发动军事侵略。这种"霸权主义倾向"是国际局势紧张的重要原因之一，也违背了科学社会主义基本原则，损害了社会主义国家的形象，阻碍了世界和平进步和世界社会主义运动的发展。第三，这种

---

① 万福义主编《党鉴：共产党历史发展与执政规律研究》（下），山东人民出版社，2011，第747 页。

② 帅能应主编《发达资本主义国家共产党的历史与现状》，中国人民大学出版社，1990，第308~309 页。

"霸权主义倾向"与垄断资本主义具有本质区别，它不是社会主义制度发展的必然结果，而是偏离社会主义道路的恶果，是可以克服的。

总之，日共希望通过这一理论增强国民对社会主义的信心，通过加强宣传"日本式社会主义"来回击资产阶级势力利用社会主义国家内部问题开展的反共宣传。

（四）提出"社会主义成长期理论"的重要意义

"社会主义成长期理论"的确立和发展，标志着日共对社会主义理论的探索更加成熟，也是日共在马克思主义指导下独立自主探索适合本国国情的社会主义道路的具体表现。其有效回击了国内外反动势力利用社会主义国家内部问题开展的反共、反社会主义宣传，塑造了日共独立自主的政党形象，一定程度上增强了国民对社会主义的信心。同时，在此基础上，日共的"日本式社会主义"思想也更加成熟，对国民的吸引力和影响力不断增强，有助于日共有原则地团结国内各界力量及加强与世界各国马克思主义政党的合作。

站在21世纪的今天，纵向比较来看，日共这一理论对苏东剧变后日共对国际共产主义运动的态度产生重要影响，也是日共对苏联解体持"举双手赞成"态度的重要理论依据。日共长期以来强调的"日本式社会主义"是既不同于苏联也不同于中国的社会主义模式，日共结合苏东剧变后资本主义的发展现状展望日本式社会主义发展前景，有助于巩固和夯实党的阶级基础和群众基础，这也是苏东剧变后日共能够短期内扭转衰退趋势、实现综合实力显著增强的重要原因。这一理论的提出，为日共开展党际交往，反对大党主义、大国主义提供了行动纲领或思想指南。迄今这一理论依然指导着日共在资本主义框架内开展社会主义探索。

三　提出"市场经济模式社会主义"论

在日共百年发展历程中，日共作为坚持以马克思主义为指导思想的无产阶级政党，曾长期在列宁领导创建的共产国际和苏联共产党直接帮助和指导下开展社会主义运动，提出通过计划经济发展生产力并创造出雄厚的物质基础，然后过渡到社会主义、共产主义社会。自 20 世纪 60 年代以来，日共从理论层面独立探索本国经济发展模式和社会主义道路。特别是苏东剧变发生以后，日共提出了计划经济与市场经济相结合的"市场经济模式社会主义"论，并逐步将之发展成为具有日本特色的社会主义市场经济理论。

（一）长期坚持"社会主义计划经济"论

日共成立后曾长期坚持在资本主义国家通过计划经济发展社会生产力，然后过渡到社会主义、共产主义的指导思想。二战后，日共赢得合法地位并得以公开活动，在相对稳定的环境中探索社会主义道路。在整个二战后到 90 年代初期，日共坚持认为日本的社会革命将由两个次第发生的革命构成。

其中，日本既是发达资本主义国家，又处于对美从属地位，这就决定了日本社会革命的具体方式既不同于欧美发达资本主义国家，也不同于苏联、中国等社会主义国家。在第一个阶段，要摆脱美国资本对日本经济的控制，推动美国资本与日本垄断资本控制的企业实行人民管理和国有化；在第二个阶段，把对企业实行的非社会主义性质的民主限制转变为社会主义性质的限制。虽然这一时期日共并没有对计划经济作出明确阐释，但改革的内容表现出计划经济的显著特征。

在 1985 年修改党纲时，日共明确指出，"日本人民真正的自由和幸福，只有通过建立社会主义才能实现。只有建立工人阶级政权，使生产资料归社会所有，实行使生产资料蓬勃发展的社会主义计划经济，才能保障日本人民从资本主义制度的一切剥削下解放出来，从贫困中最后地解放出来"[1]。这一时期，日共主要直接吸纳马克思恩格斯的计划经济思想，对计划经济并未展开深入剖析和系统思考。

---

[1] 吴彬康等主编《八十年代世界共产党代表大会重要文件选编》（上），中国广播电视出版社，1989，第 214 页。

（二）苏东剧变后确立"市场经济模式社会主义"论

在总结苏东剧变教训的基础上，日共指出，苏联高度集中的计划经济体制压制了经济发展活力，要坚持计划经济与市场经济相结合，推动经济理论与经济政策实现重大变革。这成为指导日共立足于发达资本主义国家探索社会主义道路的重要思想理论。

1991 年，日共著名理论家上田耕一郎在《日本社会主义与混合经济》一书中首次提出实行公有制和私有制并存的"混合经济"理论，这实际上是"采纳了将改革了的资本主义经济作为社会主义要素的体制"①，是坚持将市场经济和计划经济相结合的"市场经济模式社会主义"。在 1994 年二十大、1997 年二十一大、2000 年二十二大报告，以及 1996 年修改的《自由和民主主义宣言》中，日共深入探讨了"市场经济模式社会主义"理论并最终使其上升为全党的指导思想。

在 1996 年的《自由和民主主义宣言》中，日共明确提出，"在社会主义的日本，在尊重农渔业、中小工商业等个人意见的基础上，将计划经济与市场经济相结合，谋求灵活高效的经济运用模式"②。日共强调，日本的社会主义市场经济"不是苏联模式的中央管理的计划经济体制，而是朝着将计划经济与市场经济相结合的方向迈进的'市场经济模式'"③。

针对社会主义市场经济理论，20 世纪 90 年代末日共还深入中国、越南等社会主义国家调研，感受中国、越南的社会主义市场经济的实际情况，与中国、越南国家的领导层交换意见，高度肯定了中国、越南"以社会主义建设为目标，从长期的视野出发正在把社会主义与市场经济结合作为一项正

---

① 曹天禄：《不破哲三思想研究——日本共产党对马克思主义日本化的探索与启示》，商务印书馆，2014，第 113 页。
② 『自由と民主主義の宣言』，『しんぶん赤旗』1996 年 7 月 14 日。
③ 转引自曹天禄《不破哲三思想研究——日本共产党对马克思主义日本化的探索与启示》，商务印书馆，2014，第 113 页。

式方针谋求国家建设的成就"①。在此基础上，日共进一步肯定了计划经济与市场经济相结合的路线，不断完善和发展日本的"市场经济模式社会主义"。

（三）2004年将"市场经济"论纳入党纲

在2004年修改党纲时，日共将探索"市场经济模式社会主义"理论的经验加以提炼并纳入党纲，作为全党的指导思想。其中高度肯定了中国、越南"通过市场经济过渡到社会主义"的伟大实践，将其视为21世纪世界历史发展的一个重要潮流。

在党纲中，日共明确指出，"日本的社会主义道路需要不断开拓，需要依靠日本国民的智慧和创意解决日本发展过程中诸多新问题。在这个过程中，必须坚持贯彻以下立场：（1）生产资料社会化就是根据形势和条件对生产资料的所属、管理、运营采取多种形态，探索出与日本社会发展相适应的具体形态非常重要，但不能违背生产者是主人公的社会主义原则。打着'国有化'和'集团化'旗号建立压迫工人阶级的官僚专制体制的苏联错误行为绝不能重现；（2）通过市场经济走向社会主义，是符合日本社会条件的，符合社会主义发展规律。通过推进社会主义改革，探究实现计划经济与市场经济相结合的道路，实行弹性的、灵活的经济运营与尊重农渔业、中小工商业等非常重要。限制国民消费生活的所谓统一化的'统治经济'，在日本进入社会主义社会以后将被全面否定"②。这也构成日共市场经济模式社会主义理论的完整体系，指导日共探索21世纪以来日本社会主义道路。在2020年二十八大上，日共修改党纲，强调市场经济理论依然作为日共的行动纲领发挥作用，今后也会长期作为日共的指导思想而存在。

总之，苏东剧变后，日共从理论层面对社会主义制度下的市场经济进行了长期有效的探索，并在这一理论指导下不断丰富和发展日本式社会主义理

---

① 志位和夫：「第22回党大会にたいする中央委員会報告」，『しんぶん赤旗』2000年11月20日。

② 「日本共産党綱領」，『しんぶん赤旗』2004年1月19日。

论。由于日共长期作为在野党存在，这一理论未能付诸实践。客观而言，它遵循了马克思恩格斯的计划经济理论与列宁的市场经济理论，也借鉴了中国、越南市场经济的实践经验，具有一定的科学性，对其他发达资本主义国家共产党具有一定借鉴意义。

四　提出"发达资本主义国家未来社会"论

苏东剧变后，西方国家反共、反社会主义舆论不断高涨，在世界范围内大肆散布"共产党灭亡论""社会主义失败论"等。与之相对应，日本国内反共、反社会主义舆论也不断高涨。在这种背景下，日共总结苏东剧变教训，分析当时世界发展形势，着力批判资本主义制度性矛盾急剧爆发及其危害，立足于日本发达资本主义国家的具体国情与时代特征，对在发达资本主义国家如何通过和平革命路线过渡到未来社会展开详细论述，为日本国民描绘出没有剥削、没有压迫、没有战争，每个人都能够自由而全面发展的共同社会的图景。这是日共立足于日本长期处于对美从属地位、右翼势力剥削压迫人民的社会现状，独立自主为日本广大国民描绘出的"日本梦"，也为日共在资本主义框架内进行民主改革提供了思想指南。最终，这一思想凝练为系统的"发达资本主义国家未来社会"论。

（一）从发达资本主义过渡到社会主义的方法

日共指出，日本人民的自由和幸福必须要以社会主义的全面发展为基础。这就要求日本的社会主义建设从资本主义制度的一切剥削中解放出来，从各种错误中解放出来。

日共要求，"确立承担社会主义建设任务的工人阶级的各项权利，将大企业掌握的主要生产资料转移到人民手里并实现生产资料社会化；为保障国民生活和日本经济繁荣发展，实施能够有效利用生产力的计划经济；在推进计划经济过程中，必须重视和尊重农渔业、中小工商业等行业群体的意见，通过计划经济与市场经济相结合实现弹性高效的经济运营，弘扬社会主义民主，为以维护民族自决权和废除核武器为中心的世界和平作出贡献。统一规划国民生活的所谓'统治经济'将与社会主义日本完全无缘"①。并且，日共要求发挥统一战线优势作用，坚持贯彻与所有支持社会主义建设方向的党派、团体、个人等合作的统一战线政策，在保障勤劳农民及勤劳市民、中小企业家利益的同时，使其理解、认同社会主义并为实现社会主义目标努力奋斗。

在《2004年纲领》中，日共在坚持和发展旧党纲提出的从资本主义国家过渡到社会主义社会需要坚持统一战线政策、生产资料社会化和市场经济模式社会主义路线基础上，进一步强调"社会主义变革的出发点是让支持向社会主义·共产主义前进的国民达成共识，在国会席位稳定过半数的基础上，建立以社会主义为目标的政权"②。这也构成日共在资本主义框架内通过民主变革过渡到未来社会的方法论。在2020年修改党纲时，日共坚持《2004年纲领》中这一思想理论。

（二）社会主义"两个阶段论"演变为"一个阶段论"

1. 日共社会主义发展阶段论演变的历程

在《1961年纲领》中，日共明确提出，"社会主义社会是共产主义社会的第一阶段。在这个阶段，将消灭一切人对人的剥削，社会由于阶级的存在而发生分化的情况将告结束。在社会主义日本，将实行'各尽所能，按劳分配'的原则；高度发达的物质生产和繁荣文化，以及人民享有的各种民主权利将得到全面保障。在共产主义的高级阶段，生产力将有很大的发展，社会生活将出现新的内容，同时，不仅人的脑力劳动和体力劳动矛盾将归于消灭，而且还可以实现'各尽所能，按需分配'。有组织和系统的暴力，所有一切施加于人的暴力将被铲除。这样，就会出现在原则上没有任何强制的、不需要国家政权本身的共产主义社会，即人和人的关系是真正平等而自

---

① 「日本共産党綱領」,『しんぶん赤旗』1994年7月24日。
② 「日本共産党綱領」,『しんぶん赤旗』2004年1月19日。

由的社会"①。这意味着从 1961 年日共独立自主制定党纲以来，长期坚持共产主义社会"两个阶段论"。

　　然而，随着东欧剧变、苏联解体，日共对苏联模式和苏联共产党的态度由学习、借鉴转变为完全否定、大肆批判，对苏联解体持"欢迎"态度。对于列宁在领导俄国革命过程中坚持和发展的马克思恩格斯关于共产主义社会阶段划分理论——"两个阶段论"，日共也持完全否定的态度。针对未来社会提出了"社会主义和共产主义"，日共完全放弃《1961 年纲领》制定以来长期坚持的共产主义社会"两个阶段论"。在 2004 年修改党纲时，日共强调，"日本社会发展的下一个阶段就是超越资本主义社会，过渡到社会主义和共产主义社会"。② 这意味着日共将社会主义和共产主义视为同一个社会发展阶段，日共强调这一改变符合马克思的本意。

　　2. 日共社会主义发展阶段论转变的原因

　　针对这一转变，时任日共中央委员长不破哲三在修改党纲的报告中指出，针对未来社会，"列宁以马克思的《哥达纲领批判》为依据，在其《国家与革命》这本著作中开展了共产主义社会'两个阶段'的讨论。'两个阶段'的划分是以社会产品分配方式为依据，将'按劳分配'划分为第一阶段（社会主义）、'按需分配'划分为第二个阶段（共产主义）。这一未来社会理论，在斯大林之后成为国际共产主义运动中的'定论'。但是，（1）以生产资料分配方式划分社会阶段的理论是列宁提出来的，马克思在《哥达纲领批判》中严厉批判了以分配方式划分未来社会的想法；（2）马克思恩格斯极力反对运用特定社会形态展望未来社会形态，指出要交给下一代人描绘未来社会蓝图，包括分配方式的具体形态；（3）马克思提出要写入党纲的社会主义变革的中心任务是如何变革生产方式，而不是分配方式；（4）马克思恩格斯在展望未来社会时，将人类自由生活和人的能力全面发展当作主要内容，推动整个社会在科学、技术、文化、精神等

---

① 《日本共产党第八次代表大会文件》，世界知识出版社，1962，第 239 页。
② 「日本共産党綱領」，『しんぶん赤旗』2004 年 1 月 19 日。

方面实现显著提升，将'按需分配'视为共产主义社会的显著标志过于狭隘"①。在此基础上，日共认为，马克思恩格斯在谈及未来社会时使用社会主义和共产主义并非进行低级阶段和高级阶段的划分，而是根据当时的具体情况对同一社会的不同表达方式，现在将未来社会划分为社会主义和共产主义社会两个阶段显然是违背了马克思的本意。

在2004年修改党纲时，日共决定使用"社会主义和共产主义"来表达未来社会。同时，日共表明，放弃"两个阶段论"并不是不使用社会主义和共产主义这类表达，也不是否定未来社会将经过各个发展阶段，社会主义和共产主义都是表达未来社会的词语，这次修改党纲正是向"马克思的本意"复归。

3. 对日共社会主义发展阶段论转变的评析

在《德意志意识形态》《共产主义原理》《资本论》等著作中，马克思恩格斯立足于资本主义国家高度发达的现实基础，在批判和揭露资本主义制度不合理性的同时，对未来社会进行了多重视角的阐释。概括来说，共产主义社会可以分为低级阶段（或称为"第一阶段"）和高级阶段，在低级阶段（社会主义社会），实行生产资料公有制、计划经济、按劳分配等；在高级阶段，社会分工、三大差别将消失，劳动成为人们生活的第一需要，劳动产品极大丰富，最终实现"各尽所能、按需分配"，国家也将随之消亡，社会成为"自由人联合体"。

比如，关于社会阶段划分问题，马克思在《哥达纲领批判》中明确指出，"在资本主义社会和共产主义社会之间，有一个从前者变为后者的革命转变时期。同这个时期相适应的也有一个政治上的过渡时期，这个时期的国家只能是无产阶级的革命专政"②。这句话中的"革命转变时期""政治上的过渡时期"就是社会主义历史发展阶段。马克思恩格斯认为社会主义和共产主义社会是同一种生产方式的两种不同发展阶段，只是成熟程度不同。

---

① 不破哲三：「綱領改定についての報告」，『しんぶん赤旗』2004年1月15日。
② 《马克思恩格斯文集》（第3卷），人民出版社，2009，第445页。

马克思恩格斯在《给〈祖国纪事〉杂志编辑部的信》《给维·伊·查苏利奇的信》等文献中也阐释了跨越资本主义卡夫丁峡谷的设想，即"能够不经受资本主义生产的可怕的波折而占有它的一切积极的成果"[①]。

针对革命方式问题，马克思恩格斯指出，"在人民代议机关把一切权力集中在自己手里、只要取得大多数人民的支持就能够按照宪法随意办事的国家里，旧社会有可能和平长入新社会"[②]，将充分利用普选权等和平合法的斗争方式视为"暴力革命"策略的重要补充，但他们绝未从根本上否定暴力革命策略。由于历史条件的限制，马克思恩格斯未明确阐释社会主义社会的阶段性，但他们明确承认社会主义社会是一个不断发展的过程。十月革命后，列宁在领导俄国革命过程中意识到要建设完整的社会主义必须先经过某种初级阶段，将其作为过渡环节和阶梯。在《国家与革命》中，列宁明确将共产主义社会第一阶段称为社会主义社会，把共产主义高级阶段称为共产主义社会。[③]

日共将马克思恩格斯有关共产主义社会两个阶段的论述错误解读为同一个社会的不同表述方式，认为马克思恩格斯之后的经典作家以"分配方式"来划分共产主义社会的两个阶段是错误的并对其展开批判。实际上，这恰恰反映了日共在推进马克思主义本土化过程中犯了教条主义的错误，片面解读共产主义社会两个阶段论。

自 2004 年修改党纲确认共产主义社会"一个阶段论"以来，已经过去约 20 年的时间。至今，在这一理论问题上，日共未能返回正确轨道，也未能基于发达资本主义国家现状作出新的理论阐释。纵观日共百年社会主义探索史可以发现，在思想上、组织上日共曾经长期受第三国际和苏联共产党的直接领导，这种外部领导虽然起到过积极作用，但一度也给日共自身带来灭顶之灾。自 1958 年党的七大以来，日共追求独立自主探索社会主义道路，要求摆脱大国主义、大党主义的干预。特别是在苏东剧变发

---

① 《马克思恩格斯文集》（第 3 卷），人民出版社，2009，第 571 页。
② 《马克思恩格斯文集》（第 4 卷），人民出版社，2009，第 414 页。
③ 《列宁全集》（第 31 卷），人民出版社，2017，第 90~91 页。

生以后，日共极力摆脱苏联模式、苏联共产党的不良影响，对其持批判和反对的态度。日共完全抛弃共产主义社会"两个阶段论"，认为分配方式是划分"两个阶段"的重要依据，这显然是错误的。这可以说是 21 世纪以来在国内政治右倾化、国民保守化背景下，日共为了摆脱苏东剧变不利影响而做出的过激反应，日共也想以此表明自身所探索的社会主义道路不同于苏联模式。

（三）未来社会的显著特征

在苏东剧变初期，日共指明未来社会是建立在生产力高度发达的资本主义社会基础上的共产主义社会，在那里将会消除人对人的剥削、压迫，人与人之间的关系实现了真正自由平等。

在 2000 年修改党章时，日共用"共同社会"代替"共产主义社会"的传统提法，指明党的最终奋斗目标是"构建一个没有人剥削人、没有压迫、没有战争，人与人之间的关系实现真正自由平等的共同社会"[1]。其中，日共强调了未来社会的显著特征，"不存在人对人的剥削，不存在经济和政治剥削、不存在战争，人与人之间的关系实现真正自由平等"[2]。

在《2004 年纲领》中，日共对未来社会的特征作出进一步阐释，即"在社会主义和共产主义的日本，包括民主和自由在内的资本主义一切有价值成果都将被进一步继承和发展，'剥削自由'被全面限制并将逐步被废除。随着剥削被废除，广大人民真正成为社会主人公的道路被打开，'以国民为主人公'的民主主义理念在政治、经济、文化、社会等领域整体上得以贯彻落实……各种思想信仰自由得以保障，在社会主义名义下特定政党处于领导地位的特权，或者将特定世界观视为'国家哲学'的现象，都将被消除……随着社会主义和共产主义进一步发展，当不被剥削压迫的人占社会

---

① 「日本共産党規約」，『しんぶん赤旗』2000 年 11 月 25 日。
② 不破哲三：「党規約改定案についての中央委員会の報告」，『しんぶん赤旗』2000 年 11 月 21 日。

多数时，人类社会进入原则上不存在任何强制性、不需要国家权力的社会"①。在 2020 年修改党纲时，日共坚持和肯定了这一理论观点，为自身探索未来社会提供了根本理论遵循。

（四）在发达资本主义国家进行民主改革是过渡到未来社会的康庄大道

苏东剧变以后，世界格局由两极化转变为多极化，和平与发展成为时代主题。21 世纪以来，全球变暖、贫富差距、金融危机、新冠疫情等全球性问题的出现，迫切需要世界各国人民回答"时代向何处去、走何种发展道路"这一时代课题。日共作为发达资本主义国家共产党，也高度重视这一理论问题并立足于国内外形势积极作出回应。

近年来，日共加强对 21 世纪世界形势、资本主义自身制度性矛盾、美帝国主义的霸权主义和大国主义行为受挫、资本主义国家内部矛盾尖锐等方面进行系统考察，在 2020 年修改党纲时明确提出在发达资本主义国家进行民主改革是过渡到未来社会的康庄大道的重要论断。日共指出，这里的"大道"一方面是指宽广的道路，另一方面是指正确的道路。这是因为马克思曾经反复强调，资本主义高度发展，在其胎胞里创造了未来社会发展所需要的主客观条件。特别是在发达资本主义国家，"已经创造了高度发达的生产力，管理和规制经济与社会的机制，保护国民生活和权利的规则，自由和民主的各种制度和国民斗争的历史经验，人们丰富的个性"②，过渡到未来社会的前提条件逐渐成熟。在此基础上，实现生产资料社会化，就可以顺利过渡到社会主义和共产主义社会。这里也蕴含着人类历史上从未有过的巨大可能性。

同时，日共指出，不否定在发展中国家和资本主义发展缓慢国家进行社会主义变革的可能性，但从百年来的社会主义实践来看在资本主义发展

---

① 「日本共産党綱領」，『しんぶん赤旗』2004 年 1 月 19 日。

② 志位和夫：「綱領一部改定案についての中央委員会報告」，『しんぶん赤旗』2020 年 1 月 16 日。

缓慢国家进行社会主义变革具有极大的困难。在发达资本主义国家，统治势力凭借自身强大的经济实力使其统治的网络遍布城市和乡村的每一个角落，尤其是其思想舆论体系对国民精神生活具有强大影响力，给社会主义改革事业带来特殊的困难。这表明日共也意识到过渡到未来社会所面临的现实挑战。

第四章
日本共产党对世界格局和"两制关系"认识的百年变化

十月革命以前,"两制关系"问题还没有被系统地提出来。十月革命胜利后,社会主义由理论变为实践,社会主义从一国走向多国。如何认识"两制关系"下的世界格局、如何认识资本主义与社会主义的发展形势,不仅是世界各国共产党的责任和使命,也关系到它们能否正确制定革命斗争策略和政策主张。自成立以来,日共坚持在马克思主义指导下立足于资本主义国家的基本国情,审视资本主义和社会主义发展现状及其显著特点,判断世界格局发展走向,为其制定正确方针政策和行动纲领提供重要依据。百年来,日共对"两制关系"的认识和判断的变化反映在历次修改党纲之中,其不断以新的思想理论和政策主张指导全党开展反对资本主义的斗争、加强与国内外无产阶级的交往与合作,为推动实现共产主义奋斗目标凝心聚力。因此,考察日共对世界格局、"两制关系"认识的百年嬗变,可为我们分析和评价日共百年曲折发展、透视国际共产主义运动起伏变化提供重要窗口。

一 对世界格局发展形势认识的变化

正确认识世界形势、科学把握时代特征,是无产阶级政党制定路线、方针、政策的重要时代依据。日共对世界形势的认识随着"两制关系"的变化而变化发展,进而指导着其纲领路线的调整。同时,在2004年修改党纲时,日共对20世纪到21世纪的世界形势作出明确阐释,"20世纪以垄断资本主义和帝国主义统治全世界为开端……资本主义一统天下的时代随着俄国十月革命的爆发而成为历史……苏东剧变后，资本主义也未显示出自身的独特优越性，资本主义创造的巨大生产力无法消除自身矛盾，人民生活恶化、贫富差距扩大等一系列矛盾正在尖锐地表现出来……在 21 世纪的今天，超越资本主义、进入社会主义，是不可扭转的历史发展趋势"[1]。这也标志着日共对世界形势的认识不断成熟。

（一）20世纪以帝国主义支配世界为开端

20 世纪初期，日共成立后的主要任务是开展反对日本帝国主义的斗争，配合共产国际了解日本社会发展动态，无暇顾及当时的世界局势。

纵观二战前《1922 年纲领草案》《1927 年纲领》《1931 年纲领草案》《1932 年纲领》，日共对世界形势并没有作出明确论述，对世界形势的整体性认识也是比较模糊的。在 1961 年提出独立自主探索革命道路以前，日共在指导思想层面很大程度上受共产国际和苏联共产党的直接干预和指导，共产国际甚至直接帮助其制定或者修改党纲，指导日共开展反对天皇制、反对帝国主义的斗争。这一时期，党纲中主要反映日共对日本国家性质、国内形势、革命动力、党的作用、斗争策略等的分析，这为日共开展反对日本帝国主义的斗争提供了理论依据和行动纲领。

然而，在 2004 年修改党纲时，日共专门回顾了 20 世纪的世界形势，"20 世纪以垄断资本主义和帝国主义支配整个世界为开端，人类经历了帝国主义发动的两次世界大战、法西斯主义、军国主义、一系列侵略战争等世界性灾难……随着俄国十月革命的胜利，资本主义支配世界的唯一体制瓦解。"[2] 这是当时具有 80 多年发展历史的日共对 20 世纪的世界形势及国际共产主义运动兴起和发展的时代背景进行的总结，是在回顾世界形势发展演变基础上形成的党内共识。

---

[1] 「日本共産党綱領」，『しんぶん赤旗』2004 年 1 月 19 日。
[2] 「日本共産党綱領」，『しんぶん赤旗』2004 年 1 月 18 日。

（二）十月革命后世界呈现两大制度对立的态势

日共对十月革命后世界形势的认识，有一个变化发展的过程，经过长时间的探索，日共逐步形成了相对科学的理论观点，指导着全党探索社会主义道路。

1. 二战前日共对世界格局的认识

在《1922 年纲领草案》中，日共针对当时的国际局势指出，随着资本主义的发展，自由资产阶级中的政府反对派的政治要求增多，集中表现在要求获得普选权和国家权力民主化上面。同时，资本主义虽然正在迅速发展，但资产阶级革命迟迟未发生。这种情况激发了工人阶级和广大农民群众参与反对资产阶级的斗争的积极性，他们构成这个国家的积极政治因素。这也是日共对 20 世纪初期世界格局发展演变的最初认识。

在《1927 年纲领》中，日共指出，第一次世界大战后，远东在世界经济和世界政治中的地位和作用显得非常重要。日本帝国主义经过几十年的发展，扩大侵略，逐渐成为亚洲大陆的头号帝国主义国家。同时，在世界革命运动中具有无限意义的现代最强有力的革命运动在中国发展着。日本帝国主义的命运与世界资本主义的命运紧密相连。

在《1932 年纲领》中，日共指出，世界帝国主义列强为了发动侵略苏联的战争而加强团结，对无产阶级专政国家来说，世界帝国主义战争迫在眉睫。国际联盟正是这种战争的工具。国际资产阶级及其代理人希望通过发动对苏联的战争，摧毁从危机中寻找革命出路的国际无产阶级。世界劳苦大众面临两个世界、两种制度的斗争，其中，一个是腐朽的、走向死亡的资本主义世界，另一个是新生的、走向胜利的社会主义世界。在资本主义危机面前，社会主义建设取得显著成就，苏维埃制度的优越性凸显。无产阶级专政国家的工业化，正在以前所未有的速度推进；农业社会主义改造成功，农业全面转向集体经营；完成了社会主义经济基础建设；等等。苏维埃社会主义建设在人类历史上开辟了一个新时代。

二战前，日共对世界形势认识的变化，表明日共对帝国主义和反对帝国主义两种力量对比和较量的认识趋于成熟，也对社会主义革命充满信心。

2. 二战后日共对世界形势发展变化的认识

二战后不久，以美国为首的西方联盟进一步巩固，对以苏联为首的社会主义国家实施了除直接武装冲突以外的一切敌对活动，双方长期处于紧张对峙状态。在《1961年纲领》中，日共明确指出："第二次世界大战以后，国际形势发生了根本的变化。社会主义已经超越一国的范围，成为一个世界体系；资本主义各国的工人运动日益发展，在亚洲、非洲和拉丁美洲等地区殖民主义体系正在迅速崩溃，从根本上动摇着帝国主义的统治。资本主义的总危机加深了，世界资本主义体系处在深刻地衰退和腐朽过程中。世界社会主义体系、国际工人阶级、反对帝国主义的力量和为争取对社会进行社会主义改革而斗争的力量，已经成为决定现时代世界历史发展的主要内容、方向和特点的原动力。世界社会主义体系正在成为人类社会发展的决定性因素。帝国主义的灭立和社会主义的胜利是无法避免的，这是世界历史的发展方向。"[1] 并且，帝国主义的侵略性没有改变，帝国主义策划的战争仍然威胁着全人类。对此，"社会主义阵营同已经取得民族独立的国家和中立国家一起形成了占世界人口一半以上的和平地区，并且同争取和平、民族独立和社会进步的一切力量联合起来，为了防止侵略战争和实行不同社会制度各国间的和平共处而坚决地进行着斗争。在世界范围内，社会主义力量日益明显地超过帝国主义力量，和平力量日益明显地超过战争力量……和平共处已经得到世界广大人民的拥护"[2]。这也是日共认为世界帝国主义和反帝国主义"两大阵营"对立的理论来源。对此，日共还明确提出要加强与世界上所有追求和平民主和社会主义的人合作，同世界上一切反对帝国主义、反殖民主义的力量联合起来开展斗争，特别是要加强与世界无产阶级的团结，"始终支持以苏联为首的社会主义阵营、全世界的共产主义者以及一切人民群众为争取人类进步而进行的斗争"[3]。

---

① 《日本共产党第八次代表大会文件》，世界知识出版社，1962，第230页。
② 《日本共产党第八次代表大会文件》，世界知识出版社，1962，第231页。
③ 《日本共产党第八次代表大会文件》，世界知识出版社，1962，第233页。

随着资本主义矛盾的集中爆发，特别是以第二次世界大战爆发为标志，整个世界形成了以资本主义力量为主导的帝国主义阵营和以社会主义为主导的反帝国主义阵营这两大对立阵营。这是日共在近40年开展反对帝国主义斗争实践基础上，对资本主义和社会主义这两种制度、两种力量对比变化做出的判断和理论升华，也是日共摆脱共产国际和苏联共产党领导和干预之后独立自主作出的判断，构成了日共对世界局势的整体性认识。这一理论长期指导着日共开展反对资本主义的斗争。

此外，随着日共与苏联共产党关系的变化，日共在党纲中对苏联共产党的态度有所变化，但对世界格局的认识并未发生根本变化。例如，在1973年修改党纲时，日共删除了"以苏联为首的"这一表述，意味着日共不再强调苏联在社会主义阵营中的指导地位，这也是日共着力摆脱苏联共产党影响的具体表现。在2022年建党100周年大会的报告中，日共从百年党史的视角对世界形势论的发展演变作出评价，"《1961年纲领》中采用了国际定论——'两大阵营'理论，以美国为首的帝国主义阵营，实行侵略、战争的政策。与之相反，以苏联为首的反帝国主义阵营，为实现和平、独立、社会进步而奋斗。这种世界形势论看似正确，实际上存在很大的问题。其中，最大的问题就是'两大阵营'理论包含着苏联这一霸权主义力量"①。

3. 苏东剧变后日共对世界格局认识的变化

20世纪80年代末90年代初东欧剧变、苏联解体，标志着第二次世界大战以后形成的美苏两极对峙的世界格局瓦解，整个世界朝着多极化方向发展。特别是苏东剧变这一国际共产主义运动史上巨大悲剧的发生，对世界社会主义运动造成严重冲击。原有的15个社会主义国家中有10个改变国家性质，共产党的数量由180多个减少到130多个，世界上除中国以外的其他国家共产党员人数从原来的4400多万锐减到1000多万，世界社会主义运动也陷入长期低潮。② 在这种背景下，作为发达资本主义国家共产党的日共在分

---

① 志位和夫：「日本共産党100年の歴史と綱領を語る」，『しんぶん赤旗』2022年9月17日。

② 吴恩远：《苏联改革与中国改革缘何结果迥异》，《人民论坛》2016年第27期。

析苏东剧变教训的基础上重新审视世界发展形势。

1994 年在二十大上，日共在修改党纲时对苏东剧变后的世界形势作出明确论断。"伴随 20 世纪的到来，世界资本主义进入垄断资本主义、帝国主义阶段。近百年来，世界和平与民族自决、社会进步事业在曲折中前进。在第一次世界大战期间俄国爆发了社会主义革命，列宁领导社会主义新政权通过发挥科学社会主义的真理价值为世界进步作出重要贡献。二战中，苏联以牺牲 2000 万人的代价战胜纳粹德国，为反法西斯战争取得胜利作出重要贡献。二战后，欧洲和亚洲出现了一批以社会主义为目标的国家，推动全世界殖民地体制加速解体，给帝国主义带来沉重打击。在帝国主义阵营内部，以美帝国主义为中心的军事联盟进一步巩固，美国以军事联盟为手段不断加强对世界其他国家包括发达资本主义国家主权的侵犯。同时，由于资本主义发展不平衡等矛盾加剧，帝国主义阵营内部的矛盾也愈演愈烈。苏联解体是斯大林及其之后的领导集体违背科学社会主义原则，对外走上霸权主义、对内走上官僚主义和专制主义道路所造成的恶果，但这并不是科学社会主义的失败，也不能体现出社会主义的优越性。当前，创造巨大生产力的资本主义无法控制自身矛盾，无论是在日本还是世界其他国家，资本主义制度性矛盾都以前所未有的规模和尖锐程度表现出来。以美国为首的帝国主义阵营不断加强对世界统治，世界上广大人民群众为实现政治、经济独立而斗争的时代潮流兴起。特别是在资本主义国家内部，以工人运动为首争取生活、权利、和平和民主的各种运动正在兴起。"① 日共对 20 世纪以来世界形势发展演变的判断构成了其展望 21 世纪世界形势的理论基础。

（三）21世纪以来世界总体呈现和平发展态势

苏东剧变后，美苏对峙的世界格局解体，整个世界呈现美国一个超级大国与世界多个强国并存的"一超多强"局面。以美国为首的军事联盟加强

---

① 「日本共産党綱領」，『しんぶん赤旗』1994 年 7 月 24 日。

对世界其他国家的侵略，例如，美国依据《日美安保条约》要求日本为美国提供军事基地、要求日本参与美国在亚太地区的战争等；美国还于 1999 年空袭南斯拉夫联盟等。这给构建世界和平秩序带来严峻挑战。

1. 21世纪初期日共对世界形势的认识和判断

2000 年在二十二大决议中，日共专门用一个章节分析 20 世纪的世界局势并展望 21 世纪世界发展形势，"20 世纪世界各国人民的进步运动和社会变革运动，无论是在发达资本主义国家还是在发展中国家，都把打破垄断资本主义、帝国主义反动统治，维护最大多数国民的利益当作目标……尽管各国人民的斗争历经曲折，但是其在民主主义与人权、民族独立、构建和平秩序、规制资本主义、争取社会主义等方面都取得世界性的显著成就……20 世纪世界各国人民追求的潮流在 21 世纪得以巩固和扩大，成为世界历史的主流，并与以美国为中心的军事同盟体制、跨国公司和国际金融支配体制的逆流形成鲜明对比"[1]。这构成了日共对 20 世纪世界发展历程及 21 世纪世界发展形势的整体性认识。

日共对世界格局的认识也由传统帝国主义和反帝国主义两大阵营对立，转变为"21 世纪世界现状是两种国际秩序的冲突"[2]。其中，一种是美国想继续横暴统治世界，构建包括战争和压制的国际秩序；另一种是基于《联合国宪章》的和平国际秩序。这两种对立的国际秩序并存，迫切需要人们做出新的选择。在 2004 年修改党纲时，日共在回顾 20 世纪到 21 世纪世界局势时再次对 20 世纪"两制关系"做出阐释，对 80 多年来开展反对资本主义斗争、追求实现共产主义进行了实践经验总结。日共明确指出，"经历过两次世界大战、法西斯与军国主义的侵略战争，世界各国人民作出激烈反抗甚至付出惨痛代价，人类历史发生划时代变化……世界殖民体系完全崩溃，民族自决权成为世界各国人民共识并取得合法地位，100 多个国家实现独立并成为主权国家。并且，在世界政治舞台上，以这些国家为主要组成国

---

[1] 「日本共産党第 22 回大会決議」，『しんぶん赤旗』2000 年 11 月 24 日。
[2] 「日本共産党第 22 回大会決議」，『しんぶん赤旗』2000 年 11 月 24 日。

的非同盟国家会议，成为维护世界和平与为实现民族自治而斗争的重要力量"①。这一认识是对《1961年纲领》中提出的两大阵营对立的理论升华，也成为指导日共21世纪初期开展反对资本主义斗争的思想理论。

2004年时任日共最高领导人不破哲三在修订党纲的报告中指出，"从资本主义统治世界到两制共存，是20世纪最显著的时代特征。但是，这个时代并不是随着苏联解体而终结，在21世纪也表现出新特征。中国、越南开始探索通过市场经济走向社会主义的道路，全世界超过13亿的人正在探索社会主义道路，这也是世界结构和面貌发生变化的重要原因，这将成为21世纪世界历史发展的重要潮流"②。这也构成日共提出"世界朝着和平与进步方向发展"论断的重要现实依据。

在遵循《2004年纲领》中21世纪是"两制并存"论断的基础上，日共将世界划分为"发达的资本主义国家，脱离了资本主义的国家，亚洲、中东、南非、拉丁美洲范围的诸国"③ 三个部分。2006年在二十四大上，日共再次阐释了21世纪世界结构的变化，指明了资本主义自身矛盾的尖锐性和从资本主义过渡到社会主义社会的有利因素。

2. 近年来日共对世界形势的新判断新认识

2014年，日共在二十六大决议中对世界局势作出新的判断，"殖民体制解体是20世纪的显著特征，民族自决权成为世界公认的真理，世界上有100多个国家实现了民族独立。与这一世界格局变化相对应，在21世纪的今天，这些国家已经成为推动世界和平与进步的重要力量。少数国家统治世界的时代已经结束，国家无论大小一律平等，所有国家以平等、对等的资格成为世界政治主人的时代已经到来……以《联合国宪章》为基础构建和平国际秩序成为时代潮流……少数发达资本主义国家掌控世界经济的时代已经成为历史"④。这也成为日共提出世界和平发展理论的重要依据。

---

① 「日本共産党綱領」，『しんぶん赤旗』2004年1月18日。
② 「綱領改定についての報告」，『しんぶん赤旗』2004年1月15日。
③ 「日本共産党綱領」，『しんぶん赤旗』2004年1月18日。
④ 「日本共産党第26回大会決議」，『しんぶん赤旗』2014年1月18日。

2017 年，日共在二十七大决议中再次肯定了 21 世纪以来取得民族独立国家在构建和平稳定世界格局中的地位、作用及其取得的显著成就，"在新兴国家和发展中国家不断发展情况下，仅靠几个发达资本主义国家无法制约国际经济秩序的时代已经到来，我们迫切需要一种新的民主国际经济秩序来应对世界格局的新变化、新发展"①。在此基础上，日共还从打击投机资本和跨国企业逃税、取消或降低法人税、降低国际性人工费用等方面提出对跨国大企业进行民主规制的原则方法，以推动世界经济和平稳定发展。

针对 21 世纪的世界形势，日共强调，"从大的视野来看苏联解体为世界和平与社会进步带来新的机遇，为世界革命健全发展带来新的机遇；殖民体制崩溃与上百个主权国家诞生，在推动 20 世纪世界结构变化的同时，也成为 21 世纪推动世界和平与进步的重要力量；创造巨大生产力的资本主义无法消除自身矛盾，这种矛盾正在以前所未有的规模和尖锐程度表现出来，各国人民寻求纠正这种错误的斗争对人类未来具有重要意义"②。

在《2020 年纲领》中，日共对 21 世纪世界形势作出专门论断。"20世纪殖民体制崩溃和世界上 100 多个主权国家诞生，推动世界格局不断变化，这些力量在 21 世纪的今天也开始在促进世界和平与进步中发挥作用……一小撮大国随心所欲地撼动世界政治的时代已经结束，世界上所有国家都以平等、对等的资格存在并成为世界政治主人公的新时代正在被'打开'……日本和世界其他国家要求废除核武器的声音极大地推动了国际政治的发展，人类历史上首次通过了判定核武器违法的《禁止核武器条约》，将核武器作为军事战略支柱而不断强化垄断体制的逆流被以'构建没有核武器的世界'为目标的各国政府和市民社会逼得走投无路……在东南亚、拉丁美洲形成了和平的区域合作潮流，这些地区谋求和平解决纠纷、反对大国统治并贯彻独立自主原则，缔结无核化条约成为废除核武器的世界性动力源泉，这些潮流为世界和平发展作出重要贡献……以 20 世纪

① 「日本共産党第 27 回大会決議」，『しんぶん赤旗』2017 年 1 月 18 日。
② 「日本共産党綱領」，『しんぶん赤旗』2020 年 1 月 19 日。

中期推出的国际人权保障制度为基础，消除对妇女、儿童、残疾人、少数人、移民工人、原住民等的歧视行为并保障其尊严成为国际规范，追求性别平等成为世界潮流，在消除经济和社会歧视的同时消除对女性所有形式的暴力行为成为国际社会的课题……资本主义巨大生产力无法控制的资本主义矛盾，正在以广大人民群众的生活状况恶化、贫富差距扩大、反复的经济不景气和大量失业、跨国金融投机行为横行、全球规模的环境破坏等形式以史无前例的尖锐程度表现出来……在这种形势下，任何反对霸权主义与维护和平国际秩序的斗争、废除核武器的斗争、反对军事同盟的斗争、完全尊重各民族的自决权且决不允许其受到侵害的斗争、建立在尊重各国经济主权基础上拥护和发展民主主义和人权的构建民主国际经济秩序的斗争、抑制气候变化和保护地球环境的斗争等越来越具有重大意义……世界历史发展进程中，有许多波折或者曲折，有的是一时的，有的是长期的，但跨越帝国主义、资本主义向社会主义前进，是当前世界不可逆转的发展方向。"① 这是日共就世界形势作出的最新判断，是指导全党在资本主义框架内通过民主改革过渡到共产主义社会的重要理论基础。

在 2020 年修改党纲的报告中，日共明确提出，此次修改纲领"（1）是基于科学社会主义和唯物论立场，以一个世纪为时间单位审视世界曲折发展历程，认清了世界发展进程中的主流与逆流，为日本社会改革指明方向；（2）21 世纪以来，在全球化背景下，构建无核世界、追求和平与合作、实行包括性别平等在内的人权保障、纠正贫富差距、抑制全球气候变化、寻求构建反对一切霸权主义形式的和平国际秩序等成为世界各国共同关注的重要问题，也是日本国民普遍关心的问题，这些问题都是由资本主义矛盾所导致的，日共据此回应国民关心的问题，将日本改革问题置于 21 世纪世界发展潮流之中，加强国家联合，进而形成改变当前世界局势的重要力量；（3）依据近些年的观察来看，中国是'以社会主义为目标新探索国家'的依据消失，旧党纲中'两制'理论的依据随之消失，这也是从正面审视当

---

① 「日本共産党綱領」，『しんぶん赤旗』，2020 年 1 月 19 日。

前资本主义制度性矛盾的重要表现"①。因此，日共高度肯定了《2020 年纲领》对党的未来发展与日本社会主义运动的重要意义，强调此次修改党纲不仅是对 21 世纪世界形势重新认识的结果，还能够"使党纲更富有生命力"。

在此基础上，在《2020 年纲领》中，日共删除了《2004 年纲领》中将整个世界划分为三部分的提法，着重强调今后世界发展的状态，即整个世界形成了和平与发展的新秩序。日共强调，少数大国随意操纵世界政治的时代已经结束，世界上所有国家以平等、对等原则相处且成为世界政治主人公的新时代已经到来。各国政府和国民一起作为国际政治的成员而发挥作用，成为这个时代新的显著特征。② 而且，《禁止核武器条约》生效，区域性合作成为一股世界潮流、国际人权保障和性别平等成为新的国际潮流，这在推动 21 世纪世界格局变化中发挥着重要作用。2024 年 1 月，在二十九大决议中，日共再次强调，《禁止核武器条约》在推动构建没有核武器世界方面具有重要意义，捍卫人权成为世界潮流且人们迎来了"世界历史上女性复权的时代"③。日益严重的气候危机、新冠疫情，给发展中国家带来了更大危害。被称为"南方国家"的发展中国家、新兴国家发出了追求构建公正世界秩序的呼声，"南南合作"成为一种新的世界潮流。这也是日共对世界发展形势的最新认识，构成了日共探索新时期社会主义道路的基础。

二 对资本主义发展变化的认识

百年来日共作为资本主义国家共产党，自觉立足于资本主义国家具体国情开展反对资本主义的斗争，推动实现共产主义奋斗目标。日共对资本主义发展变化的认识可以分为两个时期：在 1961 年提出独立自主探索社会主义

---

① 志位和夫：「日本共産党第 28 回党大会：綱領一部改定案についての中央委員会報告」，『しんぶん赤旗』2020 年 1 月 16 日。
② 「日本共産党綱領」，『しんぶん赤旗』2020 年 1 月 19 日。
③ 「日本共産党第 29 回大会決議」，『しんぶん赤旗』2024 年 1 月 19 日。

道路之前，教条主义地坚持苏联对资本主义的批判观点，强调"资本主义总危机理论"；在 1961 年之后，日共逐步摆脱苏联共产党的干预、独立自主地对资本主义发展的新变化新特点展开研究，在批判和反思"资本主义总危机理论"的基础上，承认资本主义还存在一定的发展活力。苏东剧变后，日共结合资本主义所暴露出的制度性矛盾，强调创造巨大生产力的资本主义已经无法解决自身制度性矛盾，资本主义矛盾集中爆发。日共对资本主义发展形势的认识指导着全党开展反体制斗争，在日共百年发展史上具有重要意义。

（一）对资本主义危机的认识

作为在共产国际帮助下成立的共产党，日共曾经长期作为共产国际日本支部而存在，受共产国际和苏联共产党的直接领导。列宁提出的垄断资本主义陷入总危机而完全无法自拔的理论，经过斯大林及其之后苏联历代领导人发展的"资本主义总危机理论"，相应的成为日共认识资本主义发展形势的指导思想。从 1961 年开始，日共强调独立自主探索社会主义理论、领导社会主义运动，并批判性地分析"资本主义总危机理论"，逐步形成对资本主义的独特认知。苏东剧变后，日共根据资本主义危机的新特征认为创造巨大生产力的资本主义无法克服自身危机，这一认识长期指导着日共开展反对资本主义的斗争。

1. 1961 年之前对资本主义危机的整体性批判

在 1961 年独立自主制定党纲之前，日共虽然长期坚持苏联提出的"资本主义总危机理论"，但这一时期日共处于非法地位开展反对日本帝国主义的斗争，党纲中主要指明近期党的奋斗目标和任务、剖析日本帝国主义的矛盾和危机，并未阐明"资本主义总危机理论"。日共曾经多次修改党纲，但主要是剖析日本帝国主义发展变化，对资本主义整体性认识相对有限。

其中，在《1932 年纲领》中，日共在剖析日本帝国主义发动侵略战争的基础上，强调日本帝国主义所发动的强盗战争，正在把广大人民群众卷入第一次世界大战后最大的危机之中。日本侵占中国东北领土、在中国上海和其他各地制造流血事件等，帝国主义强盗所进行的全部军事行动，正是在当前世界经济危机背景下由世界上最强大的帝国主义国家之一所发起的。这次帝国主义战争，反映出资本主义世界的总危机和经济恐慌的严重性，反映出世界资本主义的一切矛盾达到了前所未有的尖锐程度。这场战争催生了具有重大意义的政治反抗的崭新时代。这也构成了日本发动侵华战争以后日共对资本主义总危机的初步认识。这一时期，日共仅仅是立足于日本帝国主义行为对资本主义展开整体性批判，对资本主义危机并未形成系统性认识。

2. 《1961年纲领》明确承认"资本主义总危机理论"

1961 年在党的八大上，日共在修改党纲时明确指出，世界资本主义危机进入一个新阶段，资本主义总危机不断加深，世界资本主义体系处于深刻衰退和腐朽之中。

一方面，从日本国内来看，二战以后，日本虽然在形式上是享有主权的国家，实际上其在军事、外交、经济、金融、贸易等方面依然处于美帝国主义控制之下，是被美帝国主义占领的附属国；天皇则成为美帝国主义和日本垄断资本实行政治思想统治和复活军国主义的工具。在这些因素综合作用下，日本垄断资本主义的矛盾更加复杂和尖锐，再加上美帝国主义的控制和掠夺，日本国内各阶层人民的生活越来越困难。这也充分暴露出日本垄断资本主义的腐朽性。特别是 1960 年"新日美安全条约"的签订，严重违背日本国民意愿，进一步将日本卷入美帝国主义所策划的侵略战争之中。美帝国主义与日本垄断资本集团加强自卫队建设并以核武器武装自卫队，企图修改和平宪法，加紧复活军国主义等，大大加剧日本国内矛盾。

另一方面，从帝国主义阵营来看，"由于资本主义不平衡的发展，帝国主义阵营内部的矛盾越来越尖锐，但是，帝国主义和国际反动势力为了勾结起来与社会主义阵营进行斗争，镇压民族解放运动、民主运动和革命运动，正在结成以美帝国主义为盟主的军事政治联盟。这样，美帝国主义就成为世界侵略和反动势力的主要堡垒、最大的国际剥削者、国际宪兵、世界各国人民的共同敌人……帝国主义的侵略本性没有改变。帝国主义策划的战争的危险仍然威胁着人类"①。这也意味着日共正式将"资本主义总危机理论"纳入党纲,成为全党的指导思想和行动纲领。

20世纪70年代,日共对这一理论的认识发生新的变化。1970年在十一大上,日共提出,"需要科学地、有分析地估计形势,绝不要公式化地估计形势,即认为社会主义阵营、国际共产主义运动、反帝力量顺利发展,不断胜利,而帝国主义阵营的危机一直在激化"②。但是,在党纲中日共依然坚持"资本主义总危机理论"。

3.1985年重新认识"资本主义总危机理论",承认资本主义还存在一定活力

1985年在十七大上,日共在肯定《1961年纲领》路线的基础上重新评估世界革命形势与资本主义制度,降低了党的近期奋斗目标,明确指出共产国际和斯大林的"资本主义总危机理论"具有极大片面性,在内容上存在许多不明确之处。

日共指出,总危机开始时间不确定(是第一次世界大战期间还是十月革命期间)、总危机结果不确定(是资本主义被社会主义取代,还是资本主义在经济、政治、文化、思想等方面失去威信,可以马上被推翻)、产生危机的原因不明确(受资本主义内部因素影响,还是受社会主义革命发展的外部因素影响)等,对于这些问题,世界各国共产党一直存在争议,未能达成共识。而且,"当前资本主义的矛盾还不会自动引起革命危机,甚至在日本国内出现了战后第二次反动攻势,形势的变化和敌我力量悬殊使日本的革命运动处于'非直线发展'的局面,甚至产生了某些'后退'"③。在对世界和某一个资本主义国家发展趋势的判断中,"资本主义总危机理论"具有夸大其矛盾和危机的倾向,从日本来看,就是认为日本的革命决战已经迫

① 《日本共产党第八次代表大会文件》,世界知识出版社,1962,第230~231页。
② 转引自曹天禄《不破哲三思想研究——日本共产党对马克思主义日本化的探索与启示》,商务印书馆,2014,第167页。
③ 万福义主编《党鉴:共产党历史发展与执政规律研究》(下),山东人民出版社,2011,第747页。

近。这一主观主义的估计不是仅涉及日本一国，共产国际还把第一次世界大战和十月革命后世界经济危机、法西斯主义抬头等也简单地用资本主义"瓦解""总危机"等概念来表述。

二战后斯大林否定了列宁提出的"整个说来，资本主义的发展比从前要快得多，但是这种发展不仅一般地更不平衡了，而且这种不平衡还特别表现在资本最雄厚的国家（英国）的腐朽上面"[①] 的论断，日共对此加以批判，指出斯大林依据中国和东欧等地形成的社会主义阵营而片面认为"统一的世界市场瓦解""资本主义生产本身缩小"，这是错误的。在此基础上，日共强调，"资本主义总危机理论"撇开革命的主体条件强调资本主义体系危机加深，强调所有资本主义国家的政治、经济危机等，这导致日共对当时的形势估计过高，对日本的革命运动产生消极影响。[②] 过去人们片面认为是社会主义制度的存在和发展加深了资本主义总危机，但如今社会主义国家的显著变化已经证明"资本主义总危机理论"的错误。[③]

因此，在1985年修改党纲时，日共删除了"资本主义总危机""处于极端衰落和腐朽之中"等相关表述，强调资本主义还存在一定发展活力，世界各国革命动力来源于本国内部矛盾和主体力量。

4. 苏东剧变后提出"创造巨大生产力的资本主义无法克服自身危机"理论

苏东剧变后，面对国内外反共、反社会主义力量的强大攻势，日共在剖析资本主义新变化、新特点的基础上，强调资本主义追求利润第一主义行为导致了全球性灾难，资本主义虽然创造巨大生产力依然无法克服自身的制度性危机，这也决定了资本主义的前途命运。

1997年在二十一大决议中，日共明确指出，"从20世纪80年代开始，

---

① 《列宁选集》（第2卷），人民出版社，2012，第685页。
② 朱铁志：《日本共产党在新〈党纲〉中删除"资本主义总危机"一语》，《开放时代》1989年第1期。
③ 林茂森：《日本共产党纲领删掉"资本主义总危机"的理由》，《当代世界社会主义问题》1988年第1期。

发达资本主义国家积极推行放宽限制的自由市场原理的经济政策，强化跨国企业在世界范围内的资本垄断行为……由美国主导的'放宽限制''全球化'是为了消除跨国公司发展的障碍，以牺牲发达国家和发展中国家国民利益为代价而建立起谋求跨国企业利益巨大化的国际秩序……这必然加剧失业矛盾、贫富差距、发展中国家与发达国家差距拉大矛盾、全球规模的金融投机行为横行矛盾……因此，基于'放宽限制'万能论的经济路线加深了垄断资本与世界各国人民的矛盾"①。

2004 年，日共在二十三大上修改党纲时明确指出，"苏联等社会主义国家的解体，并不能体现资本主义制度的优越性。当前，资本主义创造了巨大生产力却无法解决自身矛盾，这种矛盾正在以前所未有的规模和尖锐程度表现出来，比如，广泛的人民各阶层生存状态恶化、贫富差距扩大、反复的经济不景气和大量失业、跨国金融投机横行、全球规模的生态环境破坏、殖民统治负面影响严重、南北问题突出等"②。

2020 年在二十八大上，日共修改党纲时坚持和发展了这一观点并特别强调，"贫富差距在全球范围内空前扩大，各种气候灾难不断扩大，成为事关 21 世纪资本主义是否有资格存续的重要问题"③。全球新冠疫情暴发以来，日共结合全球性危机审视资本主义制度，从"新自由主义""资本主义矛盾"两个视角审视新冠疫情暴发的原因。日共强调，"新冠疫情暴发证明了新自由主义的破产……新冠疫情导致贫富差距扩大和环境破坏两个世界性矛盾加剧，资本主义矛盾日益严重表明'资本主义已经达到自身的临界点'"④。

2022 年在建党一百周年大会上，日共明确指出，"当前，在世界上，资本主义制度导致的贫富差距、气候危机等制度性矛盾在所有领域都喷涌而

① 「日本共産党第 21 回大会決議」，『しんぶん赤旗』1997 年 9 月 26 日。
② 「日本共産党綱領」，『しんぶん赤旗』2004 年 1 月 18 日。
③ 「日本共産党綱領」，『しんぶん赤旗』2020 年 1 月 18 日。
④ 「日本共産党創立 98 周年記念講演会コロナ危機をのりこえ、新しい日本と世界を――改定綱領を指針に」，『しんぶん赤旗』2020 年 7 月 17 日。

出"①。这构成日共对当前资本主义矛盾和危机发展态势的最新认识，指导着日共开展反对资本主义的斗争，也表明日共自觉承担起了资本主义国家共产党的责任和使命。

（二）对美国资本主义的认识

第一次世界大战后，为了争夺亚太地区的霸权，美国作为"处于上升期"的资本主义国家与企图称霸亚洲的东方国家日本明争暗斗。二战后，美国对日本实施单独占领，将日本视为维护其在亚洲利益的"桥头堡"，使日本的政治、经济等处于其控制之下并为维护其利益服务。日共作为坚持以马克思主义为指导思想的无产阶级政党，长期立足于工人阶级利益、国家利益开展反对美国资本主义的斗争，基于美国对日本和世界其他国家的剥削压迫批判其为帝国主义国家。这一理论长期指导着日共开展反对美国资本主义的斗争。苏东剧变后，根据美国资本主义的新变化、新特点，日共将其批判为霸权主义、帝国主义国家，② 明确要求日本摆脱美国的控制，构建平等、对等的日美关系。

1. 二战前对美国帝国主义行为的批判

在《1927 年纲领》中，在分析日本帝国主义与英美帝国主义的关系时，日共指出，为了与苏联和中国进行战争，日本帝国主义与英美帝国主义结成同盟，但这绝不能消除帝国主义同盟之间日益尖锐的矛盾。其中，日本和美国之间的矛盾更为尖锐。这一时期，美国的移民法便是针对日本而设立的。受日本扩张领土的刺激，美国也不断向太平洋沿岸扩张，日美之间的冲突日益尖锐。

在《1932 年纲领》中，日共再次指出，随着帝国主义各种势力不断加

---

① 「日本共産党 100 年の歴史と綱領を語る」，『しんぶん赤旗』2020 年 9 月 17 日。
② 霸权主义是指大国、强国（比如美国）凭借军事和经济实力，强行干涉、控制小国、弱国的内政外交，在世界或地区称霸的政策和行为；帝国主义，亦称"垄断资本主义"，是凭借扩张的政策，专制统治者蓄意将其统治范围（帝国）向更多的国家和民族扩展的一种政治制度。

紧对中国发动战争，新的屠杀性的世界性战争成为事实，这也促使日美之间以及其他帝国主义强国之间发生直接的军事冲突成为事实。美国想完全掌控中国，当时尚没有对日本采取公开手段，但它与日本帝国主义的矛盾十分尖锐。美国一方面希望通过延长战争拖垮日本，另一方面又担心英国与日本联合。即便如此，美国与其他帝国主义列强相同，依然对日本帝国主义承担对苏联战争的先锋任务寄予厚望。

2. 二战后初期对美国帝国主义行为的批判

在《1951年纲领》中，日共明确指出，"在战后，日本变成美帝国主义的奴隶，丧失了自由和独立，丧失了基本的人权。现在，我们整个生活——工业、农业、商业、文化等，都为美国占领当局所控制。而且，美帝国主义者不仅带给我们以压迫和奴役，他们还利用占领制度剥削日本国民，从我国榨取利润。为此目的，他们夺取了一切控制和策划我们的工业、农业、商业和整个生活的权利，以便适合他们自己的利益……不仅如此，美帝国主义者还企图吸引日本参加新的侵略战争，以便完全摧毁我们的国家……美帝国主义为了统治亚洲，需要一个国家作为基地，这个国家要有军事干部、发达的工业和足够出兵的人口。美帝国主义者认为日本就是这样的国家。因此他们企图把日本拖入新的侵略战争，来充当自己的帮手……由此可见，美帝国主义者想把日本拖入新的侵略战争，用日本人的手和血来建立其在亚洲的统治"[①]。并且，日共结合纳粹德国的侵略战争史、中国和苏联社会主义国家力量变化、美国对待同盟者的不平等态度等批判了美国的帝国主义行为，指明日本在工业、农业和对内对外方面需要走和平合作发展道路，希望日本加强与中国、苏联合作，逐步让日本实现自由独立、经济繁荣和文化昌盛。

3. 1961年独立自主对美帝国主义展开批判

1961年在八大上，日共要求摆脱苏联共产党的直接指导和干预，独立自主地制定党纲。其中，日共结合国内外形势对美帝国主义展开严厉批判。

一方面，针对美国压制日本、使日本长期处于对美从属地位的帝国主义

---

① 《日本共产党的当前要求——新纲领》，《人民日报》1951年11月29日。

行为，日共强调，"由于占领我国的盟军主力，是企图以原子弹为武器、制定了对苏作战计划、要建立它对全世界的新的统治的美国，所以，这就成为使日本人民的命运蒙受奇耻大辱的第一步……在全世界民主力量和日本人民的压力下，虽然采取了一系列'民主的'措施，但是美国帝国主义行为却把这些措施限制在为他们统治日本所需要的范围以内，企图使民主革命破产……美帝国主义为了准备对飞跃发展和巩固的社会主义阵营发动战争，并且为了统治正在挣脱殖民主义锁链而站立起来的亚洲民族，一贯采取这样的政策：一面把日本作为它的军事基地而加以巩固，一面镇压日本人民群众的解放斗争，同时复活日本垄断资本集团，使其成为属下的同盟者"①。

另一方面，针对美国对世界其他国家实施的帝国主义行为，日共指出，"在同世界历史发展背道而驰的帝国主义阵营内部，美国帝国主义正在以军事集团和经济'援助'为主要手段，甚至是侵犯着发达资本主义国家的主权。许多国家的垄断资产阶级已经无法只靠自己的力量来对付日益成长和团结起来的进步力量，通过牺牲本国的主权来换取美帝国主义的帮助。由于资本主义不平衡的发展，帝国主义阵营内部的矛盾越来越尖锐，但是，帝国主义和国际反动势力为了勾结起来与社会主义阵营进行斗争，镇压民族解放运动、民主运动和革命运动，正在结成以美帝国主义为盟主的军事政治联盟。这样，美帝国主义就成为世界侵略和反动势力的主要堡垒、最大的国际剥削者、国际宪兵、世界各国人民的共同敌人……帝国主义的侵略本性没有改变。帝国主义策划的战争的危险仍然威胁着人类"②。日共立足于国内外形势独立自主对美国帝国主义行为展开批判，并揭露美国帝国主义的侵略性实质，阐释了美帝国主义对人类社会的危害性。

据此，日共在1961年修订党纲时明确提出日本当前的革命是反对美帝国主义和日本垄断资本这"两个敌人"的新民主主义革命、人民的民主革命。日共对美帝国主义的这种观点和认识一直到冷战结束之后才发生改变。

① 《日本共产党第八次代表大会文件》，世界知识出版社，1962，第224~225页。
② 《日本共产党第八次代表大会文件》，世界知识出版社，1962，第230~231页。

4. 苏东剧变后批判美国是"霸权主义、帝国主义国家"

在《1994年纲领》中，日共明确指出，"帝国主义的侵略本质没有变。苏联解体后，美国作为世界上唯一的超级大国，继续保持着包含核武器力量的强大军备，奉行着介入世界各地纷争并维持帝国主义'秩序'、霸权主义的'世界宪兵'战略。在亚太地区，美国以日本同盟者名义通过设立亚太经合组织（APEC）等，将军事干涉和经济霸权主义结合起来，以确立和提升支配性影响为目标的动向变得非常明显。"[1] 1997年在二十一大决议中，日共将以往提及美国时使用的"美帝国主义"一词改为"美国霸权主义"[2]。这表明，随着国际形势的变化，日共对美国的态度发生了新的变化。在处理与美国的关系时，日共的思想认识也发生了新的变化，以前日共将美国视为日本和世界人民的敌人，将反对美帝国主义视为自己的一项重要任务，现在则要求在废除《日美安保条约》的基础上，主动与美国及亚洲其他国家建立真正友好的关系。

21世纪以来，日共重新审视美帝国主义的新变化、新特点，批判当前美帝国主义是世界和平与安全、各国人民主权与独立的最大威胁。"美国将本国利益置于世界和平和国际秩序之上，忽视联合国作用而直接对其他国家实施先发制人的战略，推进新的殖民主义，这些情况非常严重。美国通过自我构建'世界警察'的角色，将以美国为中心的国际秩序和以支配世界为目标的野心正当化，这正是在苏联解体后美国成为世界上唯一的超级大国所表现出来的垄断资本主义所特有的侵略性特点。美国的这些政策和行为，既不顾及各国人民的独立与自由原则，也不顾及联合国的各项原则，明显是霸权主义、帝国主义的政策和行为……美国这些霸权主义、帝国主义的政策与行为，也引发了美国与其他垄断资本主义国家之间的矛盾。并且，美国以经济'全球化'的名义将世界各国纳入以美国为中心的经济秩序的经济霸权主义行为，导致世界经济陷入严重混乱"[3]。这也构成日共对美帝国主义的

① 「日本共産党綱領(1994年7月23日一部改定)」,『しんぶん赤旗』1994年7月24日。

② 「日本共産党第21回大会決議」,『しんぶん赤旗』1997年9月26日。

③ 「日本共産党綱領」,『しんぶん赤旗』2004年1月18日。

最新认识，指导日共开展反对美帝国主义的斗争实践。

2020 年修改党纲时，日共将"美帝国主义已经成为世界和平与安全、各国人民主权和独立的最大威胁"[1] 纳入党纲，这成为全党开展反对美帝国主义斗争的指导思想。在修改党纲的相关报告中，日共中央委员长志位和夫从美帝国主义无视《联合国宪章》并实施先发制人的攻击战略和在全球范围内建设军事基地、对世界其他国家肆意实施介入或攻击两个视角分析和批判美帝国主义行为，并结合特朗普上台以后美国打着"美国第一"的旗号开展帝国主义外交这种行为展开批判。"美国帝国主义的侵略行为和'美国第一主义'的本国中心主义相互作用，已经发展成极其危险的事态……美国与世界其他崛起大国争夺世界霸权的战争白热化，给世界带来新的紧张局势，这是极其危险的。"[2] 日共坚决反对美国的帝国主义、霸权主义行为，始终走在国内反对美帝国主义的最前沿，要求打破日本对美从属地位，构建对等、平等的日美关系。

（三）对日本资本主义的认识

日共对日本资本主义的认识经历了一个不断变化发展的过程。二战前，日共强调日本是帝国主义国家；二战后，日共强调日本是从属于美国的垄断资本主义国家，要求打倒美帝国主义和日本垄断资本"两个敌人"；苏东剧变后，日共强调日本是处于对美从属地位和以大企业、财界为中心（"两个异常"）的垄断资本主义国家，要求推翻垄断资本主义的统治，从资本主义国家过渡到社会主义社会。

1. 二战前对日本资本主义的批判

在《1922 年纲领草案》中，日共指出，第一次世界大战中日本并未受到严重破坏并迎来迅速发展。日本社会各种封建关系依然存在且影响严重，绝大多数土地依然被封建大地主掌握。日共明确提出推翻天皇制度、建立无

---

[1] 「日本共産党綱領」，『しんぶん赤旗』2020 年 1 月 18 日。

[2] 「第 28 回党大会 綱領一部改定案についての中央委員会報告」，『しんぶん赤旗』2020 年 1 月 16 日。

产阶级专政的要求。这一时期，随着资本主义经济危机的爆发，日本政府大肆推行军国主义，希望通过扩大侵略，如侵占中国、苏联、印度等国领土来缓解国内矛盾。

在《1927年纲领》中，日共明确提出，二战后，由于远东①在世界政治经济中的地位非常重要，日本帝国主义问题变得特别紧急。日本帝国主义的命运和世界资本主义正日益紧密地结合在一起，日本帝国主义者在即将到来的战争中会扮演最积极的角色。对于中国革命问题，日共明确指出日本不可能采取中立态度，因为日本资本主义与中国之间有着生死攸关的利害关系。一方面，中国是日本急缺的铁矿和煤矿的主要原料产地；另一方面，中国又是日本工业品的主要市场和资本输出的主要投资国。因此，日本帝国主义认为中国革命必然对其上述利益造成直接威胁，要坚决扼杀中国的工农革命。为此，日本帝国主义与英国帝国主义结成同盟对中国以及苏联发动战争。1931年，日本发动了侵华战争。

在《1932年纲领》中，日共明确指出，日本帝国主义所发动的强盗战争，正在把人民大众卷入第一次世界大战后最大的历史危机中。日本占领中国东北、在上海和其他地方制造流血事变等，日本帝国主义强盗所进行的全部军事行动，是在世界经济危机背景下，日本作为最大的帝国主义国家之一所发动的第一个大规模的军事行动……具有特殊侵略欲望的日本帝国主义强盗，从掠夺殖民地和战利品中寻找资本积累和巩固自身实力的原动力。

总之，日共阐明了这一时期日本帝国主义的侵略本质及其危害，批判日本帝国主义对外侵略、奴役殖民地各国人民，明确提出要把反对日本帝国主义战争与维护工人农民乃至全体劳苦大众的根本利益相结合，进而把反对帝国主义的战争转变为国内反对代表资产阶级和地主利益的天皇制的革命。

2. 二战后初期着重批判日本统治集团

战后初期，日共一度将美国占领军视为"解放军"，忽略美国对日本单独占领的实质及其危害性，甚至还提出"被占领下的和平革命"论。所以，

① 远东指中国东部、朝鲜、韩国、日本、俄罗斯太平洋沿岸地区等。

日共将斗争的主要对象定为本国统治集团，提出严惩战争罪犯、打倒天皇制、实行彻底的民主改革、废除地主土地所有制、解散财阀等要求。同时，回避与美帝国主义及其占领政策的对抗，在党纲中不再提争取民族独立、反对占领军的任务。

3. 1961 年以来对日本垄断资本的全面批判

随着战后日本经济的高速增长，1955~1993 年日本政局长期呈现自民党执政、其他政党为在野党的态势，这也被称为"五五年体制"。这一体制衍生了"全体资本代表"与"全体工人代表"对抗的政治体制。在"五五年体制"瓦解后，日本左翼政党中仅社会党（1993~1996 年）和民主党（2009~2012 年）有过短期执政经历，其余时间依然是自民党执政，其为维护日本垄断资产阶级的利益服务。

1958 年在七大上，日共总结 1950 年党内分裂教训，追求摆脱大国主义干涉，独立自主开展工作。1961 年在八大上，日共摆脱苏联干扰并独立自主制定党纲，在分析日本具体国情的基础上，对日本在军事、外交、金融和贸易等方面从属于美国展开批判，要求废除封建土地制度，对垄断资本主义剥削压迫工人阶级展开严厉批判，反对美帝国主义占领统治和日本垄断资本集团卖国的、反动掠夺的政策，并提出反对美帝国主义和日本垄断资本这"两个敌人"的重要论断，明确提出当前党的中心任务就是"反对以美帝国主义和日本垄断资本为核心的卖国反动势力的战争政策"，反对民族压迫、复活军国主义和帝国主义①。虽然日本具体国情有所变化，但日本对美从属地位和政治体制并未发生根本改变，"两个敌人"的重要论断长期指引日共在国内开展反对日本垄断资本的斗争。

4. 苏东剧变后批判日本垄断资本主义"两个异常"

苏东剧变后，为了应对日本政治右倾化、国民保守化不断加强的趋势，日共在继承《1961 年纲领》中提出的"两个敌人"核心理论观点的基础上，1994 年在修改党纲时删除了将帝国主义和日本垄断资本主义视为"两

---

① 《日本共产党第八次代表大会文件》，世界知识出版社，1962，第 232 页。

个敌人"这种意识形态色彩较强的提法，继续批判日本对美从属地位和日本垄断资本主义，"现在统治日本的是美帝国主义及对其从属的同盟者日本垄断资本"①。

一方面，在美国占领日本的形势下，作为日本反动统治核心力量的日本垄断资本进行重组和强化，形成了对美国从属的国家垄断资本主义，并以对日本工人阶级和劳动人民的剥削、掠夺为最大基础，使日本一度成为世界第二大经济体。另一方面，一小撮大企业越来越贪婪地积累财富，实现财富的巨大化、跨国化。在日本垄断资本坚持利润优先的政策背景下，全国范围内生态、生活环境遭破坏。另外，日本垄断资本为了获得最大利润，使用国家机构掠夺广大国民，加强与反动政治家、上层官僚相勾结，导致日本政坛贪污腐败等频发，加重了日本垄断资本主义的腐朽性。这也导致美帝国主义与日本垄断资本之间的矛盾不可调和，导致反动统治与广大人民之间的矛盾加剧，激化了国民不满情绪。

21世纪以来，美国凭借《日美安保条约》不断加强对日本领土、军事等的控制，进一步将日本置于自己控制之下。对此，日共着力批判日本对美从属地位。在《2004年纲领》中，日共强调，"日本虽然是一个发达资本主义国家，领土、军事等重要领域却被美国掌控，成为事实上的附属国……美国对日本的统治显然是为了维护其世界战略和美国垄断资本主义的利益，是践踏日本主权和独立的帝国主义行为"②。

针对日本垄断资本主义，日共指出，"日本垄断资本主义的核心是少数大企业，它们将巨额财富集中在自己手中并走上巨大化和跨国化的道路，同时将日本政府置于其影响之下，将整个国家机构最大限度地应用于实现自己的阶级利益。在国内，大企业、财界与美国对日支配相结合，占据着统治日本及其国民的中心地位……对美从属和大企业、财界的蛮横统治是当前日本垄断资本主义的显著特征，与日本国民根本利益之间存在许多无法解决的矛

---

① 「日本共産党綱領（1994年7月23日一部改定）」，『しんぶん赤旗』1994年7月24日。
② 「日本共産党綱領」，『しんぶん赤旗』2004年1月18日。

盾，在 21 世纪的今天变得越来越严重"①。2020 年修改党纲时，日共沿用这一理论观点。这意味着反对日本对美从属地位、反对日本以大企业和财界为中心，是日共长期坚持反对日本垄断资本主义的着力点。

21 世纪以来日共一直强调日本社会"两个异常"矛盾，"尽管日本是世界上垄断资本主义国家之一，经济发展取得重大成就，但对美国从属关系没有改变……国内大企业、财界的横暴统治导致国内保护国民生活和权利的基本规则至今没有建立起来，性别歧视、占国民经济较大比重的中小企业受到不公正待遇，环境问题、社会保障问题等矛盾不断凸显……总之，反动政治家、特权官僚与一些大企业相勾结，日本社会不断发生贪污、腐败的连锁反应，日本垄断资本主义和反动政治的腐朽达到极限"②。不过，尽管日本社会矛盾尖锐，日共提出的解决"两个异常"矛盾的政策主张与日本政治右倾化、国民保守化的社会现状依然存在一定差距，这也意味着日共反对"两个异常"矛盾的斗争并未赢得国民的广泛共识，日共带领国民解决"两个异常"矛盾任重道远。

三 对世界社会主义认识的变化

在百年发展史中，日共对世界社会主义的认识伴随着国际共产主义运动的发展而不断变化。日共成立后长期在共产国际和苏联共产党的干预和指导下开展本国社会主义运动，强调苏联是世界社会主义运动的中心，坚持向苏联学习。1958 年在党的七大上，日共确立独立自主的路线并依据自身观察对世界社会主义运动发展态势作出判断，以之指导全党与世界其他国家共产党开展交往。苏东剧变后，日共确立与亚洲各国政党和政府交流的原则，着力构建和平的亚洲和世界，塑造开放的国际政党形象。1998 年，中日两国共产党恢复交往，理论交流不断增加，日共在党纲中也作出中国、越南等以

---

① 「日本共産党綱領」，『しんぶん赤旗』2004 年 1 月 18 日。
② 「日本共産党綱領」，『しんぶん赤旗』2020 年 1 月 18 日。

社会主义为目标的国家顺应"21世纪世界历史发展的重要潮流"的论断。近年来，随着资本主义国家矛盾集中爆发，资本主义国家工人运动呈现增多趋势，日共强调要向与本国国情相似的西方发达资本主义国家共产党等左翼政党学习社会运动的经验，以推动本国社会变革，进而过渡到共产主义社会。日共作为发达资本主义国家典型的共产党组织，对国际共产主义运动发展态势的认识具有一定的代表性，为我们透视发达资本主义国家共产党的社会主义观提供一个窗口。

（一）对苏联社会主义实践的认识

日共是在列宁领导创建的共产国际帮助下成立的共产党，自成立起便接受共产国际的指导，并作为共产国际日本支部在日本领导革命运动。不过，随着国际形势的变化，日共对苏联社会主义实践的认识也发生变化，由积极向苏联学习，到批判苏联的大国主义、大党主义行为，要求摆脱苏联的干预，再到苏东剧变后对苏联模式展开严厉批判，极力摆脱苏联模式不利影响，追求建设一个与苏联模式具有根本区别的社会主义国家。

1. 二战前日共对苏联社会主义实践的认识

战前，日共在共产国际直接帮忙制定的党纲的指导下开展反体制斗争、领导本国社会主义运动。例如，日共的《1922年纲领草案》《1927年纲领》《1931年纲领草案》《1932年纲领》都是在共产国际帮助和指导下制定的，共产国际直接为日共指明革命对象、革命动力等，指导日共开展反对天皇政府的暴力革命斗争。其中，日共在《1932年纲领》中在分析两制关系时指出，在今天资本主义世界性危机严重的背景下，苏维埃制度的一切优越性明显表现出来，社会主义建设成就展现"灿烂光芒"。无产阶级专政国家工业化正在以史无前例的速度向前推进，农业社会主义改造和全面走向集体经营取得显著成功，在这个基础上消灭富农阶级也取得重要成果。社会主义使人类历史开辟一个崭新时代。

2. 战后初期日共对苏联社会主义实践的认识

战后初期，日共依然积极向苏联学习。1951年，在斯大林指导下日共制定《1951年纲领》，明确党的行动纲领。从共产国际和苏联共产党对日共的影响不难看出，日共坚持认为苏联是国际共产主义运动的中心，积极向苏联学习。这一时期，日共在共产国际和苏联共产党的直接干预和指导下开展反对资本主义的斗争，共产国际为日共提供各种帮助，有效维护日共的团结统一。日共也高度肯定了苏联社会主义实践在国际共产主义运动中的重要意义。

3. 1958年日共七大以来对苏联社会主义实践的认识

1958年日共七大强调摆脱大国主义干涉，独立自主探索社会主义道路。在《1958年纲领》中，日共要求加强与世界无产阶级联合并强调"党始终支持以苏联为首的社会主义阵营，支持全世界共产主义者和一切人民群众为人类的进步所进行的斗争"①。1959年，中日两国共产党发表的联合声明也明确提出，"现在，以苏联为首的社会主义阵营各国正在加速地发展着经济文化的建设，亚洲、非洲和拉丁美洲的民族独立、民主自由的运动正在继续向前发展，世界各国人民保卫和平民主的斗争也取得巨大的进展"②。在《1961年纲领》中，日共再次强调苏联在国际共产主义运动中的核心地位，坚持要加强与以苏联为首的社会主义阵营合作的思想观点。

不过，1961年以后，日共进一步强调独立自主探索社会主义道路，要求摆脱苏联大国主义、大党主义干预，在国际社会及党内对苏联共产党的行为展开批判，积极与苏联共产党的大国主义、大党主义行为作斗争。这也意味着日共由向苏联学习转变为批判苏联共产党。直到1985年，日共在党纲中删除了"资本主义总危机理论"，批判苏联对无产阶级世界革命的消极影响，删除了"以苏联为首"的政治术语，这标志着日共一度坚持的"苏联是国际共产主义运动的中心"的观点发生根本性转变。

东欧剧变、苏联解体导致日共及日本社会主义运动遭受重创。在1990年十九大上、1994年二十大上，日共分析苏东剧变的原因，批判性分析苏

---

① 《日本共产党第七次代表大会文件》，世界知识出版社，1959，第214页。
② 《建国以来刘少奇文稿》（第9册），中央文献出版社，2018，第317页。

联在经济体制上与社会主义"无缘",并对苏联模式得出结论性认识,认为"苏东剧变不是科学社会主义的失败,而是违反科学社会主义原则的霸权主义和官僚主义、专制主义的破产……从大局来看这也为世界各国社会革命运动发展带来新的可能性"①。

2021年,在苏联解体30周年之际,日共再次在党的机关报《赤旗报》上撰文,总结苏东剧变的教训,在肯定苏联初期社会主义建设成就的基础上,继续批判斯大林及其之后领导者实施的霸权主义、专制主义导致苏联解体并给国际共产主义运动带来严重灾难。日共强调,在21世纪的今天,"应该纠正与社会主义'无缘'的霸权主义和使专制正当化的苏联式的歪曲'马克思列宁主义'行为,尊重民主主义和人权,展现把个人自由发展作为社会发展目标的社会主义的本质和独特魅力是非常必要的……霸权主义、大国主义没有未来"②。

2022年9月,在建党100周年大会上,日共在总结百年来党的建设经验教训时,再次指出苏联霸权主义干涉行为导致日共发生"50年问题"和20世纪60年代党内分裂等历史悲剧,这是后来日共提出独立自主路线、反对苏联霸权主义的重要原因。同时,这也是在苏联解体时日共成为"世界上唯一举手表示赞同的共产党"③的根本原因。

(二)对21世纪世界社会主义发展趋势的认识

基于21世纪以来对资本主义和社会主义的观察和判断,日共在2020年二十八大决议中明确提出,"贫富差距扩大、全球变暖等世界性危机集聚爆发,使资本主义是否有资格存续的问题在21世纪的今天被尖锐地提出来"④。解决资本主义矛盾虽然是当前资本主义社会内部面临的最迫切问题,

---

① 「日本共産党綱領(1994年7月23日一部改定)」,『しんぶん赤旗』1994年7月24日。
② 「ソ連崩壊30年覇権・専制主義克服の課題今も」,『しんぶん赤旗』2021年12月4日。
③ 志位和夫:「日本共産党100年の歴史と綱領を語る」,『しんぶん赤旗』2003年6月30日。
④ 「日本共産党第28回大会第一決議(政治任務)」,『しんぶん赤旗』2020年1月18日。

但创造巨大生产力的资本主义经济体系并没有能力解决这一矛盾。

日共根据 21 世纪以来资本主义的制度性矛盾加剧导致资本主义社会创造的巨大生产力无法控制自身矛盾这一重要认识，在 2020 年修改党纲时删除了 2004 年党纲中"发达资本主义国家的人民运动、脱离资本主义国家并探索社会主义道路的国家、亚非拉国家的人民运动，成为世界社会主义发展潮流"这一表述，明确提出"在发达资本主义国家进行社会变革，是过渡到社会主义·共产主义社会的康庄大道"[1] 的重要论断。"俄国十月革命以后的历史经验证明，在资本主义发展落后国家进行社会主义变革始终伴随着极大的困难和挑战。"[2] 日共认为，这一论断符合马克思恩格斯论述的在发达资本主义国家的胎胞内创造出进入共产主义社会的主客观条件的"本意"。

基于对资本主义发展现状的判断，日共强调指出，在发达资本主义国家进行社会变革是一项充满困难同时蕴含巨大可能性的事业。例如，在资本主义社会内部，资本主义创造的巨大生产力、社会对经济进行管理和规制的经验、保护国民权利的规则、自由和民主主义的各种制度、人们丰富的个性等，这些都是在发达资本主义国家进行社会变革进而过渡到共产主义的各种必要条件。这也是日共强调当前在资本主义国家实行民主改革是过渡到未来社会的康庄大道的重要依据。

---

[1] 「日本共産党綱領」，『しんぶん赤旗』2020 年 1 月 18 日。

[2] 志位和夫：「21 世紀の世界、新しい社会切り開く日本共産党の任務自覚し奮闘を」，『しんぶん赤旗』2019 年 11 月 5 日。

第五章
关于日本共产党百年社会主义
探索的理论思考

坚持把马克思主义与本国具体国情、时代特征相结合，不断推进马克思主义民族化、时代化，是马克思主义政党长期保持生机活力的前提和基础。苏联解体后，资本主义国家如何过渡到社会主义，还没有成功的实践经验，还有许多问题需要探索、有许多领域需要开拓。百年来日共立足于资本主义国家深入开展社会主义探索和开拓工作，久而弥笃。纵观日共百年社会主义探索史，日共坚持马克思主义信仰，始终走在反对资本主义统治、维护国民根本利益的最前列。根据世情、国情、党情的变化，日共不断探索与本国具体国情相适应的社会主义道路，强调独立自主探索资本主义框架内的社会主义和平革命道路并取得一系列成果，是国际共产主义运动的重要组成部分。日共社会主义百年探索也表现出一些显著特征，这为我们认识和评价日共提供重要理论依据。同时，在与右翼势力作斗争、探索日本式社会主义道路的百年奋斗史中，日共也积累了一些经验教训，对世界其他国家共产党特别是发达资本主义国家共产党具有一定借鉴意义。

一 日本共产党百年社会主义探索的意义

国际共产主义运动是以马克思主义为指导思想、以推翻资本主义统治为目标的世界各国共产党人领导的无产阶级运动，至今已经走过 170 多年光辉发展历程。日共百年奋斗史，可以说是一部批判和反对日本资本主义，特别是二战后要求推翻美帝国主义和垄断资本主义统治，为构建和平、民主、独立、自由的日本而不懈奋斗的历史。百年来，日共不仅在国内高举马克思主义旗帜，积极开展斗争反对右翼政权损害国民根本利益的各种行为，在国内塑造了革新政党形象，成为日本政坛上特色鲜明的左翼政党；而且关注国际共产主义运动发展动向，积极呼吁和推动和平解决国际问题、践行国际主义精神，在探索发达资本主义国家社会主义道路过程中一定程度上丰富和发展了马克思主义。特别是21世纪以来日共长期保持着发达资本主义国家最大的、最活跃的共产党组织地位，在发达资本主义国家高高举起马克思主义旗帜。日共的发展一定程度上可以说是发达资本主义国家共产主义运动的"风向标"。

（一）坚决反对右翼势力、领导日本社会主义运动

日共是日本现政坛中历史最悠久的政党，百年来始终自觉走在反对资本主义、反对右翼政府、反对战争、维护国民根本利益的前列，作为特色鲜明的左翼政党、反对党在日本议会内外发挥着重要作用。百年来，在日本国内，日共不仅在宣传和发展马克思主义方面发挥着重要作用，还在马克思主义指导下坚决开展反对资本主义的斗争并取得一定成果，在日本社会主义运动中发挥着领导核心作用，一定程度上推动了日本社会主义运动不断向前发展，为日本国民摆脱资产阶级的剥削和压迫提供了思想指南和行动纲领。

1. 始终走在牵制和制衡右翼势力的最前列

百年来，日共在开展反对资本主义斗争中表现得最坚决、最激烈，是日本社会公认的具有最鲜明特色的左翼政党。无论是坚持暴力革命路线时期，还是坚持和平革命路线时期，日共始终以推翻右翼政权，建设社会主义政权为目标，在牵制和制衡右翼势力方面发挥着重要作用。

在成立之初，日共便提出"天皇政府和现行政治制度"① 是主要敌人、革命对象，明确提出废除天皇制的口号，强调通过武装斗争推翻现行政府是

---

① 转引自牟春伟、杜凤刚《日本共产党"1922年纲领草案"研究》，《日本文论》2020年第2期。

无产阶级专政不可避免的步骤。在《1922 年纲领草案》《1927 年纲领》《1932 年纲领》中，日共分析现阶段革命形势后，从政治、经济、农业、对外关系等方面提出反对天皇专制统治的行动纲领，如明确提出废除天皇制、废除贵族院、没收大地主土地、落实普选权等，这对团结和凝聚国民开展反对天皇政府的斗争具有重要意义。而这也必然遭到右翼势力强烈反对和镇压。

在具体实践中，日共组织和领导群众开展反对天皇政府勾结英美等帝国主义势力军事干涉苏维埃政权的斗争，积极支持中国人民抗击日本侵略者的斗争、支持朝鲜人民解放斗争，反对天皇政府利用国内经济危机阻碍群众运动发展。例如，日共领导群众开展了全国性取消"三大恶法"斗争，组成"反对三大恶法工会联盟"，并组织游行示威活动，迫使政府作出相应改变。这有效激发了工人、农民、妇女、学生参加斗争的积极性。随着第一次世界大战爆发，日本国内经济危机加剧，随后导致政治危机，为工人运动兴起营造有利社会环境。这也促使坚持以马克思主义为指导思想、立足于维护工人阶级根本利益的共产党迅速发展。尽管日共一经成立便被天皇政府宣布为非法政党，右翼势力对其实施大规模镇压、大肆逮捕党员，甚至是杀害党员干部，但日共组织和领导的群众运动表现出坚决斗争精神并给天皇政府以沉重打击。1935~1945 年，日共的全国性统一性组织被迫"解体"，分散在全国的地方性党组织坚持开展反抗斗争，这为战后日共恢复建立奠定组织基础。

二战后至今，日共虽然从未有过执政或参与执政经历，但始终走在反对右翼势力最前列，在革命方法和策略上也表现得更加成熟，成效更加显著。一方面，日共以议会斗争为抓手，通过投反对票牵制右翼政权。自 1961 年日共确立和平革命路线以来，日共不断优化选举策略方法，革新指导思想和选举政策，积极争取赢得更多选民支持，发挥统一战线优势作用并强化在野党统一战线，为推翻右翼政权凝心聚力。日共还通过修改党纲明确不同历史时期党的奋斗目标和行动纲领，在凝聚党内思想共识基础上巩固和夯实党的群众基础。例如，21 世纪以来，在议会选举中，日共坚持反对《日美安保条约》、反对消费税增税、反对增加军费和建设战争国家、反对修改宪法第九条、反对核武器、要求日本实现"零核电"等，切实立足于国民根本利益提出自己的政策主张。在国会中，日共常常通过联合其他在野党给右翼政权的提案投反对票，使其提案成为废案。2019 年，日共通过联合在野党力量组成统一战线，最终"使自民党等修宪势力发起修改宪法的提议未能超过宪法规定的达到 2/3 以上议员同意而成为废案"，① 日共等反对修宪力量取得阶段性胜利。

另一方面，日共通过组织和发动群众运动，给右翼政权施加外部压力。如 21 世纪以来，针对右翼政权试图修改宪法九条，日共多次在全国发动"3000 万人签名运动"，给右翼政权施加压力；2022 年岸田政府为被刺身亡的安倍晋三举行国葬，日共组织群众开展游行活动，并将其批判为"违反宪法的行为，要求保护民主主义"②；等等。

随着世情、国情、党情的变化，日共反对右翼势力的斗争方式更加柔和、斗争策略更加成熟，但反对右翼势力的立场、推翻右翼政权的最终目标始终没有改变。日共始终是反对右翼势力的最坚决力量，始终走在反对右翼势力的最前列，成为日本社会公认的特色最鲜明的左翼政党。

2. 从无产阶级立场出发提出解决社会矛盾的思路方法

日共是以工人阶级为基础的政党，作为日本革新势力的代表长期活跃于日本政坛和日本社会，立足于维护广大国民根本利益提出党的政策主张，为从根本上解决日本社会矛盾提供思路方法，督促日本政府调整自身政策或者实施有利于国计民生的举措。虽然右翼势力不会采纳日共的政策主张，甚至会借机加强对日共诋毁、镇压，但日共始终坚持批判和揭露资本主义的本质，为解决资本主义矛盾提供对策建议，在国民心中树立起革新政党形象和社会弱势群体代言人的政党形象。这对日共赢得国民支持具有重要意义。

第一，坚持以马克思主义理论为指导从宏观层面寻求解决社会矛盾的方法策略，坚信从资本主义国家过渡到社会主义的目标一定能够实现并坚持不

---

① 「共闘の4年間と野党連合政権への道」，『しんぶん赤旗』2019 年 8 月 9 日。
② 「民主主義を守る声を上げ続けよう『国会正門前大行動』志位委員長のスピーチ」，『しんぶん赤旗』2022 年 9 月 28 日。

懈为之奋斗。党的纲领是一个政党公开树立的一面旗帜，外界可以通过纲领来判断它，政党自身发展也要靠它引领方向。百年来，日共立足于不同历史时期资本主义的特点、日本具体国情等坚决批判和反对资本主义制度，揭露资本主义侵略和剥削的本质，并根据国内形势变化提出具有不同时代特征的革命路线，确定革命对象、革命力量等，为推翻资本主义统治、建立社会主义政权提供行动纲领。比如，在革命路线问题上，由暴力革命路线转为议会选举的和平革命路线；在革命对象问题上，由推翻天皇政府转向推翻美帝国主义和日本垄断资本的统治；在革命力量问题上，由工农联盟逐步转向与革新势力合作，再到与革新势力以及保守势力中反对右翼政权的势力合作、与以共同政策为基础的所有在野党合作，近年来甚至提出阁外合作的在野党统一战线政策，为解决日本社会根本矛盾提供思想指南和行动纲领。

第二，针对不同历史时期的突出问题从中观层面提出对策，为维护国民根本利益而斗争。百年来，日共善于根据不同历史时期党的中心任务提出具体的政策主张，以凝聚党内思想共识、团结广大国民。例如，为解决日本政治经济矛盾，日共在 2004 年修改党纲时确立"在资本主义框架内进行民主改革"理论，提出改革"三大目标"，并针对具体问题从政治、经济、文化、社会、外交等方面提出 21 项行动纲领。在政治方面，主张打破对美国从属关系，构建真正独立、民主的日本；在经济方面，主张改变以大企业、财界为中心的经济政策，要求重视国民生活；在社会和文化上，主张保障国民基本人权和自由；在外交上，主张改变"唯美是从"的外交策略，以建设独立、和平、不结盟的日本①。这也构成了 21 世纪以来日共开展反对资本主义斗争所关注的具体问题及出台政策的出发点。

第三，针对一些具体问题从微观层面提出自己的对策主张，督促日本政府做出改变。比如，针对核电问题和核武器问题、修改教科书问题、右翼政府贪污腐败问题、消费税增税问题、东北亚问题、新冠疫情防控问题、贫富差距问题、性别歧视问题等，日共立足于维护广大国民的根本利益提出相应

①　「日本共産党綱領」，『しんぶん赤旗』2004 年 1 月 18 日。

的对策主张。其中，关于核电问题，日共长期以来走在反对使用核电的前列，明确提出实现"零核电"的要求，倡导使用新的清洁能源代替核电。日共前领导人不破哲三指出："表面上看核电成本低，这是因为被计算在成本内的只是表面的运转成本，处理核能源产生的大量放射性废弃物的费用等完全没有被考虑进去。"[①] 实际上，"核泄漏灾难的危险、核燃料废弃物处理问题、核电潜在的巨大经济负担"[②] 等都未被考虑在内，这意味着使用核电存在巨大的潜在危险，将会带来世界性灾难。关于消费税问题，自日本1989年征收消费税以来，日共始终走在反对消费税的最前列，提出"大企业、大资本家应该承担相应的负担"[③]，并要求国家给予中小企业与大企业相同的金融政策支持，鼓励中小企业发展，加快发展保障国计民生的福利事业。

3. 推进日本社会主义运动不断发展

日本左翼政党目前有日共、社会民主党和新左翼。其中，日共是影响力最大的左翼政党，也是特色最鲜明的左翼政党，在日本高高举起马克思主义旗帜，通过不断调整党的路线、方针、政策来巩固自身在日本政坛和社会中的地位，在开展反对资本主义斗争中推动社会主义运动不断向前发展。在日本甚至流行"有困难，找日共"的说法，这足以说明日共作为无产阶级政党、弱势群体代言人所起到的重要作用。

二战以前，日共反对天皇政府的活动从来没有停止过。日共通过工人、农民党支部等不断巩固和提升党的实力，批判和揭露天皇政府的罪行，领导和发动群众运动。德田球一等党的领导人长期在监狱中、法庭上开展马克思主义宣传工作，与右翼势力开展坚决斗争。

二战后，日共逐步摆脱苏联共产党的外部干预，走上独立自主发展道路，探索与本国国情相符的社会主义道路，强调通过议会选举和平革命道路推翻右翼政权，实现建立民主联合政府的目标。随着20世纪60年代以来日

---

① 不破哲三：「『資本論』のなかの未来社会論」，『前衛』2018年10月号。
② 不破哲三：「『資本論』のなかの未来社会論」，『前衛』2018年10月号。
③ 「消費税増税反対世論大きく」，『しんぶん赤旗』2008年6月25日。

本经济迅速发展，社会矛盾不断被激化，日共立足于维护国民根本利益所提出的政策主张得到国民进一步认可和支持，综合实力不断提升，在 70 年代末甚至出现了"欧洲·日本社会主义"模式的说法。这也反映了日共领导下日本社会主义运动的兴盛局面。

苏东剧变后，日共通过总结苏东剧变教训、深入越南和中国等社会主义国家实地考察，深入研究市场经济与日本社会主义相结合的路径，及时调整党的路线方针政策，持续探索日本式社会主义。日共通过理论革新有效扭转了党的综合实力衰退趋势，在国内外塑造起开放、革新政党形象。在发达资本主义国家共产党举步维艰的时期，日共在党员数量、议席数量、社会影响力等方面都有显著提升，这与日共坚持立场原则、及时调整党的方针政策密切相关，推动日本社会主义运动不断向前发展。

21 世纪以来，日共参政、执政意识不断增强，在政治斗争的策略、方法上作出重要调整，虽然自身呈现衰退趋势，但在统一战线方面取得一定成效，在牵制右翼势力方面发挥着不可或缺的作用。特别是近年来，在日本政治右倾化、国民保守化不断加强背景下，日本左翼势力整体衰退趋势加剧，日共依然坚持追求共产主义目标并为之奋斗，在与资本主义势力斗争过程中宣传马克思主义、巩固马克思主义阵地，在批判资本主义矛盾基础上为国民描绘共产主义事业发展蓝图，对推动日本社会主义运动不断向前发展具有重要意义。

（二）为国际共产主义运动作出一定理论与实践贡献

在日本这个老牌资本主义国家，有一股致力于开展社会主义运动、实现共产主义目标的力量，日共就是其中之一。在百年发展历程中，日共既有二战前被视为非法政党且长期遭受镇压的艰难时期，也有 20 世纪 60~80 年代党员人数逐年增长且最高达到近 50 万人的光辉岁月，亦有苏东剧变后世界其他国家共产党一蹶不振情况下及时扭转衰退趋势并实现逆势跃进的时期。时至今日，日共依然是发达资本主义国家最大的、最有活力的共产党组织，是整个世界共产主义政党中不容忽视的一员。总之，日共百年社会主义探索及其经验教训，是国际共产主义运动不可或缺的组成部分。正是世界上许多像日共这样的共产党组织共同谱写了国际共产主义运动的华丽篇章。

1. 为国际共产主义运动勃兴作出一定贡献

百年来，处于发达资本主义国家中的日共高举马克思主义旗帜，与本国右翼势力展开直接对决，为解决资本主义矛盾提供对策建议，并积极探索在资本主义框架内过渡到社会主义社会的道路。日共百年社会主义探索为国际共产主义运动作出一定的理论与实践贡献。

从理论方面来看，日共坚持运用马克思主义理论指导解决资本主义矛盾和问题，在与右翼势力斗争过程中不断推进马克思主义时代化、本土化，并形成一系列具有显著时代特点、民族特色的思想理论，为国际共产主义运动作出一定理论贡献。例如，日共提出的"日本民主主义革命"论、"社会主义成长期理论"、"市场经济模式社会主义"论、"发达资本主义国家未来社会"论等，都是其立足于发达资本主义国家情况探索社会主义道路的理论结晶。日共的这些思想理论虽然还亟待实践进一步检验，有的与现实社会主义存在较大反差，但其都是日共在马克思主义指导下立足于资本主义国家具体环境进行的探索，对其他发达资本主义国家共产党具有一定的理论借鉴意义，也为国际共产主义运动作出一定理论贡献。

从实践方面来看，二战前，日共在共产国际指导下开展武装斗争，明确提出推翻天皇专制统治的要求，领导国民开展一系列暴力反抗运动；在国际上，日共发扬国际主义精神，批判英美等帝国主义侵略行为，联合中国共产党反对日本侵华战争，支持朝鲜人民解放斗争等，在牵制帝国主义势力方面发挥过一定积极作用。二战后，日共逐步走上议会和平革命道路，探索资本主义框架内的社会主义道路，通过议会选举和群众运动制衡右翼政权，并取得一定成效。日共还强调发挥统一战线的优势作用，在不同历史时期实施不同的策略，争取团结日本各界力量开展议会选举斗争。在国际问题中，日共始终坚持反对战争，积极践行国际主义，在批判日本对美从属外交、美国第一主义外交政策的同时，呼吁用和平手段解决国际争端，为构建和平的亚洲和世界而努力。例如，长期以来反对和批判美国大国主义、霸权主义行为，在亚洲政党会议等国际会议上积极发声号召构建和平的亚洲，加强与欧洲等世界其他地区的国家、政党之间的交流并努力推进国际问题和平解决。

总之，日共百年社会主义探索一定程度上拓宽了发达资本主义国家走向社会主义的道路，也拓宽了发达资本主义国家共产党的党际交往道路，为国际共产主义运动作出一定实践贡献。

2. 为世界其他发达资本主义国家无产阶级革命运动提供有益借鉴

百年来，日共坚持科学社会主义信仰，立足于资本主义国家开展最坚决的反体制斗争，为追求实现共产主义目标而努力奋斗。日共百年社会主义探索，是运用马克思主义指导解决资本主义国家矛盾和问题的过程，拓宽了在资本主义框架内过渡到社会主义的道路，积累了在资本主义框架内开展反对资本主义斗争的实践经验，为世界其他发达资本主义国家无产阶级革命运动提供有益借鉴。

一方面，日共百年社会主义探索，立足于资本主义国家的具体国情探索社会主义道路，运用马克思主义立场观点解决本国具体问题，并取得一定理论成果。在开展反对资本主义的斗争中，日共也获得一些经验教训。这些独具民族特色的思想理论和经验教训，对世界其他国家共产党具有一定启示意义。比如，在革命路线选择上，日共曾坚持暴力革命，遭到天皇政府的强力镇压；二战后，在总结党的经验教训基础上，日共最终选择了议会选举和平路线，在长期探索中形成了具有显著时代特征的"人民议会主义"论、资本主义框架内的和平革命论等。在这些思想理论指导下，日共积极开展议会斗争，并取得一定成效。这与当前世界上大多数发达资本主义国家共产党被排挤在议会之外形成鲜明对比，对它们开展和平议会斗争具有一定理论借鉴意义。

另一方面，长期以来日共是国际共产主义运动中不可或缺的力量。二战以前，尽管面临反对势力强力镇压，日共坚持在共产国际直接指导下开展反对资本主义的斗争、参与国际事务，为推进国际共产主义运动发挥自身应有的作用。比如，支持和帮助中国共产党开展反抗日本帝国主义侵略的斗争。

二战后，日共不仅关注国内社会主义运动，也关注国际共产主义运动发展，在追求摆脱苏联干预和指导的同时，在国际事务上明确提出独立自主原则，并与国际干预势力展开斗争。比如，开展反对苏联大国主义、大党主义干涉的斗争，始终站在反对核武器斗争最前列。苏东剧变后，在批判苏联模式基础上，日共表示对苏联解体持赞成态度，关注国际共产主义运动发展。21世纪以来，日共不断拓宽自己的交往领域，在国际问题上积极发声、促进国际合作，依靠自己的力量和方式推动国际问题和平解决。比如，近年来，日共提出"以欧洲为中心"的党际交往政策，积极关注和推进发达资本主义国家社会主义运动，要求加强与欧洲进步左翼政党合作与交流，共同探索从发达资本主义国家过渡到社会主义的道路。

二 日本共产党百年社会主义探索的基本特征

百年来，日共作为坚持以马克思主义为指导思想的政党，长期立足于马克思主义立场观点方法批判和揭露资本主义体制性矛盾并寻找解决矛盾的方法，在与国内外反动势力作斗争、与大党主义和大国主义作斗争的过程中不断创新和发展日本式社会主义道路，日共百年社会主义探索表现出共性与个性并存的显著特征。立足于百年发展史归纳总结资本主义环境下日共社会主义探索的基本特征，能够为我们认识和评价日共提供重要理论依据。

（一）站在工人阶级立场开展反对右翼势力斗争

马克思主义政党是工人阶级政党、工人阶级的先锋队，坚持以马克思主义为指导思想。正如恩格斯所讲，"马克思的整个世界观不是教义，而是方法。它提供的不是现成的教条，而是进一步研究的出发点和供这种研究使用的方法"①。马克思主义是时代与实践的产物，是对以往人类文明成果批判

---

① 《马克思恩格斯文集》（第10卷），人民出版社，2009，第691页。

性继承与创新性发展的产物，在资本主义矛盾运动与无产阶级革命斗争中不断发展。同时，马克思主义是高度开放的科学理论体系，既面向历史，也面向现实和未来，为真理发展提供新的起点，必将随着时代、实践与科学的发展而不断丰富和发展，必将在与各民族具体实践相结合过程中得到丰富和发展。日共作为坚定的马克思主义政党，在资本主义国家高举马克思主义旗帜，至今已经走过百年发展历程。面对国内外反共、反社会主义势力的疯狂镇压、诋毁，日共长期坚持把马克思主义与本国具体国情、时代特征相结合，运用马克思主义立场观点和方法分析解决日本社会问题，为解决日本社会矛盾提供对策和方法，不断推动日本式社会主义道路向前发展，为丰富和发展马克思主义和国际共产主义运动作出一定贡献。

1. 二战前日共旗帜鲜明反对资产阶级的统治

二战前，处于非法地位和遭受右翼政权镇压的日共正是坚持和发展马克思主义，才保存了党的自身力量。成立之初，日共在剖析日本帝国主义性质的基础上，分析日本国内形势，明确革命动力，强调共产党的性质及其在日本社会中的作用，提出开展无产阶级革命的方法策略等，特别是立足于广大工人阶级利益提出在日本开展资产阶级民主主义革命的要求，明确提出推翻天皇专制统治、实现无产阶级专政的目标。

这一时期，日共具有明确的纲领，坚持发挥马克思主义的思想引领作用，积极立足于广大工人阶级利益开展反对天皇专制统治的斗争，尽管日共遭到天皇政府多次大规模镇压，大量党员干部被逮捕甚至被杀害、全国性统一活动被迫中止，但日共分散在全国的地方组织始终没有停止开展各种反对斗争，这也正是全体党员干部笃信和追求马克思主义科学真理的具体表现。同时，尽管党内曾经出现"山川主义"错误和"福本主义"错误，党一度走向分裂甚至被迫解散，但日共最终能够纠正偏离马克思主义的错误，重新回到坚持马克思主义的正确轨道。这一时期，日共揭露和批判天皇政府发动侵略战争，立足于国民根本利益提出的行动纲领和政策主张，让饱受资产阶级剥削压迫的国民看到了摆脱自身苦难的希望，有效巩固了党的阶级基础和群众基础。

2. 二战后日共在反对日本资本主义和美帝国主义中发挥着中流砥柱作用

二战后初期，日共提出的"被占领下的和平革命"路线和"被占领下的暴力革命"路线，都被实践证明不适合日本具体国情，甚至导致日共分裂，给日共自身发展带来严重损失。马克思主义认为，暴力革命是无产阶级革命的基本方式，但并不否定在特殊历史条件下进行和平革命的可能性，更不反对革命的和平发展。与资产阶级势力相比，在发达资本主义国家活动的日共力量非常小，长期坚持暴力革命路线也被证明会给自身发展带来灭顶之灾。1955 年 7 月，日共召开"第六次全国协议会"，实现党的统一，提出独立自主制定党纲的诉求。

经过 5 年的酝酿，在总结二战前和二战初期党的经验教训的基础上，日共在《1961 年纲领》中剖析日本帝国主义性质、日本具体国情基础上，明确提出开展反对美帝国主义和日本垄断资本这"两个敌人"的新民主主义革命、人民的民主革命，确立和平革命路线，阐明党的奋斗目标、行动纲领、统一战线任务等，为日共在资本主义框架内探索社会主义道路提供行动纲领。此后，日共不断发展和完善在资本主义框架内通过赢得议会选举多数建立人民的、民主的政权这一和平革命路线。

1970 年，日共还提出"多党议会制"和平革命路线，提出建立民主联合政府的政策主张，进而过渡到社会主义社会。并且，以议会选举为斗争舞台，日共立足于维护国民根本利益提出自己的政策主张，牵制和制衡右翼政权并取得一定成效。

3. 苏东剧变后日共继续高举马克思主义旗帜，走在批判和反对资本主义最前列

苏东剧变后，面对国内外反共、反社会主义势力的压制，日共始终高举马克思主义旗帜，坚持运用马克思主义立场观点方法分析资本主义新变化、新特点、新趋势，通过革新党的思想理论和政策主张来凝聚党内思想共识，明确提出"在资本主义框架内进行民主改革"的思想，提出到 21 世纪初期实现建立民主联合政府目标。特别是在分析当代资本主义制度性矛盾的基础上，对从资本主义国家过渡到社会主义社会的道路进行深入探索，提出

"市场经济模式社会主义"，形成在发达资本主义国家通过民主变革过渡到社会主义社会的理论，并立足于发达资本主义国家现状对社会主义社会进行理论阐释。

近年来，日共在批判资本主义制度性矛盾导致全球变暖、贫富差距扩大、性别歧视等全球灾难的同时，积极揭露右翼政府损害国民根本利益的行为，强调无产阶级力量团结起来加强与右翼政府开展正面对决，巩固在野党统一战线、推动实现民主联合政府目标，取得初步成效。比如，与在野党联合推举候选人并赢得相关议席。新冠疫情在全球暴发，日共严厉批判资本主义提倡的新自由主义思想导致全球传染病频发，倡导世界各国联合起来共同应对全球传染病。针对俄乌冲突等军事冲突，日共强调要通过谈判解决而不是以武力解决，推动形成和平与发展的世界格局。

总之，发达资本主义国家的历史文化传统、现实国情，决定了共产党探索社会主义道路的艰巨性和长期性。无论是战前处于非法地位时期，还是战后处于合法地位时期，作为发达资本主义国家共产党的日共始终没有放弃马克思主义坚定信仰，并在马克思主义指导下自觉立足于工人阶级利益坚决开展反对右翼势力的斗争。尽管日共从未有过执政或者参与执政的经历，但日共作为日本特色鲜明的左翼政党在牵制和制衡右翼势力、维护弱势群体利益方面发挥着重要作用，作为日本弱势群体的代言人长期活跃于议会内外，一定程度上表现出发达资本主义国家马克思主义政党的革命勇气。

（二）坚持探索资本主义框架内议会和平革命道路

马克思主义革命路线为世界各国共产党探索社会主义道路提供根本理论遵循，指导着世界各国共产党根据本国具体国情探索社会主义道路。特别是十月革命的胜利催生了世界上第一个社会主义国家，马克思主义实现了由理论向实践的伟大飞跃。受十月革命的鼓舞，世界各国迅速成立一大批共产党组织。这些共产党在成立之初，受俄国通过暴力革命跨越"卡夫丁峡谷"的鼓舞和影响，存在教条主义地接受暴力革命思想理论和实践经验的倾向，主张通过暴力革命打碎旧的国家机器，推翻资产阶级政权、建立无产阶级专政，通过实行生产资料公有制、计划经济等举措，经过社会主义然后过渡到共产主义社会。

二战后，随着本国社会经济状况、阶级结构的变化，发达资本主义国家共产党逐步摆脱苏联共产党的直接干预和指导，探索与苏联模式不同的社会主义道路，强调独立自主探索适合本国国情的社会主义道路，如通过和平的议会选举过渡到未来社会，利用资本主义现代民主政治体制开展和平的议会斗争。以意大利共产党、法国共产党、西班牙共产党和日共为代表的"欧洲·日本共产主义"力量迅速崛起，其主张放弃暴力革命、武装斗争等传统革命路线，以和平民主的议会斗争为中心，坚持走议会内外斗争相结合的现代化革命道路，通过开展和平民主改革改造当前资本主义社会，构建民主联合政府，进而过渡到未来社会。

自成立之初，日共便在共产国际指导下探索发达资本主义国家的暴力革命路线。日共明确提出推翻天皇统治的目标，一经成立便遭到天皇政府镇压，革命道路异常曲折。二战后初期，日共在苏联共产党指导下经过"被占领下的和平革命"路线和"被占领下的暴力革命"路线两个极端的转变，这些路线由于不符合日本具体国情导致日共分裂的命运，给自身发展带来严重损失。这一时期，由于美国占领军对日本进行民主改革，日共获得合法地位并得以公开活动，为日共利用资本主义民主政治体制开展和平革命斗争提供了有利环境。50 年代初美国占领军在日本实施"红色整肃"，在政府机关、地方公共团体、民营媒体公司、一般产业界等大肆清除共产党员，镇压日本社会主义运动。同时，由于战后日本经济快速发展，政治右倾化、国民保守化不断加强，国民对利用暴力革命推翻右翼政权兴趣不高。根据世情、国情、党情的变化，1955 年日共召开"第六次全国协议会"之后，日共恢复统一并提出独立自主探索符合本国国情的社会主义道路，开始对如何从资本主义社会过渡到共产主义社会展开系统探索。

自《1961 年纲领》中明确提出"争取和平革命"路线以来，日共着力探索争取议会多数席位的原则方法、阐释党的和平革命路线，希望通过赢得议会选举建立民主联合政府，此举有效丰富和发展了发达资本主义国家过渡到社会主义的理论体系。如20世纪60年代，为适应日本政治经济状况、阶级结构的新变化，日共明确提出走和平革命路线，带领全党积极探索如何利用资本主义民主政治体制参与议会选举，通过赢得议会选举多数席位建立民主政权，进而过渡到社会主义社会。

20世纪70~80年代，日共对发达资本主义国家的革命道路进行了一系列新探索，强调通过普选制争取多数选民支持并赢得选举胜利；在民主革命阶段和社会主义革命阶段，承认多党制、政权交替制度的合法性，实行广泛的民主；在社会主义日本要继承和发展资本主义的民主成果；不仅在议会斗争中注重人民议会主义，在群众斗争中也要贯彻人民议会主义；要实行人民议会主义，还要建立无产阶级政权。苏东剧变后，日共根据国内外形势的变化提出"在资本主义框架内进行民主改革"革命路线，即通过和平的民主改革手段，分阶段走向社会主义。

21世纪以来，根据国内外形势的变化，日共重视议会斗争、群众斗争和在野党统一战线，强调与右翼政权展开正面对决的必要性与可行性，阐释在资本主义框架内通过民主改革过渡到社会主义社会的原则方法、机遇挑战，一定程度上丰富和发展了马克思主义和平革命理论。

总之，日共百年社会主义探索证明，在资产阶级势力异常强大的资本主义国家，共产党通过暴力革命实现共产主义的做法行不通。根据世情、国情、党情的具体变化，日共选择走上一条议会选举和平革命道路，立足于工人阶级利益提出议会选举政策主张，有效巩固了自身的阶级基础和群众基础。日共探索议会选举和平革命道路的经验教训，对世界其他发达资本主义国家共产党具有一定启示。

（三）坚持原则坚定性和策略灵活性相统一

国际共产主义运动的实践多次证明，无产阶级及其政党在领导革命、建设和改革的过程中，必须坚持原则坚定性与策略灵活性相结合的根本指导原则。违背这一根本原则，必然会犯右倾或者"左"倾错误。

　　长期以来，日共在追求推翻资产阶级政权、建立民主联合政府目标的同时，根据世情国情党情的变化而灵活运用多种策略与资产阶级作斗争，并取得一定成效。特别是在探索日本式社会主义道路过程中，日共坚持原则的坚定性和策略灵活性相统一，一定程度上推动科学社会主义在日本的应用和发展，有效增强马克思主义在日本的影响力。比如，在探索和平革命路线过程中，日共相继提出"争取和平革命"论、"人民议会主义"论、"在资本主义框架内进行民主改革"论等。

　　在统一战线方面，日共以推翻右翼政权为目标，在不同时期提出不同的团结对象。在成立初期，日共强调重点团结广大农民阶层；二战后初期，日共提出要在美国占领下通过人民民主统一战线建立人民共和国。20 世纪 60 年代到 90 年代，日共强调"以工农联盟为基础，把劳动市民、知识分子、妇女、青年学生、中小企业家及一切爱好和平、爱国、保卫民主的人士团结在一起"，① 具体表现在：在党的八大上提出建立反对美帝国主义、日本垄断资产阶级统治的人民的广泛的统一战线；在党的十一大上提出建立以成立民主联合政府为中心任务的"革新统一战线"；在 20 世纪 80 年代提出建立"反核统一战线"。21 世纪以来，为了加快实现建立民主联合政府的目标，日共提出"在野党统一战线""在野党+国民""一点共斗""阁外合作"等统一战线策略。并且，日共强调，统一战线"除了继续加强联合各民主政党和社会团体、发动国民外，还要加大联系其他各阶层和无党派人士的力度，甚至开始与自民党内部的开明人士和中间分子联系"②。

　　在基本政策主张方面，针对天皇制，日共自成立以来始终坚决要求废除绝对天皇制并为之奋斗，二战后日共在党纲中依然强调"天皇制虽然失去绝对主义的特征，但是却作为资产阶级君主制的一种形式被保留下来，并成为美帝国主义和日本垄断资本政治思想统治和军国主义复活的工具"③。但

---

① 「日本共産党綱領（第 8 回党大会）」，さざ波通信，https：//sazanami-tsushin.netlify.app/platform/platform/p08th。
② 曹天禄：《日本共产党统一战线：历史·机遇·挑战》，《马克思主义研究》2017 年第 9 期。
③ 转引自曹天禄《日本共产党新党纲透视》，《国外理论动态》2004 年第 4 期。

随着冷战后日本政治右倾化、国民保守化，越来越多国民默认天皇制的存在。为了更好地适应日本具体国情变化，日共提出"严格实施关于天皇'没有处理国政的权能'等限制规定。把一个人或者一个家庭作为'国民统合'象征的现行制度，与民主主义以及人类平等的原则并不矛盾。……天皇制是宪法规定保留下来的制度，未来将在条件成熟时根据国民的意愿来决定其存废"①。这也意味着日共首次在党纲中承认天皇制的存在。

关于自卫队问题，日共始终强调要解散自卫队，但在2004年修改党纲时又加上了一个限制性条件，即"自卫队的存在与否，要在征得大多数国民同意的基础上加以解决"②。这也意味着日共默认自卫队的存在。

在党际交往中，日共曾经在共产国际直接指导和帮助下活动，20世纪60年代初以来，日共明确强调坚持独立自主原则，在追求保持自身独立性的基础上，积极与"大国主义""大党主义"作斗争，要善于根据国际形势的变化和自身发展需要不断调整党的外交政策。

总之，原则的坚定性要求无产阶级政党在开展斗争时必须坚持无产阶级立场、自觉维护无产阶级根本利益、坚持无产阶级的战略目标；策略的灵活性要求无产阶级政党善于根据客观形势变化等而灵活运用斗争形式与组织形式。在社会主义百年探索中，日共始终坚持以推翻资产阶级统治为目标，从维护国民根本利益立场出发与右翼政权展开坚决斗争，并善于根据世情国情党情的变化而不断调整党的思想理论与政策方针，强调发挥统一战线优势凝聚各界革新力量，以巩固和夯实党的阶级基础和群众基础。正是由于处理好原则坚定性与策略灵活性的关系，日共才能够在苏东剧变后世界社会主义运动处于长期低潮的背景下实现逆势跃进，在发达资本主义国家社会主义运动中独树一帜，并长期保持着发达资本主义国家最大的、最有影响力的共产党组织的地位。这对世界其他国家共产党，尤其是其他发达资本主义国家共产党具有重要启示意义。

---

① 「日本共産党綱領」，『しんぶん赤旗』2004年1月18日。
② 「日本共産党綱領」，『しんぶん赤旗』2004年1月18日。

（四）坚持"国民是主人公"的原则

马克思主义具有鲜明的阶级性，这种阶级性与以往一切理论的阶级性具有根本区别，它不是追求少数人的解放，而是要求通过解放无产阶级进而解放全人类。马克思主义主张开展无产阶级革命，基于广大工人阶级利益运用唯物辩证法探索人类社会发展规律，提出消灭剥削压迫、解放全人类的命题。日共作为马克思主义政党，是工人阶级和全国人民利益的忠实维护者，长期坚持以马克思主义阶级阶层理论指导本国社会主义运动，自觉立足于维护国民根本利益与时俱进地革新党的思想理论与政策主张，并在议会内外开展维护国民根本利益的斗争，有效巩固和夯实了自身的阶级基础和群众基础。

日共成立于日本经济危机深重时期，经济危机导致国内矛盾激化，工人罢工热情高涨，农民反对封建主义、资本主义热情也不断高涨。在这种背景下，日共一经成立便明确提出推翻天皇专制统治的政治要求，提出组成工农联盟开展反对资产阶级、反对天皇制的政策主张。并且，日共明确提出，国民是国家主人公，反对日本发动侵略战争，实现男女平等，不断提高劳动者生活水平等。尽管日共成立不久就面临被宣布为非法政党、被右翼势力大规模镇压的挑战，日共依然勇敢揭露右翼统治集团反人民的侵略政策，坚决要求推翻天皇政府、废除天皇制，追求建立无产阶级专政，为争取人民自由民主权利而坚决斗争。在《1932 年纲领》中，日共对这些政策主张再次加以明确规定。同时，日共坚持反对日本的军国主义，始终走在反法西斯战争的最前列，为维护国民根本利益而奋斗。

二战后，日共取得合法地位，坚持通过暴力革命路线推翻右翼政权已经证明在日本行不通。在总结二战前和二战后初期经验教训的基础上，日共提出和平议会革命路线，强调在通过赢得议会多数推翻右翼政权、建立民主联合政府，进而过渡到社会主义社会的同时，还通过自身或者联合其他在野党对右翼势力损害国民根本利益的提案投反对票，使其成为废案，以维护国民根本利益。并且，日共在批判资本主义、揭露大企业无情逐利行为、关心和同情工人阶级并维护其根本利益方面表现出了自身的阶级性和坚定性。

比如，在反对《日美安保条约》方面，日共始终走在最前列。自 1951 年《日美安保条约》签订以来，日共在党纲中明确提出废除《日美安保条约》，要求美国与日本建立真正平等、对等的友好关系，使日本成为一个真正独立自主的国家。随着日美安保体制不断加强，日本在政治、经济、军事等领域处于对美从属地位且不断强化。对此，日共始终走在批判和揭露美帝国主义的前列，要求改变日本对美从属地位，实现日美之间关系对等、平等。在反对消费税制度方面，1988 年 12 月 24 日，日本中曾根内阁首次提出实行征收 3% 消费税的税制改革，此后日共始终走在批判征收消费税的前列。1997 年消费税提高到 5%，2014 年消费税提高到 8%，2019 年消费税提高到 10%，日共始终持反对态度，并以此为议会选举政策团结国民、在野党开展选举斗争。在反对修改和平宪法第九条、解散自卫队、保障劳动者基本权利等方面，日共也始终走在前列，并将其上升为党的纲领路线，反映在党的方针政策之中，指导全党在开展反对右翼势力的斗争中自觉维护广大国民的根本利益。这些举措使日共成为日本独树一帜的社会弱势群体利益"代言人"，也使其拥有相对稳定的群众基础。

总之，长期以来，日共正是基于"国民是主人公"立场革新党的思想理论和政策主张，从而能够不断巩固和夯实自己的群众基础和阶级基础。国际共产主义运动史也充分证明，作为无产阶级政党的共产党，在任何时候都必须站稳人民立场、力戒脱离群众。这也是无产阶级政党在革命、建设、改革中取得胜利的重要法宝之一。

（五）坚持独立自主立场

在成立和发展过程中，共产国际对日共进行直接帮助和指导，起到过一定积极作用。1922 年 7 月，日共成立后不久便加入共产国际，作为共产国际日本支部领导日本人民开展社会主义运动。之后，共产国际在财务、组织建设、领导力量、制定路线纲领等方面给予日共重要帮助。特别是日共成立后不久，党内发生右倾、"左"倾错误，导致党走向解散，后在共产国际帮助下，日共批判和战胜党内错误，恢复党的重建工作。部分党员长期在苏联学习和工作，为日共提供源源不断的领导力量。共产国际、苏联共产党和苏联人民对日共的支持和帮助，为两党之间建立友谊打下坚实基础。然而，日共与苏联共产党的关系发展过程中，屡次出现不和谐的声音，主要原因是苏联的大国主义、大党主义干扰两党关系正常发展。这也是日共提出坚持独立自主原则的时代背景。

从 20 世纪 50 年代中期开始，日共在总结二战前和二战初期党的建设经验教训的基础上，与苏联大国主义、大党主义展开坚决斗争，强调要独立自主探索社会主义道路。比如，1960 年 11 月，莫斯科八十一国共产党和工人党代表会议发表的"莫斯科声明"指出，"所有马克思列宁主义政党都是独立的、平等的党"，但同时提出，苏联共产党是"共产主义运动公认的先锋队"。对此，日共明确提出反对意见，认为这违背兄弟党平等原则。时任日共中央委员长宫本显治也明确提出独立自主解决本国问题的原则，为日共处理党际关系提供重要理论遵循。

1961 年日共明确提出摆脱苏联共产党的干预和直接指导，完全独立自主制定党的第一部纲领。1963 年 7 月美英苏三国缔结《部分禁止核试验条约》，强调美苏协调就没有战争危险。对此，日共强调，这是肯尼迪政府的阴谋，美国绝不会放弃战争走向和平。同年 8 月，苏联共产党在《真理报》上发表《广岛之声》，公开点名批评日共。日共与苏联共产党就此开始公开论战。日共明确表示不追随任何外国政党、不允许外国政党干涉党内事务。在 1963 年 10 月的八届七中全会上，日共剖析美帝国主义侵略本质，指明《部分禁止核试验条约》不会保障和平，也不可能制止美帝国主义发动核战争。在给苏联共产党的回信中，日共也表达了这一观点，坚决反对《部分禁止核试验条约》。1964 年 4 月，苏联共产党中央委员会给日共的回信中，指责日共"背离了马克思主义""脱离国际共产主义运动路线""破坏了日本工人阶级与民主运动"[1] 等。对此，日共据理力争，与苏联共产党进行正

---

① 丁芬等编《战后国际共产主义运动简明教程》，解放军出版社，1987，第 343 页。

面论争，明确提出贯彻独立自主原则。这一时期，由于苏联共产党对日共内部事务的干预，日共党内发生分裂，苏联支持的志贺义雄一派分裂出党。①日共认为，苏联共产党此举严重干涉日共内部事务，与大党主义行为展开坚决斗争。

实际上，即使在战后友好阶段，日共与苏联共产党的友好关系也是不平等的，苏联共产党对日共内部事务进行干涉，一直表现出老子党、大党主义姿态，代为制定纲领、批判或指责日共内部事务，这无助于两党团结。从具体历史发展来看，日苏两党关系恶化，苏联共产党要负主要责任。特别是苏联共产党支持志贺义雄一派，成为两党关系恶化的转折点。20 世纪 60 年代以来，日共一直强调独立自主原则，面对苏联共产党对日共党内事务的干涉，日共始终保持着自己的批判性和自主性，并与之进行坚决斗争。随着两党关系恶化，日共以斗争求团结，在推动实现两党关系正常化的同时，对苏联的大国主义、大党主义行为展开批判。不可否认的是，日共强调独立自主原则，"对于维护该党的自主性，探索发达资本主义国家的社会主义理论与实践，具有特殊的意义"②。特别是日共对苏联共产党态度强硬是正确的，这对苏东剧变后日共短期内扭转衰退趋势、实现逆势跃进也具有重要意义。

苏东剧变后，日共强调独立自主，对苏联模式展开批判性分析，并对苏联解体持赞成态度，表明日本式社会主义道路是与苏联模式完全不同的道路，要求全党独立自主探索资本主义框架内过渡到社会主义社会的道路。受当时国内外形势影响，日共逐步拓宽党际交往范围，在与亚洲各国政党、政府交往的过程中依然强调独立自主、对等平等、互不干涉内部事务三原则。

---

① 1964 年 5 月 15 日，日本众议院审议《部分禁止核试验条约》时，日共领导集团的重要成员志贺义雄投了赞成票，并且在投票当天召开记者会，和铃木市藏一起发表了与日共中央立场不同的声明。苏联和东欧国家的媒体全文转载了志贺义雄等的声明，并且带着肯定志贺义雄等的色彩。5 月 21 日，日共召开八届八中全会，作出开除志贺义雄的决定。一同被开除的还有铃木市藏、中野重治等。5 月 25 日，在参议院审议《部分禁止核试验条约》时，铃木市藏投了赞成票。1964 年 7 月，志贺义雄选择在建党纪念日创办《日本之声》，苏联方面的新闻媒体对志贺义雄作出高度评价。苏联对"亲苏派"的支持使日共与苏共的关系进一步恶化。

② 刘荣：《日本共产党经受着苏联解、东欧剧变的考验》，《外国问题研究》1992 年第 2 期。

在与中国共产党交往过程中，日共也强调要坚持独立自主原则，但梳理事实可以发现，日共仅"把一个国家的领导集体对待社会主义事业是否认真、诚实作为判断其是否为社会主义国家的依据"①，近年来在未深入中国实地调研情况下，日共将部分西方国家对中国宣传报道作为重要判断依据，显然是犯了主观主义的错误，明显违背马克思主义基本原理。

总之，20世纪60年代到90年代，日共强调坚持独立自主原则，积极与苏联共产党的大国主义、大党主义作斗争，有效维护党的独立自主地位、巩固党的团结统一，用实际行动证明在国际共产主义运动中坚持独立自主原则的重要性和必要性，有效增强了自身国内外影响力和吸引力。苏东剧变发生后，日共依然强调坚持独立自主原则探索资本主义框架内的社会主义道路、开展党际交往、参与国际事务等，这些行为是非常必要的，也是无可厚非的，但是打着独立自主原则旗号批判中国共产党、中国特色社会主义，明显偏离马克思主义的正确轨道。对此，我们需要跟踪研究并加以全面、辩证分析。

三　日本共产党百年社会主义理论探索的经验教训

百年来，日共社会主义探索过程充满曲折，一些错误思想理论直接导致其领导下的社会主义运动陷入低潮，关键时期指导思想错误甚至导致党解散，给自身发展和日本社会主义运动带来严重损失。由于善于总结社会主义探索过程中所犯下的错误并及时纠正，日共经过百年发展依然活跃于日本政坛并成为日本现政坛中历史最悠久的政党。日共百年社会主义探索的经验教训，对日共推进社会主义理论创新和日本社会主义运动发展具有一定指导意义，对世界各国共产党推进国际共产主义运动也具有一定理论借鉴意义。

---

① 志位和夫：「日本共産党第28回党大会綱領一部改定案についての中央委員会報告」，『しんぶん赤旗』2020年1月16日。

（一）制定和修改党纲是凝聚党内外思想共识的重要举措

一个政党的纲领是其立足于本阶级的利益而制定的奋斗目标及实现这一目标的行动路线。在日共百年社会主义探索历程中，随着社会主义斗争实践不断发展，日共先后制定和修改党纲达 14 次，对不同历史时期凝聚党内思想共识、团结群众力量起到重要作用。以 1961 年独立自主制定党纲为标志，日共制定和修改党纲可以划分为两个时期。

1. 1961年以前日共在共产国际和苏联共产党的领导和指导下通过制定和修改党纲凝聚思想共识

在 1961 年以前，日共受共产国际和苏联共产党的直接指导，党纲也是直接在共产国际和苏联共产党帮助下制定的，这样制定的党纲必然会脱离日本具体国情、脱离日本国民、脱离日共实际。这也导致日共犯下严重的右倾、"左"倾机会主义错误，对日共自身发展和日本社会主义运动发展产生阻碍作用。比如，在共产国际帮助制定的《1922 年纲领草案》中，虽然日共代表片山潜（时任共产国际执委会常务委员）参加了制定党纲的会议，但这一草案仍明确提出"推翻天皇政府""废除天皇制""废除君主制"等21 项行动纲领，这与幼小的日共明显不相符。

1927 年，共产国际在莫斯科制定《1927 年纲领》，要求日共直接以此为行动纲领。其中指出，"当前的日本仍处于绝对主义的半封建天皇制之下，农村地区还残存着半封建的地主与佃农的关系。在这种情况下，日本直接走向社会主义革命的机会尚未成熟。而首先必须推动的是，以工人和农民为主的布尔乔亚民主主义的革命，借由这个革命，来实现天皇制的废除和封建地主制的解体"[1]。这种观点在《1932 年纲领》中更加明确。然而，日共坚持在不妥协原则下追求实现彻底废除天皇制的目标，必然遭到天皇政府的大力镇压，这给日共自身发展带来沉重打击。在当时社会环境下，日共的暴

---

[1] 〔日〕鹤见俊辅：《战争时期日本精神史（1931–1945）》，邱振瑞译，北京日报出版社，2019，第 93 页。

力革命方针一定程度上能够吸引一大批热血青年。面对天皇政府强力镇压，一些热血青年甚至为追求共产主义理想而献出生命。这也决定了日共必然要为革命事业付出血的代价。

1946 年在五大上，日共并没有认识到美国对日本单独占领的严重危害，在党纲中提出"通过和平民主的方法能够实现日本解放和民主改革"。1951 年日共领导制定的纲领（《1951 年纲领》）强调日本是美帝国主义的附属国和殖民地，纠正 1946 年党纲的错误，提出"被占领下的暴力革命"理论。1958 年在七大上，日共废除《1951 年纲领》，在新的纲领中提出反对美帝国主义和日本垄断资本的"两个敌人"理论，指明今后开展革命斗争的对象，这标志着日共反对资本主义的革命斗争逐步走向成熟。

2. 1961 年后日共独立自主制定和修改党纲凝聚党内思想共识

1961 年八大召开，日共强调摆脱大国主义干预，通过了第一个完全独立自主制定的纲领。在党纲中，日共对日本的社会性质、革命性质、革命力量、革命方法等都独立自主作出判断。《1961 年纲领》的制定标志着日共在国际共产主义运动中真正确立了独立自主原则，也标志着日共在政治上逐渐走向成熟。此后，结合具体国情变化，日共多次对党纲作出部分修改。

1973 年日共对党纲中的政治术语进行修改，比如，将"无产阶级专政"改为"无产阶级执政"。1976 年修改党纲时，正式决定在党的文献中不再使用"马克思列宁主义"的提法，改为"科学社会主义"。1985 年在修改党纲时，日共删除"资本主义总危机理论"，并将独立自主判断国际形势后提出的"社会主义成长期理论"纳入党纲；将"防止核战争、全面禁止和销毁核武器""维护民族自决权"作为两个重要国际课题写入党纲；提出在国内建立以"反核和平五项目标"为核心的反核战线、建立无核政府。1994 年修改党纲时，日共提出"在资本主义框架内进行民主改革"理论，提出"在 21 世纪早期建立民主联合政府"的目标。

2004 年，日共对坚持 40 多年的党纲进行全面修改，提出当前，日本需要的不是社会主义革命，而是在资本主义框架内尽可能推进民主改革。在近期目标方面，日共明确民主主义改革的内容、途径、目标，对《日美安保条约》、天皇制、自卫队等的态度都发生重要变化；在长期目标方面，日共提出通过社会主义变革实现共产主义的目标，明确实现共产主义的原则、方法等。

2020年，日共再次修改党纲，删除党纲中"中国、越南是以社会主义为目标新探索的国家"这一规定，重新审视资本主义发展现状，提出在发达资本主义国家进行社会主义变革是过渡到未来社会的康庄大道，这一理论指导着日共在发达资本主义国家探索过渡到共产主义的道路。

总之，日共百年社会主义探索的历史，可以说是一部制定和修改党纲的历史。不断更新的党纲推动日共领导下的社会主义运动不断向前发展，也为日共探索社会主义道路提供思想指南。百年来，日共思想理论变化始终是以制定和修改党纲为主题，特别是1961年日共独立自主制定党纲以来在不断推进思想理论创新，为日共开展反对右翼势力的斗争提供了思想指南和行动纲领，有效凝聚党内思想共识、巩固阶级基础和群众基础。

（二）坚持独立自主是总结党的经验教训的基本结论

在百年发展史中，日共曾长期在共产国际和苏联共产党直接干预和领导下探索资本主义国家的社会主义道路。这虽然对日共成立初期的组织发展和理论建设起到一定积极作用，但随着日本具体国情和时代特征的变化，共产国际在不了解日本现实发展的情况下制定的纲领路线及苏联共产党直接干预日共内部事务，导致日共在理论上出现盲目性、实践上出现冲动性，给日共自身发展及日本社会主义运动带来严重损失，对推进马克思主义与日本具体国情相结合极为不利。国际共产主义运动史也充分证明，共产党坚持独立自主探索社会主义道路，是推进马克思主义民族化时代化的前提和基础。

1. 二战前日共在共产国际指导下开展革命斗争，缺乏独立自主性，革命事业发展充满曲折

二战前，共产国际直接帮助日共制定《1922年纲领草案》《1927年纲领》《1931年纲领草案》《1932年纲领》，尽管日共的部分领导人参加了纲领的制定，这些纲领在分析日本国情和时代特征、日本革命性质、斗争手

段、发展阶段、统一战线等方面存在一定的合理性，但也存在严重脱离日本现实情况的内容。

在《1927 年纲领》中，日共未将反对天皇制度的问题摆在正确位置，认为工人和农民不具备革命传统和斗争经验，强调将批判和揭露左翼民主主义者的"背叛"作为当前首要任务，将中间势力视为最危险的敌人。在《1932 年纲领》中，日共将天皇制与法西斯主义割裂开来，把反对天皇制和反对法西斯主义对立起来，未明确将反法西斯主义作为党的中心任务，忽视广大中间阶层的民主要求，将左翼民主主义势力与反动警察等同，过高估计革命形势并提出"变帝国主义战争为国内战争"的口号等。

这一时期，为增强列宁的有关帝国主义和无产阶级革命时代、世界革命理论的世界影响力，作为世界各国共产党的联合组织，共产国际直接指导各国共产党将"世界革命"思想纳入本党的党纲之中，作为党的指导思想加以坚持和运用。十月革命胜利后，国际资本主义势力通过武装斗争干预俄国新生政权，日本作为参与国导致国内矛盾激化。对此，日本的社会民主党人作为中间势力"背叛"了共产党。共产国际直接将这股中间势力当作共产党的"最危险的敌人"，指导日共与之进行坚决斗争，这是共产国际将俄国的工人阶级斗争经验直接硬套给日共的表现。① 这些脱离日本具体国情的纲领路线，对推动马克思主义日本化非常不利，也给日本社会主义运动带来严重灾难。在资本主义势力非常强大的国家，日共直接将其视为革命对象并开展暴力革命，势必会给自身发展带来灭顶之灾。

二战前这一时期，日共先后遭到右翼政府六次大规模镇压，从 1935 年到二战结束党的全国性统一活动被迫中止长达十年，这导致日共和日本社会主义运动失去十年机遇期。而这一时期，美国、英国等发达资本主义国家共产党迎来发展的高潮，党的综合实力显著增强。

2. 二战后日共逐步走上独立自主道路并取得显著成绩

二战后初期，日共领导人由于长期处于监狱之中或者流亡海外，对日本

---

① 曹天禄：《不破哲三思想研究——日本共产党对马克思主义日本化的探索与启示》，商务印书馆，2014，第 69 页。

具体国情缺乏深入了解，错误地认为美国对日本实施的民主改革能够被自身所用并推动实现构建民主政治的目标，随之提出"被占领下的和平革命"路线，指导全党开展和平革命斗争。1950 年 1 月，共产党和工人党情报局针对日共的"被占领下的和平革命"路线展开批判，直接导致日共分裂为以德田球一、野坂参三为首的"所感派"和以宫本显治、袴田里见为首的"国际派"。这也是日共历史上著名的"50 年问题"，给日共带来严重损失，日本社会主义运动也陷入低潮。

在 1955 年 7 月，日共分裂双方召开"第六次全国协议会"，批判分裂时的错误，联合选出新的中央委员会，基本结束分裂状态。此后，日共开始强调走独立自主发展路线。1961 年在党的八大上，日共独立自主制定党的纲领，提出探索和平革命路线的主张，为其推进思想理论创新和政策发展奠定重要前提和基础。自 20 世纪 60 年代开始独立自主探索社会主义道路以来，日共在推进马克思主义民族化中表现得相当活跃，思想理论影响力也不断提升，党的综合实力稳步提升。即使面临苏东剧变及国内外反共、反社会主义势力的强力压制，日共依然坚持独立自主探索日本式社会主义道路，并取得一定理论成果，对凝聚全党思想共识、增强党对国民影响力具有重要意义。

苏东剧变后，世界社会主义运动陷入持续低潮，发达资本主义国家共产党大都一蹶不振，实力大为削弱。然而，日共坚持独立自主对苏东剧变的原因展开批判性分析，着力探索资本主义框架内的社会主义道路。这些举措有力推动自身实现逆势跃进，日共长期保持着发达资本主义国家最大的、最有影响力的共产党组织地位。21 世纪以来，日共在党际交往、国际问题、党的建设、社会主义道路探索等领域依然强调独立自主原则，不断推动社会主义理论与实践的创新发展，在国内外塑造起独立自主政党的形象。

总之，日共的百年发展史可以分为从属于共产国际和苏联共产党、独立自主探索社会主义两个时期，两种做法也带来两种截然不同的命运。这对世界各国共产党具有重要启示。坚持独立自主原则，是日共在总结长期历史经验教训的基础上得出的基本结论。特别是 20 世纪 60 年代以来，日共结合具体国情独立自主探索社会主义道路，在与右翼势力开展议会内斗争过程中不断丰富和发展党的思想理论。在 21 世纪的今天，日共依然坚持独立自主探索社会主义道路，与各种大党主义、大国主义展开坚决斗争，推动日本社会主义运动不断向前发展。这也是日共能够长期保持发达资本主义国家最有影响力共产党组织地位的重要原因。

（三）正确处理党内思想斗争是保证党团结统一的重要条件

党内思想斗争是马克思主义党建学说的重要内容，是无产阶级政党区别于其他政党的最显著标志。无产阶级政党开展积极的思想斗争，直接关系到保持自身纯洁性和党员队伍发展壮大，也直接关系到保证自身政治生命和保持坚强战斗力。处于发达资本主义国家的日共，长期以来坚持以马克思主义为指导，高度重视党的建设工作，特别是党内思想工作。在百年发展史中，日共发展并非一路平坦，而是在曲折中前进，在与党内各种错误思想作斗争过程中不断发展壮大。针对导致党内分裂的多种错误思想，日共积极与之斗争并及时纠正，有效加强了党的团结统一，对保持党的肌体健康具有重要意义。

1. 战前日共通过思想斗争保证了自身团结统一

二战以前，面对敌人血腥镇压，日共党内不断出现叛徒、奸细，在与党内"左"倾、右倾机会主义者作斗争过程中向前发展。

1923 年，面对关东大震灾和"白色恐怖"，日共内部有一些懦弱小资产阶级分子经不起革命斗争考验，出现脱党的倾向。其中出现了以山川均为代表的机会主义者，其提倡合法主义、失败主义，主张取消共产党，并于 1924 年 3 月作出解散共产党的决议。对此，日共内部以德田球一为代表的共产党员进行反对斗争，当时身在共产国际总部的片山潜也表示坚决反对。

在共产国际帮助下，日共作出"在任何情况下解散党都是错误的"[①] 这

---

① 韩成栋等：《国际共产主义运动著名活动家》，商务印书馆，1992，第 166 页。

一重要结论。在这期间，身处海外的片山潜积极批判日共党内的合法主义、失败主义、投降主义错误，旗帜鲜明宣传马克思列宁主义，为日共重建和发展提供重要思想武器。在共产国际帮助下，经过片山潜、渡边政之辅、德田球一等日共党员的英勇不屈奋斗，1926 年 12 月日共实现重新建党，并对党内出现的"山川主义"（取消主义）错误进行批判。

刚刚克服"山川主义"之后，党内又出现极左的"福本主义"错误。"福本主义"虽然在反对"山川主义"过程中起过积极作用，但它主张由所谓的"精通"马克思主义（实质上是教条主义）的人组成共产党，实际上是想把党变革为脱离现实和脱离劳动群众的知识分子的政党。对此，日共党内又对"福本主义"展开思想斗争。在共产国际帮助下，渡边政之辅、福本和夫等日共党员于 1927 年在莫斯科举行会议，澄清党内思想混乱问题，彻底批判"山川主义"和"福本主义"。1927 年 7 月，日共在共产国际帮助下制定党纲，肃清党内"左"倾、右倾错误思想，指明日本当时的革命是资产阶级民主主义革命，以打倒天皇制和解决土地问题为中心任务。1928年，日共将山川均等人开除出党。日共在党内开展积极的思想斗争，有效凝聚党内思想共识，维护党的团结统一。

2. 战后日共通过思想斗争巩固了党的团结统一

战后初期，日共提出"被占领下的和平革命"路线，认为美国驻日同盟军不是自身障碍，反而可以推动日本政治民主化进程，在美军常驻日本基础上可以利用和平手段过渡到社会主义。实际上，这一时期日共走上右倾亲美主义路线，导致战后浴火重生的日共再次陷入低谷。

"50 年问题"最终导致日共分裂长达五年。面对"所感派"的右倾机会主义路线给日共带来的严重灾难，党内"左"倾激进势力壮大，提出暴力革命路线。1951 年 2 月 23 日，在"第四次全国协议会"上，日共完全否定野坂参三的和平革命路线，明确提出"被占领下的暴力革命"路线，这实际上犯了极左冒险主义错误。同年 10 月 15 日，在"第五次全国协议会"上，日共制定《1951 年纲领》，将极左冒险主义暴力革命路线纳入党纲，从战略高度肯定这一革命路线，全面否定和平革命可能性。自此日共在国内发动暴力革命运动，与国内警察直接进行武力对抗。

1955 年，在"所感派"和"国际派"共同主持下，日共召开"第六次全国协议会"，在会上公开批判党内极左冒险主义、宗派主义错误，强调运用马克思列宁主义武装全党，实现党在形式上的统一，改变家长式个人领导、确立党内民主和集体领导原则、选举新的中央委员会等。1958 年在七大上，日共对 1950 年党分裂的原因进行归纳总结，批判当时党中央内部分裂、政治局成员多数不按党章党规办事等，并总结出"任何时候都要维护党的团结统一""反对家长式的以个人为中心的领导"① 等教训，将分裂党的伊藤律等人开除出党。这些举措有效加强了党内团结和思想统一，巩固了党的阶级基础。

20 世纪 60 年代，以宫本显治为核心的日共领导集体选择走和平革命道路，放弃暴力革命路线。日共这一根本转变激起国内部分青年学生的强烈不满，特别是对青年党员造成很大心理冲击，一些青年党员干部脱离党组织，甚至组建以暴力革命为宗旨的政党组织开展活动，并与日共和平革命路线作斗争。对此，日共也展开积极思想斗争，对分裂行为展开严厉批判，有效维护党内团结统一。

（四）指导思想犯"左"倾错误给党的革命事业造成严重损失

国际共产主义运动史充分证明，世界上许多国家共产党犯过"左"倾错误，这种错误给共产党的革命事业带来严重损失。曾经长期接受共产国际和苏联共产党直接领导的日共，多次犯下"左"倾错误并导致自身陷入发展困境，甚至面临取消党的危险，给日本社会主义运动带来严重损失。即使20 世纪 60 年代明确强调追求独立自主以来，日共依然犯过"左"倾错误，一度坚持"资本主义总危机理论"，并在《1961 年纲领》中加以确认，成为全党的指导思想，这种不符合具体国情的错误思想一定程度上阻碍了日共革命事业发展。国际共产主义运动史和日共百年发展史中，共产党所犯的

① 丁芬等编《战后国际共产主义运动简明教程》，解放军出版社，1987，第 340 页。

"左"倾错误极其严重危害性，对当今世界各国共产党具有重要借鉴意义。

1. 战前日共"左"倾错误导致党脱离工人阶级

二战前，日共就曾犯下"左"倾机会主义错误，直接导致日共脱离群众、脱离现实，给自身发展带来灭顶之灾。1926 年 12 月，日共召开第三次代表大会实现党的重建之后，以福本和夫为代表的日共领导核心，在与"山川主义"这一右倾机会主义错误作斗争的过程中，犯下"福本主义"的"左"倾机会主义错误。"福本主义"认为，"日本资本主义正在走向迅速灭亡的过程"①，其主张开展纯粹思想斗争，否定无产阶级开展经济斗争和政治斗争的必要性，要求把共产党变成由"精通"马克思主义的知识分子组成的政党。这种思想主张危害极大，导致日共脱离阶级队伍和工人运动、脱离现实，成为知识分子的小团体。

2. 二战后日共的"左"倾错误导致党员数量锐减、阻碍日本社会主义运动进程

二战后，日共也犯过"左"倾机会主义错误。在国际形势演变过程中，面对美国占领军和苏联共产党"家长式统治"的双重压力，日共出现严重的"50 年问题"，直接导致党分裂。1951 年 10 月 15 日，以德田球一、野坂参三为首的"所感派"在斯大林主持下在莫斯科召开党的"第五次全国协议会"，制定《1951 年纲领》和《关于日本武装斗争的方针》，使党的革命路线从"被占领下的和平革命"直接转变为"被占领下的暴力革命"，全党走上"左"倾冒险主义错误路线。并且，在这一路线指导下，从 1951 年末到 1952 年 7 月，日共坚持把中国的游击战争、农村革命根据地和欧洲城市反法西斯战争经验等不符合日本具体国情的无产阶级革命策略应用到日本，将武装斗争作为这一时期党的中心任务。这一时期，日共所犯的"左"倾机会主义错误严重削弱了其在群众中的威信、破坏了党的组织，许多党员干部在暴力革命斗争中牺牲。据统计，1952 年日共党员人数由两年前的 10 万人急剧减少到 3 万人，在国会中失去全部席位，群众团体数量也急剧减少。

---

① 刘志功编著《日本的历史与现状》，旅游教育出版社，1988，第 73 页。

3. 20世纪70~80年代日共犯了对资本主义发展形势估计过高的"左"倾错误

20世纪70年代以后，日共虽然对"资本主义总危机理论"的认识有所变化，但依然坚持这一思想理论。1970年在十一大报告中，日共指出，"需要科学地、有分析地估计形势，绝不要公式化地估计形势，即认为社会主义阵营、国际共产主义运动、反帝力量顺利发展，不断胜利，而帝国主义阵营的危机一直在激化"①。1985年日共在十七大中重新评估世界形势，指出共产国际和斯大林提出的"资本主义总危机理论"具有极大的片面性，并在党纲中删除"资本主义总危机"和"处于极端衰落和腐朽之中"② 等内容。然而，在制定具体政策和实践过程中，日共依然出现对形势估计过高的错误。比如，对资本主义出现的个别政治、经济问题，日共认为其将对日本右翼统治势力造成"沉重打击""动摇统治阶级存在基础"，随之产生日本无产阶级革命形势将会高涨的错误认识。

4. 苏东剧变后日共的"左"倾错误及其不利影响

苏东剧变后，在世界社会主义运动陷入持续低潮背景下，日共依然犯过"左"倾机会主义错误。1993年，在日本细川护熙内阁成立，标志着存在38年之久的"五五年体制"瓦解。据此，日共认为日本进入"自共对决"时代，即在日本政坛上只有日共能够与自民党政权相抗衡，自民党政权不得人心即将垮台。2009~2012年，民主党执政，日共提出"建设性参与的在野党"的政治定位，这也表明日共由对形势估计过高逐步回归现实。但是，民主党政权垮台、自民党执政以来，日共再次强调"当前是日本进入'自共对决'时代的真正开始"③。实际上，无论是从党的综合力量，还是党的国内外影响力来看，日共与自民党均存在相当大差距。这是日共再次对国内

---

① 转引自曹天禄《不破哲三思想研究——日本共产党对马克思主义日本化的探索与启示》，商务印书馆，2014，第167页。

② 林茂森：《日本共产党纲领删掉"资本主义总危机"的理由》，《当代世界社会主义问题》1988年第1期。

③ 「日本共産党第26回大会決議」，『しんぶん赤旗』2014年1月18日。

形势估计过高的表现。尽管为了推翻自公政权，日共强调不断拓宽统一战线，通过在野党和市民联合斗争赢得议会多数席位、建立民主联合政府，但从近年来实践来看实现这一目标任重道远。

　　整体来看，在百年发展史中，日共多次因对国内形势估计过高而犯下"左"倾机会主义错误，并直接作用到党的纲领路线和方针政策上，进而影响到其具体斗争实践，对党的革命事业和日本社会主义运动造成严重损失。然而，日共能够发现错误并坚决与错误路线作斗争，带领全党回归正确革命路线，也是其能够长期活跃于日本政坛、得到国民认可和选民支持的重要原因。就此而言，自觉与"左"倾机会主义错误作斗争，也是世界各国共产党长期面临的重要任务。

结　论

　　日共百年社会主义探索历史是在资本主义国家艰辛探索和努力开拓社会主义的历史。百年来，面对国内外各种风险挑战，日共长期坚持马克思主义信仰，持之以恒领导工人阶级开展形式多样的反对右翼势力的斗争，追求实现共产主义奋斗目标，充分彰显出马克思主义政党的革命性与追求实现共产主义奋斗目标的坚定性。百年来，日共立足于资本主义国家的具体环境，将马克思主义基本原理与日本革命斗争相结合，在马克思主义指导下寻找解决日本社会矛盾的方法，探索资本主义框架内的社会主义道路，一定程度上丰富和发展了马克思主义理论，日本社会主义运动成为国际共产主义运动中不可或缺的组成部分。在 21 世纪的今天，日共依然保持着发达资本主义国家最大的、最有影响力的共产党组织地位。纵向分析日共百年社会主义探索，审视当前日共面临的机遇挑战，展望日共社会主义探索前途命运，也是我们全面认识和评价日共的重要组成部分，为我们透视发达资本主义国家共产党发展前景提供参考。

一　日共百年社会主义探索在日本社会主义运动和国际共产主义运动中具有不可或缺的作用

　　第一，日共是日本革新政党、广大无产阶级和弱势群体的代言人。百年来，处于发达资本主义国家的日共在探索社会主义过程中面临着各种风险挑战，但始终坚持共产主义理想信念，自觉在马克思主义指导下探索资本主义框架内的社会主义道路，为维护广大人民群众根本利益而持续奋斗。特别是 20 世纪 60 年代以来，日共改变以往暴力革命路线，探索资本主义国家的和平革命道路，通过践行"国民是主人公"原则维护社会弱势群体利益，有效巩固党的阶级基础和群众基础，推动日本社会主义运动不断向前发展。日共作为革新政党、社会弱势群体代言人的左翼政党形象已经深入日本国民心中，这也成为日共巩固阶级基础和群众基础、发展成日本政坛历史上最悠久政党的文化基因。

第二，日共百年社会主义探索的历史，是反对日本资本主义的历史。日共作为马克思主义政党，自觉站在无产阶级一边，为推翻资本主义制度而不懈奋斗，追求实现共产主义奋斗目标。在二战以前，日共直接将推翻天皇政府作为奋斗目标，并从政治、经济、文化、外交等方面提出21项行动纲领，通过武装斗争与右翼势力展开坚决斗争。二战以后，日共以推翻美帝国主义和日本垄断资本统治为目标，探索资本主义框架内和平议会斗争道路，在议会内外与右翼势力展开坚决斗争，在牵制和制衡右翼势力方面发挥着重要作用。面对世界社会主义运动在高潮和低潮中交错发展，日共始终走在反对资本主义斗争前列。百年来，日共反对资本主义的理论与斗争实践，反映了日本社会主义运动兴衰发展趋势，在日本社会主义发展历史上具有重要意义。

第三，日共推进马克思主义与本国具体国情相结合的理论与实践，为创新和发展马克思主义作出一定贡献。无论是在暴力斗争时期还是在和平革命时期，日共长期坚持在马克思主义指导下探索资本主义国家走向社会主义的道路，并在与资本主义势力斗争过程中不断丰富和发展马克思主义，形成一些独具日本特色的思想理论，主要包括日本民主主义革命理论、社会主义成长期理论、市场经济模式社会主义理论、世界形势论、未来社会论、党的建设理论等。尽管日共提出的一些理论有待实践进一步检验，但其是在马克思主义指导下在资本主义框架内进行的社会主义理论探索，对其他发达资本主义国家共产党具有一定借鉴意义。

第四，日共百年社会主义探索是国际共产主义运动不可或缺的组成部分。百年来，日共对在资本主义框架内如何过渡到社会主义进行持续探索，在与资本主义势力斗争过程中不断调整党的思想理论和斗争策略，让马克思主义旗帜屹立在日本这种资本主义国家百年而不倒，巩固了资本主义国家的社会主义阵地。特别是二战后，发达资本主义国家快速发展，大大削弱共产党和社会主义生存的基础，美国、英国等发达资本主义国家共产党陷入低谷，甚至一蹶不振。然而，日共却通过调整革命路线实现综合实力显著增强，在发达资本主义国家高高举起马克思主义旗帜。苏东剧变后，世界上有的国家共产党被迫解散，有的改名换姓，世界社会主义运动陷入持续低潮，但处于发达资本主义国家的日共依然坚持"共产党"这个名字，并在马克思主义指导下探索社会主义道路，通过理论革新实现逆势跃进，发展成为资本主义国家最大的、最有影响力的共产党组织。苏东剧变后日共领导的社会主义运动，成为资本主义国家社会主义运动以及国际共产主义运动中一道亮丽的风景线。世界上正是许多像日共这样坚持共产主义理想信念的马克思主义政党，共同谱写了国际共产主义运动华丽篇章。

第五，研究日共百年社会主义探索，能够为增进中国共产党与日共的思想共识提供对策建议。研究日共百年社会主义探索，不仅是透视日共等发达资本主义国家共产党社会主义理论与实践的需要，更是基于为中国共产党加强与日共交往提供决策参考的现实要求。百年来，日共与中国共产党的关系在曲折中发展。随着世界局势和中日关系变化，近年来日共以及世界其他一些国家共产党对中国特色社会主义的误解和偏见越来越深。梳理日共百年社会主义探索，回溯日共思想理论演变与斗争实践发展，可以挖掘日共与中国共产党存在思想分歧的深层次原因，进而为推动实现两党关系正常化提供理论支撑和对策建议。

二　日共未来社会主义探索任重道远

百年来，日共在被右翼势力围堵中求生存、在被批评中奋进、在被质疑中前进、在曲折中不断成长，推动日本社会主义运动不断向前发展。21世纪以来，随着日本政治右倾化、国民保守化倾向加重，日共的阶级基础和群众基础呈现不断被削弱态势，党的综合实力持续衰退且难以有效遏制，直接削弱日共在议会内外的影响力。新冠疫情暴发后，日本社会矛盾加剧，理论上为日共发展壮大及其领导下的社会主义运动走向复兴增添动力，但实际上日共党员人数、议席数量、财务收入等呈现持续下降趋势。这也意味着在21世纪的今天世界社会主义运动走出低潮、走向复兴的同时，日共领导的日本社会主义运动仍存在较大提升空间。从世情、国情、党情等视角审视日共社会主义探索，可以看出日共未来发展挑战大于机遇。

当前，日共社会主义探索面临严峻挑战。

第一，日本政治右倾化的挑战。近年来，日本政治更迭频繁、谋求建设政治强国和军事大国、经济发展动力不足、贫富差距扩大等。比如，右翼势力不断推动修宪扩军、解除集体自卫权，深化与美国、澳大利亚、印度等国家的军事合作等。日共是发达资本主义国家的共产党，以推翻右翼政权为目标，即使长期以来主动适应资本主义现代民主政治，坚持走和平议会选举道路，依然会遭到右翼势力的强力镇压。一方面，右翼势力及其控制下的媒体加强反共、反社会主义宣传。特别是安倍晋三在任期间，在内阁会议上明确将日共视为"未改变暴力革命方针的政党"，因而将其定为"被调查的对象"①，多次在国内重要场合大肆宣传这一理论。以安倍晋三首相为首的新保守主义势力强势崛起，推动日本政治加速右转。这一主张也得到安倍晋三之后历代政府的继承和发展。另一方面，右翼势力大肆诋毁、歪曲日共的政策主张。2009年日本民主党上台后，日共加快发展在野党统一战线，提出团结在野党推翻右翼政权。这也成为近年来日共在议会内外开展反对右翼势力的重要切入点。然而，右翼势力对日共主张的在野党统一战线大肆诋毁，如大肆宣传"在野党共斗失败论""与共产党合作失败论"②等。在日本政治右倾化、国民保守化加重的背景下，右翼势力大肆进行反共、反社会主义宣传必然导致广大国民不敢靠近日共，更不敢加入日共，甚至会对意识不坚定、目标不明确的党员产生不良影响，这必然会进一步削弱日共的群众基础

---

① 「共産党が破防法に基づく調査対象団体であるとする当庁見解」，公安調査庁，https：//www.moj.go.jp/psia/habouhou-kenkai.html。

② 「権力を助けて感謝されるメディアの野党共闘攻撃」，『しんぶん赤旗』2021年12月14日。

和阶级基础。

第二，日本"一强多弱"政党格局的挑战。以 2012 年日本民主党政权崩溃为标志，日本政坛出现极端多党化趋势，如 2012 年成立的大家党、日本未来党、日本维新会等，既不属于自民党，也不属于民主党。在此之后，2017 年立宪民主党成立（2020 年与原国民民主党等在野党组成新立宪民主党）、2017 年希望党成立、2019 年令和新选组成立。这些政党一经成立便表现出一定发展活力和社会影响力，迅速赢得地方民众支持并在两院中获得一定席位。但它们并不具备与自民党相抗衡的实力，即使在野党全部联合起来也难以推翻自民党政权。在日本政坛中，"'一强多弱'或将成为日本政党政治的'新常态'"①。在这种政党政治生态中，自民党对日共具有绝对碾压实力，且以弱势群体为阶级基础的社会民主党、新立宪民主党、令和新选组等政策主张存在一定相似性，必然加剧彼此之间的竞争和内耗，也注定了日共主张的建立在野党统一战线基础不稳固。在日本政治格局中，自民党绝对碾压其他政党，各个在野党存在矛盾等，对日共自身发展提出巨大挑战。这种挑战在短期内难以克服，势必会影响日共发展前景。

第三，日本社会总体保守化趋势不断加强。苏东剧变后，随着世界格局和日本国情的不断变化，保守主义进一步影响日本政治、经济、文化等各个领域，甚至影响到国民思想、信仰和行为。日本社会总体保守化趋势加剧。一方面，随着经济高速增长，日本社会出现一大批以都市白领为中心的、具有消费能力的"新中间阶层"。这个数量庞大的群体满足于现状、肯定日本经济成就、否定阶级差别，在日本有"一亿中流"的说法。随着中国经济总量超过日本成为世界第二大经济体，日本国民更加追求大国意识，接受并拥护安保体制、自卫队，认同右翼势力宣扬的"中国威胁论"，整个国民的保守意识增强。另一方面，在日本政坛中，保守势力崛起，长期占据日本政治统治地位，在政治层面保守化趋势也在加强。右翼势力掌握的媒体长期进行反共、反社会主义宣传，导致日共提出的推翻资本主义制度、右翼势力统

① 张伯玉：《日本"一强多弱"政党格局的常态化及其影响》，《当代世界》2021 年第 3 期。

治的思想理论和政策主张很难得到国民认可。并且，在日本总体保守化加重的背景下，广大国民求稳怕乱，更加注重实现自身价值，不愿意改变现存政治体制。再加上近年来日本经济持续衰退、政府行政效率低下、政坛贪污腐败案件频发等，国民参与政治生活的热情不高。据统计，当前日本不支持固定党派的"无党派选民达 30% ~ 40%"①。日本总体保守化趋势加剧必然导致日共生存环境不断恶化。

第四，日共自身持续衰退是最大的挑战。21 世纪初期，日共综合实力一度"徘徊不前"，随后又陷入持续衰退的困局。在党员数量方面，21 世纪初期日共党员人数曾高达 40.4 万，2024 年初已经减少到 25 万人，且党员老龄化严重，吸纳青年党员困难；在党支部方面，由 2004 年的 2.4 万个减少到 2024 年初的 1.7 万个，且基层组织团结党员、广大国民的作用在不断弱化；在党的财务年收入方面，由 327.8 亿日元减少到 2023 年底的 191 亿日元，且多年出现赤字矛盾，未来财务收入还可能进一步减少；在议席方面，两院议席长期徘徊在 10 ~ 20 席，难以实现新的突破，地方议席由 1999 年时的 4400 多席已经减少到 2024 年初的 2331 席，未来还将进一步减少；在党报的订阅量方面，由 2004 年时 200 多万份减少到 2024 年初的 85 万份，日共党报党刊销售收入占党的财务收入的 80% 以上，这势必会导致其财务收入进一步减少，直接制约日共进行议会选举的组织能力和社会动员能力。党员人数、财务收入、议席数量等是衡量一个政党影响力的重要指标，也是判断一个政党在本国政治生活中地位和作用的决定性因素。21 世纪以来，为了加强党的建设，日共多措并举展现出较强的革新勇气，但依然未能扭转持续衰退的趋势。这对日共未来探索社会主义道路提出巨大挑战。

日共未来进行社会主义探索面临的挑战大于机遇，但依然有一些机遇可以利用。未来，日共能否抓住机遇实现逆势跃进，依然值得跟踪研究。

第一，当代资本主义的新自由主义危机加重，为日共探索社会主义道路

---

① 渡邉秀成：「無党派層はどの政党に投票してきたのか？」，選挙ドットコム，https：//go2senkyo.com/articles/2021/02/27/56862.html。

增添强大动力。从当前资本主义新自由主义危机的新特点、新表现、新趋势来看，新自由主义矛盾有激化和加深趋势，甚至会演变为经济危机和社会冲突。在这种背景下，资本主义国家内部工人运动不断高涨且取得显著成效；资本主义国家共产党等左翼力量共识不断增加，交流各自斗争经验，联合的趋势增强；国际共产主义运动的联合趋势增强，"共产党人到处都努力争取全世界民主政党之间的团结和协调"①。比如，共产党和工人党国际会议、欧洲左翼政党代表大会等吸引大批共产党、工人党参加。同时，右翼政府实施以大企业、财界为中心的政策，贫富差距、生态环境、社会保障等方面矛盾尖锐，严重损害国民根本利益。这也为日共探索本国社会主义道路增添强大动力。

第二，世界社会主义运动走出低潮，进入谋求复兴的新阶段，为日共探索社会主义提供动力。21世纪以来，以中国、越南等为首的社会主义国家通过深化改革或革新摆脱苏联模式困扰，有效巩固社会主义阵地，并推动世界社会主义运动不断向前发展。资本主义各国共产党、工人党不断加强与本国左翼合作，探索把马克思主义与本国国情相结合的社会主义道路，推动本国社会主义运动不断向前发展。特别是在中国共产党领导下，中国特色社会主义理论与实践取得辉煌成就，为21世纪世界社会主义运动走出低潮、走向复兴提供强大动力，成为21世纪世界社会主义运动的中流砥柱。以习近平同志为主要代表的中国共产党人对"中国之问、世界之问、人民之问、时代之问"作出回答，社会主义模式在中国实现革命性转换。这对世界社会主义事业发展发挥强大示范效应。在21世纪的今天，世界社会主义正在从单一传统的观念、模式转变为具有本国特色、时代特色的全新的社会主义观念和模式；坚持把马克思主义基本原理与本国具体国情相结合已经成为当前世界社会主义运动的主流，推动21世纪世界社会主义运动走出低潮、走向复兴。在这种背景下，尽管当前日共对中国特色社会主义存在严重误解

---

① 转引自王喜满、冀宝光、侯晓静《国际形势的新发展与国际共产主义的团结——2021年世界共产党和工人党特别电话会议的共识与作用》，《党政干部学刊》2022年第6期。

和偏见，但 21 世纪世界社会主义运动的新飞跃、新发展将为日共探索社会主义提供动力。

第三，日共作为发达资本主义国家革新政党仍具有一定发展空间。苏东剧变后，日共不断加强理论革新推动党的建设工作，长期站在维护国民根本利益的最前线。其一，日共是日本政坛特色最鲜明、立场最坚定的左翼政党。日共始终坚持为社会弱势群体利益而奋斗，坚持科学社会主义信仰，以推翻右翼政权和实现社会主义、共产主义为奋斗目标。在日本政治右倾化、整体保守化趋势不断加强背景下，日共主动打破意识形态藩篱，希望得到更多革新势力、社会弱势群体及反对现存右翼政权力量的支持，充分表现出革命政党的勇气与加强在野党联合斗争的决心。其二，日共树立廉洁政党形象。一方面，日共坚决反对政党助成金和大企业捐款，每年放弃大约 20 亿日元的政党助成金；另一方面，日共党员廉洁奉公，很多党员义务为党的各项工作服务。日共廉洁政党的形象不仅牢牢刻在日本国民心中，在世界各国政党中也是独树一帜。在贪污腐败丑闻频发的日本，日共是唯一从未涉足"金权政治"丑闻的政党，这种廉洁政党的形象更容易赢得选民的认可和支持。其三，日共不断推进自我革命。近年来，日共根据党的中心任务变化不断推进自我革命，不仅革新党的思想理论，加强制度建设、组织建设等，还注重加强在野党统一战线和党的后援会建设、日本民主青年同盟建设及拓宽党际交往等，为不断加强党的建设增添动力。因此，未来，日共塑造的革新政党、社会弱势群体代言人的形象依然将发挥重要作用，为日共赢得革新势力及社会弱势群体支持奠定重要基础。

参考文献

一 外文文献

[1] 不破哲三：『报告集・日本共产党纲领』，日本共産党中央委員会出版局，2004。

[2] 不破哲三：『21世紀の世界と社会主義——日中理論会談で何を語ったか』，新日本出版社，2009。

[3] 不破哲三：『歴史から学ぶ——日本共産党史を中心に』，新日本出版社，2010。

[4] 日本共産党中央委員会：『日本共産党の八十年：1922-2002』，日本共産党中央委員会出版局，2003。

[5] 中北浩爾：「日本共産党：『革命』を夢見た100年」，中央公論新社，2022。

[6] 富田武，和田春樹：『資料集コミンテルンと日本共産党』，岩波書店，2014。

[7] 筆坂秀世：『日本共産党』，新潮社，2006。

[8] 福冨健一：『日本共産党の正体』，新潮社，2019。

[9] 志位和夫：『新・綱領教室』（上、下），新日本出版社，2022。

[10] 志位和夫：『激動する世界と科学的社会主義』，新日本出版社，1991。

[11] 『宮本顕治著作集』（全10巻），新日本出版社，2012。

[12] 『上田耕一郎著作集』（全6巻），新日本出版社，2012。

［13］徳田球一、志賀義雄：『獄中十八年』，講談社，2017。

［14］George M. Beckmann, Okubo Genji, *The Japanese Communist Party, 1922-1945*, Stanford University Press, 1969.

［15］立花隆：『日本共産党の研究』（上、下），講談社，2017。

［16］中北浩爾：「野党共闘への道——連合政権と選挙協力をめぐる日本共産党の模索」，『大原社会問題研究所雑誌』2021 年第 7 期。

［17］中北浩爾：「共産党 100 年の歴史にみる『強さ』と『危機』の理由」（上、下），『朝日新聞社』2022 年 7 月 14~15 日。

［18］谷田邦一：「日本共産党結党 100 年：時代に合わせ柔軟に変わった1世紀」，ラジオ NIKKEI, https：//www. nippon. com/ja/in-depth/d00826/。

［19］佐藤優：『日本共産党の100 年』，朝日新聞出版社，2022。

［20］Ko Maeda, Explaining the Surges and Declines of the Japanese Communist Party, *Asian Survey V*, Issue 4, 2017。

［21］*The Japanese Communists' Rapprochement with the Soviet Union*, *Asian Survey*, Issue 12, 1980。

二　外文网站

［1］日本共産党，https：//www. jcp. or. jp/。

［2］しんぶん赤旗，https：//www. jcp. or. jp/akahata/index. html。

［3］国立国会図書館デジタルコレクション，https：//dl. ndl. go. jp/ja/。

［4］社会主義協会，http：//syakaisyugikyoukai. org/。

三　中文著作

［1］曹天禄：《日本共产党的"日本式社会主义"理论与实践》，中国社会科学出版社，2010。

［2］门晓红：《当代日本共产党》，中共中央党校出版社，2011。

［3］朱艳圣：《冷战后的日本社会主义运动》，中央编译出版社，2008。

［4］〔日〕梅森直之：《日本早期社会主义思想史》，王盈、臧志军译，上海译文出版社有限公司，2022。

［5］〔日〕丸山真男：《日本政治思想史研究》，王中江译，生活·读书·新知三联书店，2022。

［6］张伯玉：《日本选举制度与政党政治》，中国经济出版社，2013。

［7］徐万胜：《当代日本政治》，南开大学出版社，2015。

［8］〔爱尔兰〕乔恩·哈利戴：《日本资本主义政治史》，吴忆萱等译，商务印书馆，1980。

［9］余金成：《冷战后两制关系演变及发达国家共产党研究》，山东人民出版社，2013。

［10］吴彬康等主编《八十年代世界共产党代表大会重要文件选编》，中国广播电视出版社，1989。

［11］肖枫主编《社会主义向何处去——冷战后世界社会主义运动大扫描》，当代世界出版社，1999。

［12］〔日〕片山潜：《日本的工人运动》，王雨译，生活·读书·新知三联书店，1959。

四　中文论文

［1］谭晓军：《百年历程：日本共产党的发展困境及启示》，《马克思主义与现实》2021年第4期。

［2］刘鑫：《日本共产党百年党内教育的主要举措及其经验研究》，《当代世界社会主义问题》2022年第1期。

［3］门小军：《日本共产党的未来社会观》，《比较政治学研究》2021年第2期。

［4］王彦龙、刘艳玲：《日本共产党对"科学社会主义"的探索与思考》，

《科学社会主义》2019 年第 3 期。

［5］刘展旭：《日本共产党的社会主义理论探索与实践研究》，博士学位论文，吉林大学，2019。

［6］门小军：《日本共产党对科学社会主义理论的探索》，《当代世界与社会主义》2018 年第 1 期。

［7］史少博：《日本共产党对马克思主义研究"理论上的突破点"》，《学术界》2018 年第 2 期。

［8］曹天禄：《日本共产党统一战线：历史·机遇·挑战》，《马克思主义研究》2017 年第 9 期。

［9］史少博：《日本共产党论 21 世纪的世界和社会主义》，《甘肃社会科学》2017 年第 4 期。

［10］刘宁宁、曹珊珊：《21 世纪日本共产党社会主义理论与实践新变化》，《中国矿业大学学报》（社会科学版）2016 年第 5 期。

［12］刘艳玲、贾中海：《宫本显治对日本共产党及日本探索社会主义道路的贡献》，《当代世界与社会主义》2016 年第 3 期。

［13］朱艳圣：《日本共产党对社会主义理论的新探索》，《当代世界与社会主义》2006 年第 6 期。

［14］《在实践中不断探索科学社会主义理论——专访日本共产党主席不破哲三》，《当代世界》2006 年第 2 期。

［15］曹天禄：《日本共产党的"日本式社会主义"理论模式论》，《科学社会主义》2003 年第 6 期。

［16］巴殿君：《日本共产党在政党政治中的作用》，《东北亚论坛》1999 年第 3 期。

［17］左凤荣：《日本共产党对发达资本主义革命问题的探索》，《国外社会科学信息》1992 年第 18 期。

［18］刘荣：《共产国际与日本共产党的建立》，《外国问题研究》1989 年第 4 期。

［19］林茂森：《日本共产党纲领删掉"资本主义总危机"的理由》，《当代

世界社会主义问题》1988 年第 1 期。

[20] 徐志民：《中共与日共早期关系考（1921—1931）》，《史学月刊》
2021 年第 7 期。

[21] 曹天禄：《日共对资本主义内部"新社会因素"的认识及其启示》，
《当代世界社会主义问题》2010 年第 2 期。

[22] 赵静：《日共前主席不破哲三谈国际金融危机对当代资本主义和世界
社会主义的影响》，《当代世界》2009 年第 5 期。

[23] 钟放：《论 20 世纪 60 年代日共与苏共关系的恶化》，《社会主义研究》
2007 年第 6 期。

[24] 曹天禄：《战后日共对社会主义发展道路的探索》，《当代世界社会主
义问题》2002 年第 2 期。

[25] 曹天禄：《日共 22 大对资本主义和社会主义的认识》，《当代世界社会
主义问题》2001 年第 2 期。

[26] 门晓红、汤立锐：《日本社会主义：历史、现状、影响——以日本共
产党为例》，《新远见》2012 年第 8 期。

后　记

　　《日本共产党百年社会主义探索》是基于我的博士后研究报告修改完善而成的。蓦然回首，在中国社会科学院马克思主义研究院的两年博士后研究工作时光匆匆而过，其中充满艰辛与快乐，也有许多刻骨铭心的记忆。回想科研路上，一路走来虽然跌跌撞撞，但幸有恩师指点、贵人相助、朋友支持、家人鼓励，才能坚持走到今天。特别感谢博士后合作导师潘金娥研究员对我学术研究工作的悉心指导和帮助，她严谨治学的态度、平易近人的人格魅力、诲人不倦的高尚情操深深鼓舞着我在学术道路上持续探索。同时，也要感谢我的妻子周亚茹，在我面临较大科研压力和就业压力时，她给予我诸多鼓励和支持，让我能够全身心地投入科研工作。老师的指导和家人的帮助，使我能够坚定学术研究的信心，在科研道路上走得更远。

　　2020年底中国社会科学院马克思主义研究院获得2项日本共产党相关的委托课题，我有幸成为课题组成员并承担部分写作任务。几年来，在谭晓军老师的带领下，课题组聚集了国内研究日本共产党的多位专家学者，如曹天禄教授、郑萍副研究员、包秀琴副教授、李明博士、刘鑫博士等。课题组坚持每个月召开一次组会，系统梳理日本共产党发展历史，以期准确把握日本共产党发展动态。课题组还邀请相关专家学者做讲座，协调日本学者帮助购买相关图书等资料，为课题组成员开通《赤旗报》电子版的阅读权限，等等。同时，在研究过程中，课题组还发现和培养了国内对日本左翼、日本社会主义运动感兴趣的一些青年学者并将他们吸纳到课题研究中，逐步形成了一个年龄结构、知识结构更加合理的科研团队。课题组发扬"传帮带"精神，指导青年学者成长，多位成员在核心期刊上发表一系列文章。

　　我本人在参加课题组之前，对日本共产党的研究比较盲目，抓不住重点，科研成果略显青涩。经过几年的系统学习，我深刻明白了应该基于什么立场研究日本共产党、重点研究什么内容、如何将日本共产党置于日本政党政治和国际共产主义运动中开展研究等，这一宝贵经历促使我找到学术研究的旨趣并树立起长期从事日本左翼与世界社会主义运动相关研究的信心。加入课题组后，我在相关核心期刊发表学术论文 3 篇、撰写资政报告 2 篇。现在，课题已经结项，但我们依然需要对日本马克思主义进行追踪研究。作为一名科学社会主义与国际共产主义运动专业的青年研究人员，我应该承担起学者的使命和责任，自觉推进日本左翼与当代世界社会主义运动方面的研究，跟踪研究日本左翼的思想理论及发展演变的最新动态，为国内学者从事相关研究提供理论素材。

2023 年 7 月博士后出站后，我有幸入职北京科技大学马克思主义学院，成为一名思政课教师，这本专著也有幸得到学院出版基金资助。本书是我人生中的第一本专著，我将以此为新的起点在学术道路上向更高的目标迈进。在此，特别感谢学院尹兆华书记、宋伟院长、王杨副院长等领导的支持和肯定，让我能够以更加昂扬的姿态在今后的教学科研道路上砥砺前行。学院路 30 号也将成为我人生中新的起点，我将始终铭记"求是鼎新"的校训精神，践行学校学风严谨和崇尚实践的优良传统，不忘初心，扬帆再起航，奋力攀登学术高峰。

朱旭旭

2023 年 12 月 31 日

图书在版编目（CIP）数据

日本共产党百年社会主义探索／朱旭旭著 . --北京：
社会科学文献出版社，2024.4
ISBN 978-7-5228-3402-3

Ⅰ.①日… Ⅱ.①朱… Ⅲ.①日本共产党-概况
Ⅳ.①D331.36

中国国家版本馆 CIP 数据核字（2024）第 065186 号

日本共产党百年社会主义探索

著　　者／朱旭旭

出 版 人／冀祥德
责任编辑／王小艳
责任印制／王京美

出　　版／社会科学文献出版社
　　　　　地址：北京市北三环中路甲 29 号院华龙大厦　邮编：100029
　　　　　网址：www.ssap.com.cn
发　　行／社会科学文献出版社（010）59367028
印　　装／三河市东方印刷有限公司

规　　格／开 本：787mm×1092mm　1/16
　　　　　印 张：13.5　字 数：206 千字
版　　次／2024 年 4 月第 1 版　2024 年 4 月第 1 次印刷
书　　号／ISBN 978-7-5228-3402-3
定　　价／78.00 元

读者服务电话：4008918866